Die verfassungsrechtlichen Grenzen des horizontalen Länderfinanzausgleichs nach Art. 107 Abs. 2 GG

SCHRIFTEN ZUM STAATS- UND VÖLKERRECHT

Herausgegeben von Prof. Dr. Dieter Blumenwitz

Band 111

Peter Lang
Frankfurt am Main · Berlin · Bern · Bruxelles · New York · Oxford · Wien

Markus Lintner

Die verfassungsrechtlichen Grenzen des horizontalen Länderfinanzausgleichs nach Art. 107 Abs. 2 GG

Peter Lang
Europäischer Verlag der Wissenschaften

Bibliografische Information Der Deutschen Bibliothek
Die Deutsche Bibliothek verzeichnet diese Publikation in der Deutschen Nationalbibliografie; detaillierte bibliografische Daten sind im Internet über <http://dnb.ddb.de> abrufbar.

Zugl.: Würzburg, Univ., Diss., 2003

D 20
ISSN 0172-7796
ISBN 3-631-52319-X

www.peterlang.de

Vorwort

Die vorliegende Arbeit wurde im Wintersemester 2003 von der Juristischen Fakultät der Bayerischen Julius-Maximilians-Universität Würzburg als Dissertation angenommen.

Mein herzlichster Dank gebührt meinem Doktorvater, Herrn Professor Dr. Dieter Blumenwitz, der mir das Thema der Dissertation überlassen hat und dessen Hilfe und Unterstützung ich mir stets sicher sein konnte. Danken möchte ich auch Herrn Professor Dr. Franz-Ludwig Knemeyer für die rasche Zweitbegutachtung meiner Arbeit.

Ein besonderer Dank gilt der Hanns-Seidel-Stiftung e.V. für die finanzielle Unterstützung durch ein Graduiertenstipendium. Ohne diese Förderung wäre die Erstellung der vorliegenden Arbeit nicht möglich gewesen. Der Stipendiatengruppe der Hanns-Seidel-Stiftung e. V. in Würzburg, der ich bereits als Student angehörte, werde ich auch in Zukunft als Altstipendiat gerne verbunden bleiben.

Weiterer Dank gebührt Frau Rupp, der Sekretärin des Lehrstuhls von Herrn Professor Dr. Blumenwitz, für die Hilfe in organisatorischen Fragen und für die Abwicklung des Promotionsverfahrens sowie dem gesamten Lehrstuhl, in dessen freundschaftlicher Gemeinschaft ich mich stets sehr wohl gefühlt habe.

Bedanken möchte ich mich auch bei meiner Familie, von der ich meine Verlobte, Sandy, in besonderer Weise hervorheben möchte, die mir in den Monaten der Promotion stets den Rücken frei hielt. Ebenso danke ich meiner Schwester Eva für die Korrekturlesung in den wenigen Tagen vor Redaktionsschluss und meinem Vater, für seine Unterstützung nicht nur während der Promotion, sondern auch während des gesamten Studiums.

Würzburg im April 2004 Markus Lintner

Inhaltsverzeichnis

Einleitung

Die gegenwärtige Auseinandersetzung über das Finanzausgleichsgesetzgesetz (FAG) erschöpft sich nicht in der Problematik, dass das föderale System der Bundesrepublik Deutschland durch die Deutsche Wiedervereinigung mit einer finanzwirtschaftlichen Ausnahmesituation konfrontiert wurde, die die Spielräume des Finanzstaates stark eingeschränkt hat. Vielmehr wird seit langem im Rahmen der Zentralisierungsdebatte über die Stellung des kompetitiven Föderalismus in Deutschland gestritten.

Der horizontale Länderfinanzausgleich nach dem FAG nimmt an dieser Diskussion in besonderem Maße teil. Er beteiligt die Gemeinschaft der Länder am Erfolg konsolidierender und zukunftsorientierter Landespolitik, verlagert aber auch die Konsequenzen mangelnder Konsolidierungsbereitschaft einzelner Länder auf die Gesamtheit der Ländergemeinschaft, indem er auf Seiten der finanzschwachen Länder einen Anspruch auf Angleichung der Finanzkraft an den Länderdurchschnitt begründet und die finanzstarken Länder zum Ausgleich verpflichtet.

Das Bundesverfassungsgericht stellte im Jahre 1999[1] auf Antrag der Länderregierungen Baden-Württembergs, Bayerns und Hessens fest, dass wesentliche Teile des FAG im Widerspruch zu den verfassungsrechtlichen Vorgaben des Grundgesetzes stehen. Es bestätigte seine Fortgeltung in der gegenwärtigen Fassung nur noch bis Jahresende 2004 und gab dem Gesetzgeber zudem auf, ein Maßstäbegesetz zu verabschieden. Dieses müsse die verfassungsrechtlichen Vorgaben für das System des Finanzausgleichs konkretisieren, um auf dessen Grundlage eine endgültige Neuregelung des FAG verabschieden zu können.

Das Urteil des Bundesverfassungsgerichts bedeutet eine Zäsur in der Auseinandersetzung über die Entwicklung des Föderalismus. Der Bundesgesetzgeber wurde mit dem Auftrag für ein Maßstäbegesetz in besonderer Weise auf eine konzeptionelle Systematik verpflichtet. Ausdrücklich betont das Bundesverfassungsgericht, dass das Finanzausgleichsrecht eine langfristige Geltung anstreben müsse, weshalb haushaltswirtschaftliche Planbarkeit, Voraussehbarkeit der finanzwirtschaftlichen Grundlagen und die Transparenz der Mittelverteilung ihren Niederschlag im Finanzausgleich ab 2005 finden müssten. Für den Bundesgesetzgeber bedeutet dies nicht nur, den Finanzausgleich unter Berücksichtigung der höchstrichterlichen Vorgaben neu zu regeln. Er muss sich vielmehr den existenziellen Fragen des Föderalismus stellen und den Finanzausgleich den veränderten wirtschaftlichen Bedingungen nach der Deutschen Wiedervereinigung, einer zunehmenden Globalisierung der Wirtschaft und den Verpflichtungen aus dem Maastrichter Vertrag anpassen.

---

[1] BVerfGG, 2 BvF 2/98 vom 11.11.1999 (BVerfGE 101, 158).

Das Bundesverfassungsgericht hebt hervor, dass der Finanzausgleich die finanzstarken Länder mit föderalen Ausgleichspflichten belegt und für diese eine Abgabe aus „Eigenem"[2] bedeutet. Es weist insofern darauf hin, dass das Verfassungsprinzip der Bundesstaatlichkeit, die Belange der Finanzautonomie und der Finanzgleichheit sowie der Einheitlichkeit der Lebensverhältnisse gerade bei der Frage der Umverteilung der finanziellen Mittel in besonderem Maße einem Spannungsverhältnis unterliegen, dem sich das FAG nicht verschließen darf.

Art. 107 Abs. 2 GG gibt hierfür den verfassungsrechtlichen Rahmen vor. Der Bundesgesetzgeber hat für einen angemessenen Ausgleich der Finanzkräfte der Länder Sorge zu tragen und die Interessen der Föderalpartner zu berücksichtigen. Dies setzt die Einbeziehung unterschiedlicher Belange in die Auseinandersetzung zum Finanzausgleichsrecht voraus und provoziert den Wettstreit ihrer politischen Vertreter. Die Argumentation hierbei ist nicht ausschließlich von einer unterschiedlichen Auffassung über die effiziente Lösung finanzstaatlicher Verteilungsprobleme bestimmt. Die sprachliche Offenheit in Art. 107 Abs. 2 GG und die pauschale Forderung nach einem angemessenen Ausgleich der Finanzkräfte öffnen die Debatte einer nicht nur finanzspezifischen Argumentation. Vielmehr prägen traditionelle Verfahrensweisen und Konventionen die Auseinandersetzung, in der unterschiedliche Auffassungen und Wertvorstellungen über die Organisation des Staatswesens zu Tage treten. Sozialsolidarische Einheitsbestrebungen und kompetitiv-egoistische Eigenständigkeitsinteressen beeinflussen die Frage der Konkretisierung der verfassungsrechtlichen Vorgaben des Art. 107 Abs. 2 GG und machen den horizontalen Länderfinanzausgleich zum Gegenstand einer auch von Emotionen beeinflussten Föderaldebatte.

In diesem Zusammenhang deutet die sprachliche Offenheit in Art. 107 Abs. 2 GG auf eine normative Substanzschwäche der Verfassung hin, die dem Bundesgesetzgeber einen kaum begrenzten Ermessensspielraum einzuräumen und die Finanzausgleichsgesetzgebung den politischen Gestaltungskräften weitgehend zuzuführen scheint. Diese Annahme setzt sich allerdings in Widerspruch zum normativen Geltungsanspruch der Verfassung und der Bedeutung des Finanzwesens für den föderalen Bundesstaat.

Die Untersuchung verfolgt das Ziel einer Rückbindung der Auseinandersetzung im horizontalen Länderfinanzausgleich an die verfassungsrechtlichen Vorgaben und einer Aufhellung der normativen Unbestimmtheit des Gebotes eines angemessenen Finanzkraftausgleichs in Art. 107 Abs. 2 S. 1 GG.

Hierzu bedarf es zunächst einer Untersuchung der historischen und verfassungsrechtlichen Grundlagen. Rechtsmaterien, die für das finanzstaatliche Gemeinschaftsver-

2 BVerfGE 72, 330, 386.

hältnis zwischen den Föderalpartnern im Bundesstaat zentrale Bedeutung haben, lassen sich nur unter Einbeziehung ihrer historischen Bezüge verstehen. Das Bundesstaatsprinzip, das Sozialstaatsprinzip und das Rechtsstaatsprinzip lehnen sich an gewachsene Muster an, auf deren Grundlage die föderale Balance zwischen Bund und Ländern sowie zwischen den Ländern aufbaut. Das Finanzwesen weist eine eigene gewachsenen Historie auf, die für die Aufhellung normativer Unschärfen und ihre Funktionsweise für das föderale System in der Gegenwart nicht unberücksichtigt bleiben darf.

Aufbauend auf den historischen und verfassungsrechtlichen Grundlagen sollen die Verteilungskriterien des horizontalen Länderfinanzausgleichs ermittelt werden. Ausgangspunkt hierfür ist zunächst die Hypothese, dass die sprachliche Offenheit des Art. 107 Abs. 2 GG keinen Entscheidungsspielraum des Finanzausgleichsgesetzgebers begründet, der lediglich durch die Willkürgrenzen bestimmt ist, sondern vielmehr den Auftrag zur normativen Verdichtung beinhaltet. Das Bundesverfassungsgericht betont, dass auf die Eigenart und besondere Struktur der Finanzverfassung Rücksicht zu nehmen sei[3] und deutet damit an, dass die Interpretation finanzverfassungsrechtlicher Materien den Grundsätzen der Verfassungsinterpretation unterworfen ist, darüber hinaus aber auch Besonderheiten gegenüber dem sonstigen Bestand des Grundgesetzes aufweist, die für die Ermittlung der normativen Aussagen zu beachten sind.

Hieraus ergeben sich zwei wesentliche Arbeitsschritte. Als integrierter Bestandteil der Verfassung[4] unterwirft sich das Finanzwesen des Grundgesetzes auch den allgemeinen Grundsätzen der Verfassungsinterpretation, weshalb zunächst die Regularien zu bestimmen sind, denen die Verfassungsinterpretation im Allgemeinen unterworfen ist, die aber auch die Auseinandersetzung mit den Inhalten des besonderen Teils der Finanzverfassung bestimmen. Erst daran anschließend gilt es herauszuarbeiten, welche Besonderheiten Art. 107 Abs. 2 GG gegenüber dem sonstigen Bestand des Grundgesetzes aufweist, die sich in den Modalitäten der Verfassungsnorm wiederfinden und für die Konkretisierung der finanzverfassungsrechtlichen Materie maßgeblich sind. Als einer der „tragenden Eckpfeiler"[5] der bundesstaatlichen Ordnung des Grundgesetzes rückt die Finanzverfassung das Verfassungsprinzip der Bundesstaatlichkeit in das Zentrum der inhaltlichen Auseinandersetzung. Gleichzeitig lassen sich angesichts seiner Abstraktheit keine konkreten Kriterien ableiten, die im Prozess der normativen

---

3 BVerfGE 72, 330, 390.

4 *Kirchhof, Ferdinand*, Grundsätze der Finanzverfassung des vereinten Deutschlands, in: VVDStRL 1992, S. 78.

5 BVerfGE 55, 274, 300; BVerfGE 72, 330, 388; BVerfGE 32, 333, 338; *Wendt*, Finanzhoheit und Finanzausgleich, in: Isensee, Kirchhof (Hrsg.), HStR IV, § 104, S. 1023.

Verdichtung unvermittelt verwertet werden könnten. In einem weiteren Schritt gilt es daher, die berührten Belange föderaler Bundesstaatlichkeit zu identifizieren, die einen finanzspezifischen Niederschlag im Finanzwesen des Grundgesetzes gefunden haben.

Die Untersuchung geht in einem weiterem Kapitel auf die gewonnenen Ergebnisse ein und zeigt Ansätze auf, die im Rahmen einer Reform des Finanzausgleichsrechts Fehlentwicklungen vermeiden helfen. In diesem Zusammenhang setzt sich die Untersuchung auch mit der jüngsten legislativen Entwicklung zum Maßstäbegesetz, das zum 1. Januar 2002 in Kraft getreten ist, auseinander und unterzieht es einer kritischen Betrachtung. Als Maßstab einer kritischen Analyse ist vor allem der Anspruch des Bundesverfassungsgerichts anzulegen, das die konkrete Finanzausgleichsgesetzgebung für tagespolitische und interessenorientierte Einflüsse weniger empfänglich machen wollte und eine von der konkreten Finanzausgleichsgesetzgebung zeitlich getrennte Ermittlung der tragenden Prinzipien und Verteilungskriterien des Finanzausgleichs verlangt hat.[6]

---

6 BVerfGE 101, 158, 217.

Kapitel 1: Rechtshistorische und verfassungsrechtliche Grundlagen

A) Kompromisslösung des Grundgesetzes 1949

Historische Betrachtungsweisen werfen in einem aktuellem Kontext nicht selten die Frage auf, ob diese überhaupt einen Beitrag zum Streitstand leisten können.[7] Das Bundesverfassungsgericht geht allerdings gerade auch im Bereich der Finanzverfassung auf deren Entstehungsgeschichte ein und verweist darauf, dass vor allem die wiederholten Verfassungsänderungen in einer Linie mit der geschichtlichen Reifung des Finanzwesens zu sehen sind.[8] Bestimmte Rechtsmaterien, das Institut der Bundesstaatlichkeit und die grundlegenden Rechtsprinzipien des Grundgesetzes lehnen sich an traditionelle Bestimmungsmuster an; die soziale, politische und ökonomische Machtverteilung im Staat[9] gründet auf einer gewachsenen Verfassungsgeschichte, in der die Finanzen stets eine zentrale Bedeutung eingenommen haben. Es ist insofern einleuchtend, dass die Finanzbeziehungen aller bundesstaatlichen Körperschaften nicht ausschließlich nach dem Wortlaut des Grundgesetzes bestimmt werden können, sondern sie das geschriebene und ungeschriebene Spannungsverhältnis[10] zwischen Bund und Ländern und den Ländern untereinander in sich aufnehmen und die föderalstrukturelle Wirklichkeit wiederspiegeln.[11]

Die deutsche Verfassungsgeschichte hebt verschiedene Epochen hervor. Das jeweilige Kräfteverhältnis zwischen Zentralinstanz und Ländern gab dem Deutschen Reich zu-

---

7 *Hidien*, Der bundesstaatliche Finanzausgleich in Deutschland, S. 86; *Pagenkopf*, Der Finanzausgleich im Bundesstaat - Theorie und Praxis, S. 7.

8 BVerfGE 72, 330, 389; zur Traditionsfreundlichkeit der Rechtsprechung des Bundesverfassungsgerichts vgl. *Blankennagel*, Tradition und Verfassung, S. 158; *Hidien*, Der bundesstaatliche Finanzausgleich in Deutschland, S. 87.

9 *Witt*, „Patriotische Gabe" und „Brotwucher". Finanzverfassung und politisches System im Deutschen Kaiserreich 1871-1914, S. 189; *Hidien*, Der bundesstaatliche Finanzausgleich in Deutschland, S. 87.

10 Vgl. *Kimminich*, Der Bundesstaat, in: Isensee, Kirchhof (Hrsg.), HStR I, § 26, S. 1137; Stern hebt heraus, dass Gesamtstaat und Gliedstaaten nicht nur durch die gemeinsame Verfassung zusammengehalten werden, sondern auch durch das dieser immanente und im „bundesstaatlichen Gesamtverhältnis" inliegende Wesensgesetz, *Stern*, Das Staatsrecht der Bundesrepublik Deutschland I, S. 646; das politische Element ist verfassungsrechtlichen Spannungsverhältnissen auch auf anderen Gebieten nicht fremd, *Degenhart*, Staatsrecht I Staatsorganisationsrecht, S. 191.

11 *Renzsch*, Reform der Finanzverfassung zwischen ökonomischer Effizienz, bundesstaatlicher Funktionalität und politischer Legitimität, in: Thiess, Büttner (Hrsg.), Finanzverfassung und Föderalismus in Deutschland und Europa, S. 1075; *Stern*, Das Staatsrecht der Bundesrepublik Deutschland II, S. 1054.

nächst den Charakter eines dezentralen Föderalstaates, später prägten die föderalen Konstellationen die Weimarer Republik als einen unitarischen Einheitsstaat. Die finanzstaatlichen Kompetenzen zeichneten diese Entwicklung nach. Vor diesem Hintergrund lässt sich die Bundesstaatlichkeit des Grundgesetzes besser verstehen und für die Interpretation des Finanzausgleichsrechts verwerten.

I. Deutsches Kaiserreich

Die finanzrechtlichen Beziehungen der Staaten im Deutschen Kaiserreich kannten noch keine spezifisch horizontalen Elemente. Die finanzpolitischen Sachfragen kreisten stets nahezu ausschließlich um die Gestaltung der vertikalen Finanzbeziehungen zwischen dem Reich und den Ländern, wobei die Länder kaum einen gemeinsamen Standpunkt einnahmen, sondern vor allem Vertreter ihrer individuellen Interessen waren.

1. Finanzverfassungsrechtlicher und –politischer Überblick

Die Finanzsphäre des Reiches war durch den Einfluss der Länder geprägt. Die Reichsverfassung kannte zwar, wenngleich verfassungsrechtlich nicht konstitutionalisiert, ein Prinzip der Lastenverteilung. Grundsätzlich trug diejenige Instanz die Kosten für eine administrative Aufgabe, in deren Zuständigkeit die Aufgabe fiel. Eine klare Abgrenzung der Finanzsphäre des Reiches fehlte allerdings dennoch, da die Länderregierungen Einfluss auf die Ertragssituation des Reiches nehmen konnten und insbesondere auf Grundlage der Matrikularbeiträge dem Reich finanzielle Eigenständigkeit und Unabhängigkeit vorenthielten. Zwar hatte das Reich nach den Bestimmungen der Reichsverfassung, namentlich nach Art. 70 RV, eine Kompetenz-Kompetenz, die ihm die Möglichkeit eröffnete, die zur Bestreitung seiner Aufgaben erforderlichen finanziellen Mittel durch eine entsprechende Steuerfindungspolitik zu erhalten. Insofern standen formal-verfassungsrechtlich durchaus Kompetenzen zur Verfügung, um im Zuge einer fundierten Steuerfindung die Ertragssituation zugunsten des Reiches zu beeinflussen. In der Auseinandersetzung mit den Einzelstaaten vermochte es die Reichsregierung dennoch nicht, dem militärpolitisch bedingt expandierenden Haushaltsdefizit eine hinreichende Ertragsdeckung gegenüberzustellen.[12]

---

[12] Die allgemeine Auffassung in Politik und Verfassungsrechtslehre war, dass Art. 70 RV lediglich dahingehend zu verstehen sei, dass dem Reich ein Steuerfindungsrecht ausschließlich hinsichtlich indirekter Steuern zustehe und diesbezüglich keinen Zugriff auf die Länderhoheit nehmen konnte. Dem Verfassungstext war diese einseitige Auslegung allerdings nicht zu entnehmen, so dass der damals vorherrschende Meinungsstand nicht politisch neutral einzuschätzen ist.

Die Besitzstandsinteressen der Einzelstaaten prägten auch in anderen Bereichen des Finanzwesens die Zuständigkeitsverteilung. Die Reichszollgesetzgebung enthielt teilweise Befreiungstatbestände zugunsten der Hansestädte Bremen und Hamburg, die süddeutschen Staaten Bayern, Baden und Württemberg, die traditionell eine starke Stellung einnahmen, behielten Reservatrechte im Bereich der Branntwein- und Biersteuer, im Post- und Telegraphenwesen und auch im Eisenbahnwesen.[13]

Die situative Beschreibung der fiskalischen Beziehungen zwischen Reich und Ländern als allgemeine Kostgängerschaft des Reiches beruht vor allem auf den Matrikularbeiträgen der Länder auf Grundlage des Art. 70 RV.[14] Dem Reich stand in Form der Matrikularbeiträge eine Finanzierung durch die Länder zu, um seinen Finanzbedarf zu decken, solange es die Möglichkeiten zu einer umfassenden Steuerfindungspolitik nicht wahrgenommen hatte. Das von Anfang an als Provisorium geplante Institut erhielt ab 1879 allerdings eine verfassungsrechtliche Aufwertung, indem seine Befristung in Art. 70 RV gestrichen wurde. Die Matrikularbeiträge verloren ihren provisorischen Charakter und wurden verfassungsrechtlich legitimiert, wodurch die Finanzsphäre des Reiches noch stärker dem Einfluss der Länder ausgesetzt war.[15]

---

[13] Im Gegenzug hatten diese zwar Ausgleichszahlungen zu leisten. Diesen finanziellen Zugeständnissen an das Reich standen allerdings höhere Erträge aus den Reservatrechten gegenüber, die die Zahlungen mehr als kompensieren konnten. Mit der späteren Deckelung der Reichssteuererträge auf insgesamt 130 Mio. Mark und der Beteiligung der Einzelstaaten an dem verbleibenden Ertragsüberschuss war das Reich auch von einer grundlegenden Ertragssteigerung ausgeschlossen und auf eine Haushaltsfinanzierung auf Grundlage einer umfassenden Verschuldungs- und Anleihepolitik angewiesen.

[14] Die Wendung der Kostgängerschaft des Reiches von den Ländern prägte Bismarck erstmals 1879 im Hinblick auf die protektionistisch motivierte Zolltarifreform und ist eine bis in die heutige staats- und finanzrechtliche Literatur gegenwärtige Beschreibung insbesondere der Matrikularbeiträge als Ursache für das Scheitern des ersten deutschen Bundesstaates. Sie stellt aber eine plakative Verkürzung der eigentlichen Problematik des wilhelminischen Reichsstaates zu Lasten einer differenzierten Beurteilung dar, wenn man sich vergegenwärtigt, dass die wirtschaftliche Deckungsfunktion der Matrikularbeiträge eher gering war (1913 betrug der effektive Mittelzufluss im Rahmen der Matrikularbeiträge von den Ländern an das Reich 50 Mio. Mark, während der Gesamtbetrag der Reichsausgaben bereits 3 Mrd. Mark betrug. Dies entsprach damit einer Deckungsquote von gerade 1,6 Prozent).

[15] Im einzelnen wurden die Erträge aus den Zöllen und den Tabaksteuern zu Lasten des Reiches auf 130 Mio. Mark begrenzt, der Restertrag sollte auf die Einzelstaaten nach deren Pro-Kopf-Verhältnis überwiesen werden (Überweisungssteuern). Die Matrikularbeiträge verloren in diesem Zusammenhang ihren provisorischen Charakter, da sie als Verrechnungsfaktor fungierten. Die finanzwirtschaftliche Entwicklung allerdings führte dazu, dass die Überweisungen des Reiches an die Länder zu einer Unterdeckung der Matrikularbeiträge führten, was die ursprüngliche Absicht im Bundesrat, die Länder umfassend an den Reichserträgen zu beteiligen ohnehin enttäuschte. Je nach dem, ob die Überweisungen

Das signifikante Reichsfinanzdefizit und seine unerwartet hohe Steigerung aufgrund der vor allem militärpolitisch geprägten Ausgaben, führte allerdings weiterhin dazu, dass die Matrikularbeiträge keine ausreichende Versorgung mit finanziellem Spielraum herbeiführen konnten. Zwischen Bundesrat und Reichstag wurde daher bereits ab 1904 eine vorläufige, stillschweigende Stundung eines Teils der Matrikularbeiträge entgegen dem klaren Wortlaut des Art. 70 RV vereinbart und die Umlagen auf 40 Pfennige pro Kopf festgelegt.[16] Damit war ein System fester Matrikularbeiträge eingeführt. Eine Steigerung auf 80 Pfennige pro Einwohner eines Landes und die Umschuldung der restlichen Stundungen auf eine Reichsanleihe war ab 1908 nötig geworden, da das Volumen der Stundungen bereits auf 146 Mio. Mark angewachsen war. Gleichwohl fehlte es den Einzelstaaten am Willen, eine legitime Regelung zu etablieren, weshalb sämtliche Zahlungen nur auf Grundlage jährlicher Etatbewilligungen erfolgen konnten. Die gesamte Haushaltsplanung war damit dem Zankapfel der tagespolitischen Auseinandersetzungen preisgegeben und stärkte gleichzeitig den Einfluss des Reichstages. Mit der Begrenzung der Matrikularbeiträge auf 52 Mio. Mark ab 1911 reduzierte sich die rein wirtschaftliche Bedeutung der Matrikularbeiträge im Verhältnis zum Gesamthaushaltsdefizit allerdings auf ein eher unbedeutendes Maß.

2. Vertikale und horizontale Finanzausgleichselemente

Abgesehen von einigen föderalistischen Reservatrechten vor allem der Hansestädte und der süddeutschen Staaten, enthielt Art. 70 RV die wesentlichen Züge finanzausgleichstechnischer Tendenzen der Verfassung und manifestierte formal-rechtlich ein System getrennter Sphären. Neben den etwaigen Überschüssen aus den Vorjahren wies Art. 70 S. 1 RV dem Reich vor allem die Erträge aus den Zöllen, den gemeinschaftlichen Verbrauchssteuern und dem Post- und Telegraphenwesen zu, während originäre Ländersteuerkompetenzen diesen nicht ausdrücklich in der Verfassung zugewiesen werden mussten.

---

des Reichs an die Einzelstaaten die Matrikularbeiträge der jeweiligen Einzelstaaten überstiegen, waren diese aus Sicht der Länder gedeckt oder ungedeckt. Mit dem verfassungsändernden Gesetz vom 14.5.1904 (sog. kleine lex Stengel) wurde die bis dato existierende Deckelung der Reichszoll und -steuererträge auf 130 Mio. Mark weitgehend aufgehoben. Eine völlige Neuordnung blieb allerdings auch diesmal aus; die Überweisungssteuern blieben teilweise unter anderem bei der Branntweinsteuer erhalten und wurden im Gegenteil verfassungsrechtlich verankert. Ein grundlegende finanzielle Eigenständigkeit und Unabhängigkeit sollte aber nicht erfolgen, weshalb die Matrikularbeiträge als Verrechnungsfaktor beibehalten werden mussten. Ihnen wurde im Zuge dessen ihr provisorischer Charakter genommen und auf diese Weise als verfassungsrechtliches Finanzinstitut perpetuiert.

[16] Sog. große Stengelsche Finanzreform.

Die ab 1879 geübte Begrenzung der reichseigenen Erträge auf 130 Mio. Mark und die Beteiligung der Länder am Überschuss nach einem bestimmten Zuweisungsmodus, enthielt in geringem Maße Ausgleichselemente, die allerdings keine Finanzkraftunterschiede berücksichtigten.[17] Weitere Ausgleichstendenzen zeigten sich im Zuge der Übertragung der Landesposthoheiten auf das Reich. Den Ländern wurde als Ausgleich für den Verzicht auf diese Rechte für eine Übergangszeit von acht Jahren die Beteiligung an den Erträgen zugesichert (Art. 51 RV), wobei die Zuweisungen unter Bezugnahme auf das durchschnittliche Ertagsaufkommen und nicht auf die Einwohnerzahlen erfolgte, weshalb vor allem die Länder mit ohnehin hohem Aufkommen bevorzugt wurden.[18] Das maßgebliche vertikale Element finanzieller Verknüpfungen waren aber die Matrikularbeiträge und die seit 1879 eingeführten Überweisungssteuern. Die Länder waren materiell verpflichtet, den ihrem Pro-Kopf-Aufkommen entsprechenden Anteil am Haushaltsdefizit des Reiches zu decken. Politischen Einfluss gewannen die Länder insbesondere deshalb, weil sie sich einer verfassungsrechtlichen Fixierung der Zahlungsmodalitäten entzogen und diese von einer jährlichen Bewilligung abhängig machten.[19]

Horizontale Ausgleichselemente, die auf eine Reduzierung der Finanzkraftunterschiede abzielten, fehlten nicht nur, vielmehr wurde die finanzielle Schere zwischen den Einzelstaaten durch die konkrete Ausgestaltung der Finanzbeziehungen zwischen dem Reich und den Ländern tendenziell verschärft. Die Matrikularbeiträge berechneten sich ausschließlich nach der Zahl der Einwohner eines Landes und nicht nach dessen Finanzkraft. Folge dieses Verteilungsmodus war, dass in Perioden finanzwirtschaftlicher Prosperität der Rückfluss über die Deckung der Matrikularbeiträge überproportional war. Dem stand allerdings eine überdurchschnittliche Belastung gerade bevölkerungsreicher Mitgliedsstaaten gegenüber, wenn das finanzwirtschaftliche Aufkommen des Reiches die Matrikularbeiträge durch die Überweisungssteuern nicht decken

---

17 Verteilung nach dem Pro-Kopf-Aufkommen begünstigte die einwohnerstarken Staaten überproportional, solange die Reichserträge über der Deckungsgrenze von 130 Mio. Mark lag. Die finanzwirtschaftliche Entwicklung allerdings führte dazu, dass die Matrikularbeiträge nicht mehr durch Überweisungssteuern des Reichs gedeckt werden konnten und damit die Staaten zur tatsächlichen Auszahlung an das Reich verpflichteten. In diesem Falle wurden einwohnerstarke Staaten nach dem Pro-Kopf-Modus überproportional belastet.

18 Die politischen Hintergründe lagen in den Zugeständnissen an die Länder, deren, nach Art. 78 RV notwendige, Zustimmung zur Aufgabe ihrer Hoheitsrechte sicherzustellen. Angesichts der langen Übergangszeit vermittelte der Übergang der Postverwaltung auf das Reich mehr das Ziel der Vereinheitlichung des Postwesens im Reichsgebiet und weniger die Absicht, das Reich finanziell unabhängiger zu machen.

19 „budgetmäßig" Art. 70 S. 2 RV.

konnte.[20] Diese mussten dann tatsächlich von den Ländern an das Reich gezahlt werden.[21]

Zusammenfassend lässt sich feststellen, dass das Bewusstsein für die Notwendigkeit eines horizontalen Ausgleichs noch völlig unterentwickelt war, weshalb Unterschiede in den finanziellen Möglichkeiten zwischen den Einzelstaaten als Folge der traditionellen Finanzhoheit billigend in Kauf genommen wurden,[22] Anlass zur durchgreifenden Intervention im Sinne eines solidarischen Einstehens füreinander jedoch nicht geboten war.

II. Weimarer Republik

Unter den Rahmenbedingungen in der Weimarer Republik konnte sich auch ab 1919 kein spezifisch horizontales Ausgleichssystem entwickeln. Im Mittelpunkt der föderalfiskalischen Auseinandersetzung stand nahezu ausschließlich das vertikale Verhältnis zwischen dem Reich und den Ländern, wohingegen horizontal ausgleichende Elemente allenfalls nur indirekt thematisiert wurden.

1. Finanzverfassungsrechtlicher und –politischer Überblick

Die Verfassung der Weimarer Republik beinhaltete keinen eigenständigen Abschnitt über die Staatsfinanzen, vielmehr fanden sich finanzverfassungsrechtliche Normierungen in einzelnen Vorschriften,[23] deren Gesamtheit man als Finanzverfassung bezeichnen kann. Die äußeren Rahmenbedingungen waren für die finanzrechtliche Entwicklung in der Weimarer Republik prägend und begünstigten den Verlust von Länderfinanzrechten zugunsten des Reichs.[24] Verfassungsrechtlich war, wie schon in der

---

[20] Vgl. oben Fn. 17.

[21] Gleichzeitig führt die Sanktionierung zu weitreichender Finanzkraftunterschiede zwischen den Ländern zu einer Ungleichbehandlung der Bevölkerung, die mangels etablierter Steuergrundsätze wie dem Leistungs- oder Nettoprinzip, die Steuerleistung der Bevölkerung unterschiedlich entwickeln ließ.

[22] *Wendt*, Finanzhoheit und Finanzausgleich, in: Isensee, Kirchhof (Hrsg.), HStR IV, § 104, S. 1027.

[23] Art. 6 WRV: Reichszuständigkeit im Zoll-, Post- und Telegraphiewesen, Art. 8 WRV: Reichszuständigkeit im Steuer- und Abgabenwesen, Art. 11 WRV: Grundsatzbefugnis des Reiches bei den Ländereinnahmen, Art. 83 bis 84 WRV: Reichsfinanzverwaltung, Art. 85 WRV: Haushaltsgrundsätze.

[24] Der Verlust des Krieges und die massenhaften sozialen Notlagen der Kriegsopfer, der Hinterbliebenen sowie der Wiederaufbau und die Entschädigung für Kriegsverluste aber auch die generelle Herausbildung des Sozialstaates ließen die Aufgabenfülle, die nach Art. 6 WRV vor allem in der Reichszuständigkeit lag, enorm ansteigen und erhöhte den Finanzbedarf des Reiches beträchtlich. Der ohnehin erhebliche Ausmaße aufweisende

Reichsverfassung von 1871, eine tendenziell zentralisierende Entwicklung nicht zwingend. Allerdings stand das föderale Spannungsverhältnis zwischen dem Reich und den Einzelstaaten unter dem Eindruck, dass entscheidende Hoheitskompetenzen der Länder schon auf einfachgesetzlichem Wege modifiziert werden konnten.[25] Da sich zudem die politischen Kräfteverhältnisse gedreht hatten,[26] wurde eine sukzessive Entmachtung der Länder in fiskalischen Angelegenheiten begünstigt. Die fortschreitende Verquickung von aufgaben- und ausgabenrechtlichen Verantwortlichkeiten war Folge einer finanzwirtschaftlichen und reparationsrechtlichen Zuspitzung der Nachkriegsfrage, in Zuge dessen die Reichsregierung eine Vielzahl von Reformen und Gesetzesänderungen verwirklichte und weitere Kompetenzen an sich zog.[27] Unter diesen Vorzeichen konnten die Länder ihre Zuständigkeiten für die wirtschaftlich bedeuten-

---

Schuldenstand betrug vor allem aufgrund der geübten Militärpolitik der Reichsregierung ohne solide Finanzgrundlage im Jahre 1918 150 Mrd. Mark. Hierzu kamen nach dem Untergang des Kaiserreiches und der Gründung der Weimarer Republik bis 1921 weitere 132 Mrd. Mark an Reparationsverpflichtungen hinzu und die Frage der Höhe der Reparationen war damit immer noch nicht endgültig beantwortet. Die finanzielle Aufwertung des Reiches stand daher nicht mehr zur Disposition.

[25] Im Gegensatz zum Kaiserreich erhielt das Reich umfangreiche Gesetzeszuständigkeiten. Nach Art. 6 Nr. 6 und 7 WRV verfügte das Reich über die exklusive Gesetzgebungszuständigkeit bei den Zöllen und dem ertragreichen Post- und Telegraphenwesen, sowie nach Art. 8 WRV über die konkurrierende („ferner") Zuständigkeit bei Abgaben und sonstigen Einnahmen. In der relativ offenen Formulierung verbarg sich die Option, die noch im Kaiserreich als föderalistische Bastion verteidigte Ertragskompetenz bei den direkten Steuern, nunmehr dem Reich im Wege der einfachen Gesetzgebung zuzuweisen. Die Zuweisung an das Reich war zwar formalrechtlich dadurch begrenzt, dass dieses bei seinem Eingriff in die Länderrechte die Existenzgrundlage der Länder zu wahren hatte. Tatsächlich aber verfügte das Reich nunmehr über eine umfangreiche und abschließende Ertragshoheit, die sogar noch durch die Reichsgrundsatzbefugnis in Art. 11 WRV, wonach es den Ländern Grundsätze bei der Einnahmenpolitik zur Wahrung der Reichseinheitlichkeit auferlegen konnte, verschärft wurde.

[26] Die revolutionäre Ausgangslage der Weimarer Republik in den Jahren 1918/19 war auch Ausdruck einer emanzipierten Souveränität des Volkes, in Zuge dessen die politischen Parteien an Einfluss gewannen. Deren zentralistische Ausrichtung und das durch die Kriegsfolgen genährte gesamtdeutsche Einheits- und Zusammengehörigkeitsgefühl der Deutschen (*Wendt*, Finanzhoheit und Finanzausgleich, in: Isensee, Kirchhof (Hrsg.), HStR IV, § 104, S. 1028) begünstigten eine Entwicklung nach einheitsstaatlichen oder zentralistischen Muster. In außenpolitischer Hinsicht konnten sich die deutschen Einzelstaaten einen diversifizierten Standpunkt nicht leisten. Mit der Unterzeichnung des Versailler Friedensvertrages von 28.6.1919 war die Frage der endgültigen Höhe der Reparationen entgegen deutscher Hoffnungen nicht beantwortet worden, was finanzielle Unsicherheit in Zukunft bringen würde, in jedem Falle aber eine deutliche finanzielle Aufwertung des Reiches gegenüber den Ländern nach sich ziehen musste.

[27] Art. 8 und 11 WRV vgl. oben Fn. 25.

den direkten Steuerarten, wie der Einkommens- und Körperschaftssteuer[28] nicht nur nicht bewahren, sondern ihnen wurde auf Grundlage der in Art. 11 WRV enthaltenen Homogenitätsklausel sogar die Option von Zuschlagsrechten entzogen.
Neben diesen im Vordergrund stehenden finanzhoheitsrechtlichen Abgrenzungsfragen gründete die Länderkostgängerschaft[29] in der Übertragung der Steuerverwaltung auf die Reichsadministration, wofür die verfassungsgebende Versammlung eine Entscheidung im wesentlichen noch offen gelassen, die Voraussetzungen für eine weitgehende Zentralisierung der Steuerverwaltung jedoch bereits gesetzt hatte.[30] Damit war mit der Steuerverwaltung ein weiterer finanzhoheitsrechtlicher Schwerpunktbereich den Ländern entzogen, der im Kaiserreich, in dem die Steuerverwaltung des Reiches nur rudimentär entwickelt war, vor allem eine Domäne der Einzelstaaten geblieben ist. Auch sonst verschwammen die Verantwortlichkeitsbereiche zwischen dem Reich und den Ländern. Zwar fehlte eine grundlegende Regelung zur Lastenverteilung im Sinne des heutigen Konnexitätsprinzips, gleichwohl existierte ein ungeschriebener Grundsatz, wonach die ausführende Ebene die Kosten für die Aufgabenerfüllung zu tragen hatte. In diesem Sinne enthielt das im Zuge der erzbergerschen[31] Finanzreform verabschiedete Landessteuergesetz von 1920 eine Regelung, dass bei kostenintensiven Wirkungen von legislativen, administrativen oder staatsvertraglichen Vereinbarungen zu Lasten der Länder, diese finanziell zu kompensieren seien. Das spätere umfangreiche Reichssubventionssystem führte demgegenüber allerdings zu einer de facto Trennung von Aufgaben- und Ausgabenverantwortlichkeit zwischen den Gebietskörperschaften.

---

[28] Darüber hinaus auch Erbschaftssteuer, Grunderwerbssteuer, Umsatzsteuer, Kapitalertrags- und Vermögenssteuer.

[29] Begriff ist ebenso wie der Begriff der Reichskostgängerschaft im Kaiserreich zu relativieren, vgl. Fn. 14.

[30] Auf Grundlage des Art. 14 WRV war eine einfachgesetzliche Reform der Verwaltungszuständigkeit möglich und bis 1920 wurden mehrere neue Gesetze erlassen, die eine massive Umgestaltung der Finanzverwaltung bedeuteten und den Ländern erhebliche finanzverwaltungsrechtliche Kompetenzen entzogen. Auf diese Weise war den Ländern die bis dahin verbliebenen 26 verschiedenen Finanzverwaltungen entzogen. Das bedeutete zum einen eine einheitliche und gleichmäßige Besteuerung, zum anderen konnte die effektive Abschöpfung aller Steuerquellen sichergestellt werden.

[31] Matthias Erzberger (Zentrum), Reichsfinanzminister und Vizekanzler von 1919-1920.

2. Vertikale und horizontale Finanzausgleichselemente

Die finanzielle Entmachtung der Länder bedingte ein umfassendes System an Überweisungssteuern. In Anlehnung an die Franckensteinsche[32] Klausel der Kaiserreichsverfassung[33] wurden die Länder an den Erträgen des Reiches beteiligt. Sie erhielten allerdings keinen absoluten Betrag, sondern eine prozentuale Beteiligung, was den Finanzierungscharakter und damit den Anspruch auf einen originären Finanzstatus der Länder unterstrich. Das System der Überweisungssteuern wurde bis 1933 im wesentlichen beibehalten.[34] Mit Einsetzen der Weltwirtschaftskrise im Zuge des Zusammenbruchs der New Yorker Börse im Oktober 1929 verschärfte sich die Situation allerdings insgesamt. Vor allem die sozialen Sicherungssysteme wurden durch die steigende Arbeitslosigkeit, bei gleichzeitig sinkender Ertragslage, immer stärker belastet. Die Krise des Reichstags und der Übergang zur Präsidialregierung führten dazu, dass der Reichspräsident durch einfache Notverordnungen das Finanzwesen vielfach und umfangreich zu Lasten der Länder modifizieren konnte.[35]

Zusammenfassend ist zu resümieren, dass die Reichsregierung vor allem eine Stabilisierung der eigenen Ertragslage anstrebte, um die finanzielle Existenzfähigkeit der

---

[32] Georg Arbogast Freiherr von und zu Franckenstein, seit 1972 Mitglied des Reichstages (Zentrum).

[33] Vgl. Art. 70 RV.

[34] Nachdem aufgrund der rasenden Inflation in den Jahren 1922/23 die Anteile der Länder rückwirkend erhöht worden waren, konnten Ertragszuständigkeiten in der Stabilisierungsphase nach 1924 zeitweise getrennt werden, in der den Ländern die Erträge aus bestimmten Steuerarten exklusiv, bis auf eine Erhebungsgebühr des Reiches zur Entschädigung des Verwaltungsaufwands, zugestanden wurde. Auch konnten Reichszuschüsse reduziert werden. Da die finanziellen Einbußen des Reiches allerdings dessen Finanzpolitik zu stark einschränkten, kehrte es mit dem Finanzausgleichsänderungsgesetz vom 10.8.1925 faktisch zum ursprünglichen Überweisungssystem zurück.

[35] Mit der Verordnung zur Behebung der finanziellen, wirtschaftlichen und sozialen Notstände (26.7.1930) erhöhte er den Reichsanteil an den Erträgen durch Vorwegbeträge, Erhöhung der Steuern und Reichszuschlägen auf die Einkommenssteuern. Über die Richtlinienkompetenz des Art. 11 WRV verpflichtete es die Gemeinden dazu, eine Biersteuer sowie eine Bürgersteuer zu erheben, womit es seine eigene Verpflichtung zur Garantie der finanziellen Existenzsicherung nach Art. 8 S. 2 WRV zumindest teilweise entlasten konnte. Mit der ersten Verordnung zur Sicherung von Wirtschaft und Finanzen (1.12.1930) wurde der auf der Existenzsicherungsklausel des Art. 8 S. 2 WRV basierende Ergänzungsanspruch für finanzschwächere Länder reduziert sowie verschiedene Modifikationen unter anderem bei der Verteilung der Kfz-Steuer, beim Vorwegbetrag auf die Einkommenssteuer vorgenommen.

Länder und Kommunen durch Zuweisungen zu stützen.[36] Dies bedeutete allerdings auch eine umfassende Bindung und finanzielle Abhängigkeit der Länder und Kommunen von Reichszuschüssen. Föderalfiskalisch bedenklich war aber vor allem, das dieses Zuschuss- und Dotationssystem keinen verfassungsrechtlich verankerten Grundsätzen unterworfen war, weshalb die politische Unabhängigkeit und die Eigenständigkeit der Länder der umfassenden Einflussnahme des Reiches preisgegeben war.[37] Der Finanzausgleich zwischen Reich und Ländern enthielt keine ausgeprägten horizontalen Finanzausgleichselemente. Die vertikalen Finanzausgleichsströme enthielten lediglich über die Auswahl der Verteilungsmaßstäbe gewisse horizontal wirkende Momente. Das Landessteuergesetz nahm in seiner ursprünglichen Fassung die Überweisungen aus den Einkommens- und Körperschaftssteuererträgen nach dem Aufkommensprinzip vor. Allein die Umsatzsteuer wurde nach dem Bevölkerungsprinzip verteilt, wodurch die finanzschwachen Länder, soweit deren Finanzkraft mit der Bevölkerungszahl korrelierte, in geringem Maße bevorzugt wurden.[38] Diese Praxis wurde allerdings ab 1927 dahingehend modifiziert, dass auch die Einkommens- und Körperschaftssteuer nach einem Bevölkerungsmodus bis zu einer Gesamthöhe

---

36 Die zweite und Dritte Verordnung (5.8.1931 und 6.10.1930) brachten weitere Anpassungen und Änderungen dieser Art.

37 Für die Weimarer Republik und den Anachronismus zur „Reichskostgängerschaft“ im Kaiserreich prägend waren ein System, das den Ländern die finanzielle Grundlage mit steigender Tendenz nahm, die generellen Ausgabentragung durch das Reich dagegen förderte. Nach § 55 LStG war es dem Reich gestattet, Zuschüsse, Kostenübernahmen in Form von Zweckzuweisungen oder Subventionen mit Zweckbindung zu gewähren. Wenngleich hierdurch eine horizontale Ausgleichsbewegung erzeugt werden konnte, so führte die Etablierung eines umfassenden Nebenfinanzierungssystems neben den Überweisungen vor allem zu einer weitgehenden Einflussnahme des Reichs in die Ausgabenpolitik der Länder. Insbesondere die Fondwirtschaft eröffnete dem Reich die Möglichkeit, sog. „reichswichtige Aufgaben“ durch eigene Fonds zu finanzieren. Eine Rechtsgrundlage hierfür existierte nicht. Allgemein legitimiert erachtete man diese Praxis mit der Zuständigkeit für die Reichsaufsicht, nach der das Reich einschreiten konnte, wenn die Länder in einzelnen Bereichen die ihnen zugewiesenen Aufgaben nicht erfüllten. Die Selbstverantwortlichkeit der Länder war auf diese Weise weitestgehend aufgehoben. Entsprechende Grundsätze wurden im Grundgesetz erst in der Finanzverfassungsreform von 1969 etabliert.

38 Im Kaiserreich führte das Pro-Kopf-Prinzip zu einer überproportionalen Belastung vor allem der einwohnerstarken Länder, da im Zuge der wirtschaftlichen Entwicklung die Matrikularbeiträge tatsächlich an das Reich überwiesen werden mussten (vgl. oben Fn. 17). Im Gegensatz zum Kaiserreich, ging es in der Weimarer Republik ausschließlich um Zuweisungen des Reich an die Länder und Kommunen, so dass das Pro-Kopf-Prinzip zu überdurchschnittlichen Zuweisungen führt. Das Aufkommensprinzip hingegen begünstigte vor allem die Länder, deren Aufkommen ohnehin höher ausfiel als beim Durchschnitt der Länder.

von 450 Mio. Mark verteilt wurde. Unmittelbar auf Art. 8 S. 2 WRV gründend, wurden Ergänzungsanteile neu etabliert. Nach § 33 LStG garantierte das Reich solchen finanzschwachen Ländern Ergänzungsanteile, deren Finanzertrag mehr als 20 Prozent hinter dem Reichsdurchschnitt zurückblieb. Diese Ergänzungsanteile wurden erstmals für das Rechnungsjahr 1925 für sechs Länder aktiviert. Die späteren Finanzreformen waren allerdings unter anderem von dem Bestreben getragen, die unmittelbar verpflichtenden Ergänzungsanteile wieder abzubauen und durch eine stetig wachsende Zuschuss-, Kostenübernahme- und Fondfinanzierungspraxis zu ersetzen.

III. Deutschland unter dem nationalsozialistischen Regime

Die vertikalen und horizontalen Finanzausgleichsbeziehungen präsentieren sich als eine föderalstaatliche Thematik, die bundesstaatliche Strukturen zwingend voraussetzt. Nach der Ernennung Hitlers zum Reichskanzler erfolgte die Umwandlung des Deutschen Reiches zu einem zentralistischen Einheitsstaat, in dem die Länder zu bloßen Verwaltungsbezirken unter Reichsaufsicht degradiert wurden. Der Erkenntnisgewinn für den vorliegenden Untersuchungsgegenstand ist daher von nur begrenzter Bedeutung, spielt aber eine gewisse Rolle, weil sich dadurch die Ausgangsbedingungen für die Entwicklung eines Finanzwesens im Allgemeinen und des horizontalen Finanzausgleichs im Besonderen in der Bundesrepublik Deutschland erklären lassen. Die staatsrechtliche Entwicklung im Dritten Reich ist durch die Umwandlung der Republik von einem Bundesstaat in einen zentralistischen Einheitsstaat gekennzeichnet.[39] Auch in finanzrechtlicher Hinsicht wurden den Ländern nach und nach die Grundlagen bundesstaatlicher Eigenverantwortlichkeit entzogen. In einer ersten Phase beschränkte sich dieser Schritt allerdings zunächst auf den Entzug der formellen Ertragskompetenzen, während materiell die Einbußen der Länder durch Zuweisungen

---

39 Mit dem Ermächtigungsgesetz vom 24.3.1933 wurde das Parlament und die Ländervertretung weitgehend entmachtet und die Voraussetzungen für die Umbildung des Staatswesens nach zentralistischen Muster durch die Ermächtigung zur Verfassungsgebung gelegt. Parallel hierzu wurden durch Gleichschaltungsgesetze die Eigenstaatlichkeit der Länder faktisch aufgehoben, in dem die Reichsregierung den Landesregierungen Reichsstatthalter zuwies, die Sorge für eine konformistische Landespolitik zu tragen hatten. Im Januar und Februar wurde der Schritt zum Einheitsstaat dann schließlich vollzogen. Mit dem Gesetz zum Neuaufbau des Reiches wurden die Hoheitsrechte der Länder auf das Reich übertragen, die Landesregierungen der Reichsregierung auch formell unterstellt und die Reichsstatthalter dem Innenministerium zugewiesen. Mit dem Gesetz zur Auflösung des Reichsrates vom 14.2.1934 waren die Länder damit endgültig zu bloßen Verwaltungseinheiten unter Reichsaufsicht degradiert. Parallel hierzu wurden wichtige Landesaufgaben auf das Reich überführt, deren finanzielle Mehrbelastungen das Reich sich durch Begrenzung der Länderanteile an verschiedenen Steuerarten ausgleichen ließ.

aus reichseigenen Mitteln kompensiert wurden.[40] Allerdings verschärfte die in den Jahren 1936 bis 1938 durchgeführte Realsteuerreform die finanziellen Konsequenzen für die Länder signifikant. Die Reichszuweisungen erfolgten auf Grundlage eines Finanzausgleichssystems, dessen Verteilungsgrundsätze allerdings ausschließlich reichsunmittelbar zwischen dem Reichsfinanzminister und dem Reichsinnenminister vereinbart wurden.[41] Von einer eigenständigen Finanzhoheit der Länder konnte damit keine Rede mehr sein, da nach dem Entzug nahezu aller Ertragskompetenzen[42] auch der Länderfinanzausgleich eine rein reichsregierungsinterne Angelegenheit geworden war und die Länder keine Mitspracherechte mehr hatten und auch aufgrund der Reichsstatthalterschaften keine unabhängige Landespolitik mehr verfolgen konnten.[43] Unter dem Gesichtspunkt eines spezifisch horizontalen Finanzverteilungssystems setzte sich das ohnehin unscharfe Bild horizontaler Finanzbeziehungen der Weimarer Republik fort. Die Verteilungsmodi bei den Überweisungssteuern variierten zwischen dem Bevölkerungs- und dem Aufkommensprinzip.[44] Eine generelle Tendenz, Finanz-

---

[40] Der Länderanteil an der Kfz-Steuer wurde ab 1.4.1933 dem Reich zugewiesen, das allerdings hierfür die Länder durch Zuweisungen aus Reichsmitteln entschädigte. Ebenso wurde der 96prozentige Länderanteil an den Landesschlachtsteuern durch eine Zuweisung in gleicher Höhe an der neu gesetzten Reichsschlacht- und schlachtausfallsteuer kompensiert. Mit dem Urkundengesetz vom 5.5.1936 wurden die Landesstempelsteuern aufgehoben und durch ein reichseinheitliches Urkundensteuergesetz ersetzt, an dem die Länder in Höhe ihrer vormals Landesstempelsteuer entschädigt wurden.

[41] Die Realsteuerreform beinhaltete drei Gesetze: Das Einführungsgesetz zu den Reichssteuergesetzen, RGBl. I 986. Am 1.4.1937 wurde die Gewerbesteuer mit dem Gewerbesteuergesetz, RGBl. I 979 und am 1.4.1938 die Grundsteuer, RGBl. I 986, den Ländern entzogen und zwischen dem Reich und den Gemeinden aufgeteilt. Die Gemeinden konnten in Form von Hebesätzen eine reine Gemeindesteuer erheben. Da die Objekthoheit und die Steuermessbeträge als Bemessungsgrundlage für die gemeindlichen Hebesätze durch das Reich bestimmt wurden, profitierte in erster Linie das Reich von diesen Maßnahmen.

[42] Ende 1937 wurde durch das Reichswandergewerbesteuergesetz den Ländern weitere Kompetenzen entzogen und bis 1942 auch die Hauszinssteuer als traditionelle Landessteuer dem Reich zugeführt.

[43] Hatte das Reich mit der Übernahme wichtiger Landesaufgaben und durch Kürzung der Ländersteueranteile zunächst lediglich die Mehrbelastungen kompensiert, so hatte es mit dem Überweisungssystem allerdings bereits die Voraussetzungen dafür geschaffen, flexibel zugunsten des Reiches den Anteil der Länder über die bloße Kompensation der Mehrbelastungen hinaus weiter zu kürzen.

[44] Das Reichsschlacht- und -schlachtausfallgesetz fixierte den Entschädigungsbetrag auf das Aufkommen der jeweiligen Länder im Jahre 1935 und knüpfte damit an den bestehende Verteilungsmodus an. Die 1937 eingeführte Reichswandergewerbesteuer beteiligte die Länder mit einem 96 Prozent-Anteil am Ertrag und verteilte diesen nach dem Bevölkerungsprinzip, Vgl. Art. II des Gesetzes, RGBl. I 1937, S. 1348.

kraftunterschiede zwischen den Ländern abzubauen, aber fehlte, vielmehr ließ die ideologische und politische Gleichschaltung der Länderregierungen während der nationalsozialistischen Regimeherrschaft diese Thematik in den Hintergrund treten. Zudem bedingte die zunehmende Entmachtung der Länder durch die Übertragung immer größerer Aufgabenbestände auf das Reich, dass die Kosten der Aufgabenausführung aus dem Reichshaushalt bestritten wurden, womit eine Ursache für Finanzkraftunterschiede zwischen den Ländern beseitig worden war.

Das Dritte Reich lässt sich damit als Entwicklungsstufe in der Geschichte des horizontalen Länderfinanzausgleichs kaum verwerten, bietet aber insoweit einen gewinnbringenden Beitrag, als es im besetzten Deutschland nach Ende des Krieges und bei der Gründung der Bundesrepublik Deutschland darum ging, die Erfahrungen in die Verfassung des neuen Deutschlands einfließen zu lassen.

IV. Grundgesetz 1949

Die Erfahrungen mit der zentralistischen Verwaltungsstruktur des Dritten Reiches bildeten den gemeinsamen Nenner aller politischen Parteien, die an den Beratungen des Parlamentarischen Rates von Oktober 1948 bis Mai 1949 beteiligt waren. Zudem wurden sie von den Militärgouverneuren aufgrund deren Vorstellungen einer bundesstaatlichen Ordnung zur Bildung einer Verfassung nach föderalistischen Muster angehalten. Obwohl diese in den vielen Verhandlungen und in mehreren Memoranden der deutschen Seite die Richtung vorgaben, ist man sich heute einig, dass das Grundgesetz von 1949 nicht eine von den Besatzungsmächten oktroyierte Verfassung ist, sondern eine originäre Leistung des Parlamentarischen Rates.[45]

Die Gründung der Bundesrepublik im Mai 1949 stand unter den Vorzeichen, dass die Vorstellungen von einer westdeutschen Verfassung nach dem Ende des Zweiten Weltkrieges im Einzelnen stark differierten. Die alten Gegensätze zwischen Zentralisten und Föderalisten lebten neu auf und prägten die Beratungen im Vorfeld. Auch kam nach dem Ende des Krieges allmählich eine Diskussion darüber auf, ob ein finanzieller Ausgleich zwischen den Regionen in einer bundesstaatlichen Ordnung erforderlich sei.[46] Die Finanzausgleichsdiskussion beschränkte sich daher nicht mehr nur auf den klassischen Finanzausgleich in vertikaler Richtung, sondern bezog die Notwendigkeit der Angleichung der Finanzsituationen der bundesstaatlich vereinten Länder mit ein.[47] Gleichwohl sollte der horizontale Ausgleich als konstitutionelles Institut erst relativ spät Einzug in die parlamentarischen Beratungen halten.

---

[45] *Ziekow*, JUS 1999, S. 420.

[46] *Renzsch*, Finanzverfassung und Finanzausgleich, S. 24 f.

[47] Vgl. *Hidien*, Der bundesstaatliche Finanzausgleich in Deutschland, S. 348.

Für das künftige Finanzsystem des neuen Deutschlands standen sich dabei zwei grundsätzliche Konzepte gegenüber. Der frühere preußische Finanzminister Hermann Höpker-Aschoff plädierte für eine grundsätzlich starke Stellung der zentralen Instanz, die das Gros der Steuereinnahmen zugewiesen bekommen und die Länder in Form von Zuweisungen mit finanzieller Eigenständigkeit ausstatten sollte. Offenkundig in Anlehnung und im Unterschied zur Weimarer Republik sah er die Eigenständigkeit der Länder nicht durch die Tatsache an sich gefährdet, dass die Länderfinanzierung im wesentlichen durch Zuweisungen der Zentralinstanz erfolgte, sondern durch die Art und Weise dieser Schlüsselzuweisungen.[48] Im Gegensatz hierzu nahmen föderal orientiertere Landespolitiker[49] den Standpunkt ein, dass das künftige Deutschland ein Bundesstaat sein müsse, in dem der finanz- und steuerrechtliche Schwerpunkt eindeutig auf den Ländern liegen müsse und dem Bund nur das zukommen solle, was ihm von den Ländern als Tribut an die gemeinsame volkswirtschaftliche Basis übertragen würde.[50] Dieser Standpunkt konnte zudem für sich in Anspruch nehmen, sich weitgehend mit den Vorstellungen der drei Westmächte und dem Inhalt der Frankfurter Dokumente zu decken.[51]

1. Horizontal ausgleichende Strukturen zwischen 1945 und 1949

In den Westzonen hing bis zur Bildung der Zwei-Zonen-Verwaltung im April 1948 die finanzielle Eigenständigkeit der Länder vom Willen der jeweiligen Besatzungsmacht ab. Im Gegensatz zur amerikanisch und französisch besetzten Zone nahm die britische Besatzungsverwaltung die Steuer- und Ertragskompetenz der Länder wahr.

---

48 *Höpker-Aschoff*, in: Die Zeit vom 01.05.1947.

49 Allen voran Politiker der CSU, aber auch Sozialdemokraten wie Heinrich Tröger nahmen eine föderalistischere Position ein.

50 *Heilmeier*, Warum Bayern das Grundgesetz ablehnte oder warum plötzlich in der BRD Parteien verboten werden, vgl. http://www.freiesbayern.de/archiv/2002-02/gg21.htm.

51 In einem ersten Memorandum vom 22.11.1948, in dem die Verbindungsstäbe die „Grundsätze" der Frankfurter Dokument Nr. I, insbesondere den Begriff der "demokratischen föderalistischen Regierung" konkretisierten, machten die Militärgouverneure ihre Ansicht bezüglich der Steuerkompetenzregelung im Grundgesetz deutlich. Sie waren der Ansicht, dass das Grundgesetz „in möglichst hohem Grade vorsehen sollte [...] daß die Befugnisse auf dem Gebiet der öffentlichen Finanzen auf die Verfügung über Geldmittel, einschließlich der Erhebung von Einnahmen für Zwecke, für die sie verantwortlich ist, beschränkt sind; daß die Bundesregierung Steuersätze bestimmen darf und über die allgemeinen Grundsätze der Veranlagung bei anderen Steuern, für die Einheitlichkeit nötig ist, Gesetze erlassen darf, daß aber die Einziehung und Nutznießung solcher Steuern den einzelnen Ländern überlassen bleiben; daß sie Mittel nur für Zwecke, für die sie verfassungsmäßig verantwortlich ist, an sich ziehen darf...".

Die Einnahmen wurden innerhalb der Zone horizontal nach Bedarfsgesichtspunkten verteilt. In den anderen Westzonen überließen die Militärverwaltungen den Ländern völlige Finanzfreiheit, ohne einen Ausgleich zwischen den Ländern zu vermitteln. Infolge dessen entwickelten sich die Finanzsituationen sehr unterschiedlich. Mit dem Zusammenschluss der amerikanischen und britischen Zone zur Zwei-Zonen-Verwaltung wurde das britische System beendet und den von der britischen Armee besetzten Ländern volle Ertrags- und Steuerhoheit übertragen. Der Finanzausgleich entfiel dementsprechend. Erst mit einer vorläufigen Regelung der Kriegsfolgelasten im August 1948 fanden Ausgleichszuweisungen statt, die die Länder in Abhängigkeit von ihrer finanziellen Ausstattung zu erbringen hatten. Die Höhe der Zahlungen und die Zahl der Empfängerländer wurde nach Einbeziehung der französischen Zone weiter ausgeweitet. Gleichwohl kam es zu erheblichen Finanzkraftunterschieden, da es an finanzstatistischen Daten fehlte und damit Bedarfsgesichtspunkte nur einen unzulänglichen Einfluss auf den interregionalen Ausgleich nehmen konnten.

2. Verfassungskonvent auf Herrenchiemsee

Der Grundgesetzentwurf des Verfassungskonvents von Herrenchiemsee enthielt keine explizite Regelung einer horizontalen Finanzkraftverschiebung zwischen den Ländern, gibt aber einen wesentlichen Hinweis darauf, weshalb es zu einer Einigung auf ein Finanzkonzept im Grundgesetz nicht gekommen ist und weshalb der bayerische Landtag am 20. Mai 1949 das Grundgesetz sogar ablehnte.

Die bayerische Staatsregierung ergriff die Initiative, nachdem die deutschen Ministerpräsidenten in den Frankfurter Dokumenten von den Westalliierten aufgerufen worden waren, bis September 1948 eine verfassungsgebende Versammlung einzuberufen und lud noch vor Zusammentritt des Parlamentarischen Rates Experten zu einem Konvent auf Herrenchiemsee ein.[52]

Wie Hans Ehard[53] im bayerischen Landtag darlegte, verfolgte man mit dem Konvent die Absicht, speziell den Ministerpräsidenten der Länder die Möglichkeit zu geben, ihre Ansichten über die Konzeption der neu zu gestaltenden Bundesverfassung zur

---

[52] Der bayerische Ministerpräsident Hans Ehard legte auf die Feststellung Wert, dass der Verfassungskonvent auf seine Anregung und Einladung hin zustande gekommen sei, *Bucher*, Der Verfassungskonvent auf Herrenchiemsee, in: Deutscher Bundestag (Hrsg.), Der Parlamentarische Rat 1948-1949 Band 2, S. VII.

[53] Johann (Hans) Ehard, 1949-54 Vorsitzender der CSU, 1946-1954 und 1960-62 bayerischer Ministerpräsident, 1954-1960 Präsident des bayerischen Landtages, 1962-66 Justizminister in Bayern.

Geltung zu bringen.[54] Die bayerische Landesregierung wollte die Beratungen im Parlamentarischen Rat aber nicht nur vorbereiten, sondern sie versuchte mit einem eigenen Verfassungsentwurf die Ausgangslage der Länder dahingehend zu festigen, dass eine weitest gehende Eigenständigkeit und Unabhängigkeit der Länder mittels weitreichender finanzieller Hoheitsrechte bereits zu Beginn der Beratungen nicht mehr zur Disposition gestellt werden können sollte.

Die gemeinsame Beratungsgrundlage des Unterausschusses II über Finanzverfassungsfragen bildeten Sachverständigenvorschläge, die die zum Teil sehr unterschiedlichen und teilweise mit historischen Reminiszenzen besetzten Positionen[55] wiedergaben. In einem Redebeitrag des damaligen Mitarbeiters der Finanzleitstelle der britischen Zone Fischer-Menshausen klangen bereits die wesentlichen Gründe für die spätere Einführung eines expliziten horizontalen Finanzausgleichs an. Er betonte, dass die Finanzverfassung „die einzelnen Glieder des Gesamtstaates [...] finanziell zusammenhält.", weshalb die Finanzprobleme nicht „nur unter den polaren Gesichtspunkten Föderalismus – Unitarismus"[56] zu sehen seien und nach machtpolitischen Aspekten diskutiert werden dürften. Man müsse sich vielmehr dessen bewusst werden, dass die Finanzen von Bund, Ländern und Gemeinden letztlich auf einer einheitlichen Wirtschaft gründeten, auf die das Finanzwesen einer künftigen Verfassung vor allem unter wirtschaftlichen Gesichtspunkten Rücksicht nehmen müsse. Nachhaltigen Erfolg verspreche aus diesem Grunde nur ein System, dass allen Ländern „größtmögliche Selbstverantwortung"[57] gebe, um die eigene Verwaltung zu Sparsamkeit und Effizienz zu bewegen. Die Trennung der Finanzsphären von Bund und Ländern sei daher eine zentrale Forderung. Fischer-Menshausen ging daneben explizit auf die Notwendigkeit eines interregionalen Finanzausgleichs ein. Sein Konzept sah vor, die konkrete Ausgestaltung des Ausgleichs im wesentlichen den Ländern zu überantworten und den Bund lediglich in Grundsatzfragen zu beteiligen.[58] Die Gefahr einer Finanzschere

---

54 *Bucher*, Der Verfassungskonvent auf Herrenchiemsee, in: Deutscher Bundestag (Hrsg.), Der Parlamentarische Rat 1948-1949 Band 2, S. VII.

55 So die Auffassung bei *Hidien*, Der bundesstaatliche Finanzausgleich in Deutschland, S. 351; in Bezug auf die Stellungsnahmen Ringelmann in *Bucher*, Der Verfassungskonvent auf Herrenchiemsee, in: Deutscher Bundestag (Hrsg.), Der Parlamentarische Rat 1948-1949 Band 2, S. XCI, die eine Rückkehr zur Reich-Länder-Beziehung auf Grundlage der Franchenstein-Klausel der Reichsverfassung des Kaiserreichs forderte.

56 *Renzsch*, Finanzverfassung und Finanzausgleich, S. 56.

57 *Bucher*, Der Verfassungskonvent auf Herrenchiemsee, in: Deutscher Bundestag (Hrsg.), Der Parlamentarische Rat 1948-1949 Band 2, S. LXXXIX.

58 *Bucher*, Der Verfassungskonvent auf Herrenchiemsee, in: Deutscher Bundestag (Hrsg.), Der Parlamentarische Rat 1948-1949 Band 2, S. XC.

zwischen finanzstarken und finanzschwachen Ländern erkannte er wohl, verlagerte aber deren Bereinigung auf die allgemeinpolitischen Bereiche, wonach der Bund für eine einheitliche Entwicklung im Polizei-, Schul-, Fürsorge-, Straßen- oder Gesundheitswesen in den Ländern Sorge tragen, wodurch signifikante Finanzkraftunterschiede zwischen den Ländern von vornherein verhindert werden sollte.[59]

Der Entwurf der künftigen Verfassung vermied vor allem eine Regelung, wie sie Art. 8 S. 1 und Art. 11 WRV darstellte, die es dem Reich ermöglichte, die Länder von ihren Finanzquellen abzuschneiden.[60] Dementsprechend schwebte der bayerischen Regierung eine Konzeption der Vorrangstellung der Länder vor, die dem Bund nur soweit Kompetenzen einräumen sollte, soweit dies im Gesamtinteresse des Staates sei und ein gewisses Maß an Einheitlichkeit und Gleichmäßigkeit erforderte.[61]

Trotz der durch Fischer-Menshausen aufgeworfenen Problematik enthielt der in Herrenchiemsee beschlossene Entwurf keine Regelung zu einem horizontalen Finanzausgleich. In finanzverfassungsrechtlicher Hinsicht beschränkte er sich auf wenige Eckpunkte und enthielt auch keine konkrete Formulierung über die Aufteilung der Steuerkompetenzen zwischen Bund und Ländern. Die gegenüber dem Bund in den Vordergrund gestellte Eigenständigkeit der Länder sollte in einer angemessenen Balance zwischen Bund und Ländern erreicht werden. Nach dem Entwurf war eine strikte Trennung beider Finanzsphären anzustreben,[62] indem den Ländern wesentliche Einnahmekompetenzen zugesprochen werden sollten. Die Ausklammerung konkreter Vorschläge für ein Konzept der Zuweisung von Steuerkompetenzen und der Finanzmittelumverteilung im Rahmen eines horizontalen Finanzausgleichs ist darauf zurückzuführen, dass zum einen der enge Zeitrahmen der Tagungen, die bis zum Zusammentritt des Parlamentarischen Rates abgeschlossen sein mussten, eine tiefgreifendere Auseinandersetzung mit den Einzelheiten eines bundesstaatlichen Finanzsystems unmöglich machte und dass zum anderen Erkenntnisse über den zu erwartenden Finanzbedarf des Bundes noch völlig fehlten.[63] Zudem war zu erwarten, dass bei einem

---

59 *Bucher*, Der Verfassungskonvent auf Herrenchiemsee, in: Deutscher Bundestag (Hrsg.), Der Parlamentarische Rat 1948-1949 Band 2, S. XC.

60 Vgl. oben Fn. 25.

61 Entwurf der bayerischen Staatskanzlei, vgl. *Bucher*, Der Verfassungskonvent auf Herrenchiemsee, in: Deutscher Bundestag (Hrsg.), Der Parlamentarische Rat 1948-1949 Band 2, S. 50, *Renzsch*, Finanzverfassung und Finanzausgleich, S. 55.

62 *Bucher*, Der Verfassungskonvent auf Herrenchiemsee, in: Deutscher Bundestag (Hrsg.), Der Parlamentarische Rat 1948-1949 Band 2, S. 51.

63 *Renzsch*, Finanzverfassung und Finanzausgleich, S. 59; *Hidien*, Der bundesstaatliche Finanzausgleich in Deutschland, S. 351.

Konzept der starken Länder die Notwendigkeit horizontal ausgleichender Finanztransfers tendenziell hinter die Auseinandersetzung mit dem Bund treten würde.
Der horizontale Finanzausgleich als föderal-spezifische Thematik der Verfassungsgebung war zu diesem Zeitpunkt noch nicht geboren. Die föderal akzentuierenden Länder hatten allerdings unter Federführung Bayerns ihren Standpunkt dahingehend deutlich gemacht, dass das künftige Westdeutschland ein Bundesstaat sein müsse, in dem die Länder gegenüber dem Bund eine dominierende Stellung einnehmen müssten und sich diese Dominanz vor allem in finanzieller Hinsicht niederschlagen müsste.

3. Parlamentarischen Rat

Die Ausgangslage beim Zusammentritt des Parlamentarischen Rates am 1. September 1948 unterschied sich von der von Herrenchiemsee. Zum einen war der Parlamentarische Rat keine auf eine Länderinitiative zurückzuführende Tagung, sondern ein parlamentarisches Gremium, in dem sich die politischen Parteien auch zu profilieren hatten, zum anderen spielten, da es diesmal tatsächlich um die Ausgestaltung einer deutschen Verfassung ging, dogmatische Erwägungen eine reduziertere Rolle.[64] Insoweit war zu erwarten, dass die partei- und machtpolitischen Interessen bei den Beratungen eine größere Rolle spielen würden. Gleichwohl gab es die gemeinsame Position, dass eine Verfassung mit einheitsstaatlicher Prägung schon aufgrund der gemeinsamen Vorkriegserfahrungen nicht in Betracht kommen konnte, wenngleich der Grad föderaler Ausprägungen völlig umstritten sein mochte.[65] Die Vertreter eines stärker föderalistisch akzentuierten Standpunktes konnten aber immerhin für sich in Anspruch nehmen, dass sich ihre Politik weitgehend mit der der Militärgouverneure deckte. Andererseits war aus Ländersicht, auch angesichts der bürgerlich-konservativen Mehrheit aus CDU/CSU, FDP und DP, zu befürchten, dass sich die Vertreter der Sozialdemokratie wieder stärker auf ihre Vorstellungen einer einheitlichen Wirtschafts- und Sozialordnung würden einstellen werden, was naturgemäß die Zentralisierung allgemein- und finanzverfassungsrechtlicher Kompetenzen nach sich ziehen musste.[66]
Im Finanzausschuss des Parlamentarischen Rates kamen zunächst zwei Entwürfe unter Berichterstattung Höpker-Aschoffs zur Aussprache, die später als Entwurf be-

---

[64] *Renzsch*, Finanzverfassung und Finanzausgleich, S. 60.

[65] *Pieroth*, NJW 1989, S. 1336.

[66] Personeller Ausdruck dieses Standpunktes, war, dass Hermann Brill, der auf Herrenchiemsee noch als Vertreter der hessischen Landesregierung für die SPD eine relativ föderalistische Position bezog, nicht der Fraktion im Parlamentarischen Rat angehörte. Auch behielt sich die Parteiführung die Zustimmung zur Verfassung vor, vgl. *Renzsch*, Finanzverfassung und Finanzausgleich, S. 60.

schlossen wurden.[67] Höpker-Aschoff stellte in seinem Vorschlag die Präferenzen auf, dass aus wirtschaftspolitischen Überlegungen heraus die Einheit des Wirtschaftsraumes im gesamten Staatsgebiet anzustreben sei. Weil starke regionale Unterschiede in der Besteuerung die Wettbewerbschancen zwischen den Ländern verzerren würden, schlug er ein Mischsystem aus Landes- und Bundessteuern sowie Gemeinschaftssteuern vor, um angesichts einer völlig offenen Ertragssituation einen Puffer für den Finanzbedarf des Bundes zu erhalten. Als horizontale Komponente sah der Vorschlag vor, die den Ländern zustehenden Steuern nicht ausschließlich nach dem örtlichen Aufkommen, sondern die Umsatz- und Kfz-Steuer nach einem Bedarfsschlüssel zu verteilen, um eine extreme Auseinanderentwicklung der Steuerkräfte zu unterbinden.[68] Ein explizit horizontal ausgerichteter Finanzausgleich wurde allerdings nur am Rande erörtert, ohne auf eine detaillierte Ausgestaltung einzugehen.[69]

Der Vorschlag, die finanzielle Eigenständigkeit der Länder durch Hebesätze und Zuschlagsrechte bei den großen Steuern zu sichern, erfüllte nicht die Erwartungen der Unionsfraktion sowie der DP, weshalb eine Zustimmung zu diesem Entwurf nur unter dem protokollarischen Vorbehalt erfolgte, dass die Beteiligung der Länder durch einen dem Bundestag gleichberechtigten Bundesrat gesichert werde.[70] Auch in der weiteren Beratung im Hauptausschuss, in der der ursprüngliche Entwurf zwar inhaltliche Modifikationen erfuhr, im Kern aber sachlich unberührt blieb, nahmen die Vertreter der Parteien Stellung. Ein Vertreter der CDU brachte die vorherrschende Auffassung in der Partei zum Ausdruck, dass der Finanzausgleich lediglich provisorischer Natur sein könne, weil eine abschließende Ausgestaltung des Finanzwesens zu diesem Zeitpunkt noch nicht möglich sei, die bundesstaatliche Ordnung aber existenziell davon

---

67 Artikel 122 b.

(1) Die Länder erhalten für sich und ihre Gemeinden (Gemeindeverbände) von dem Aufkommen der Bundessteuern das Reinaufkommen der Biersteuer, der Rennwettsteuer, der Kraftfahrzeugsteuer, der Vermögensteuer (mit Ausnahme der für den Vermögensausgleich erhobenen Vermögensabgaben), der Erbschaftsteuer und die Realsteuern.

(2) Umsatzsteuer und Einkommen- und Körperschaftsteuer sind gemeinsame Einnahmen des Bundes und der Länder; die bei den zufallenden Anteile werden durch Bundesgesetz bestimmt.

(3) Das Nähere regelt das Bundesfinanzausgleichgesetz. Es hat einem angemessenen Lastenausgleich Sorge zu tragen.

68 *Höpker-Aschoff*, Die Wirtschaftsverwaltung, S. 22, *Renzsch*, Finanzverfassung und Finanzausgleich, S. 61.

69 *Hidien*, Der bundesstaatliche Finanzausgleich in Deutschland, S. 354.

70 Stand vom 18.10.1948, *Hollmann*, Entwürfe zum Grundgesetz, in: Schick, Kahlenberg (Hrsg.), Der Parlamentarische Rat 1948-1949 Band 7, S. 33.

abhinge, dass die Länder ihrer finanziellen Selbstverantwortung nicht beraubt würden.[71] Trotz der bedingten Zustimmung wurde betont, dass man auf einer Vorrangstellung der Länder bestand. Insofern ist das nur mäßige Interesse an den Verteilungskriterien eines potentiellen horizontalen Finanzausgleichs erklärbar.

Die Militärgouverneure sahen die Gefahr einer Übergewichtung der Kompetenzen der künftigen Zentralinstanz und befürchteten, dass die in den Frankfurter Dokumenten niedergelegten Vorgaben zu wenig Berücksichtigung fänden, weshalb das Ergebnis der Beratungen nicht auf deren Zustimmung stieß und sie mit einem ersten Memorandum ihre Ablehnung zum Ausdruck brachten.[72] Die Militärgouverneure betonten, dass die Befugnisse des Bundes, insbesondere im Finanzwesen, grundsätzlich eingeschränkt sein sollten, dass dieser nur soweit über eigene Einnahmekompetenzen verfügen sollte, soweit dies für die Einheitlichkeit des Bundesstaates notwendig sei. Im Übrigen aber sollten die Länder für die Einziehung und Nutznießung der Steuern zuständig sein. Nachdem das Memorandum in den weiteren Beratungen des Parlamentarischen Rates dennoch kaum Berücksichtung gefunden hatte, bekräftigten die Militärgouverneure ihre Position in einem weiteren Memorandum, in dem die föderalistischen Vorgaben konkretisiert wurden.[73] Die daraufhin im interfraktionellen Siebenerausschuss[74] geführten Beratungen brachten kein Ergebnis hervor, das die Militärgouverneure in dieser Frage zu einer grundlegenden Änderung ihrer Position hätte bewegen können. Diese lehnten sogar eine offizielle Kenntnisnahme der Vorschläge ab,[75] woraufhin das Gremium seine Tätigkeit einstellte und das völlige Scheitern der Beratungsziele des Parlamentarischen Rates drohte. Allerdings lenkten die Außenminister der Westmächte kurz darauf ein und gaben in einem Schreiben vom 8. April 1949 zu

---

71 *Hidien*, Der bundesstaatliche Finanzausgleich in Deutschland, S. 355.

72 Memorandum vom 26.11.1948, *Huber*, Quellen zum Staatsrecht der Neuzeit Bd. 2, S. 208 ff.

73 Memorandum vom 02.03.1949, vgl. *Morsey*, DÖV 1989, S. 478.

74 Zusammentritt am 3.3.1949, Teilnehmer waren neben den bisherigen Mitgliedern des Fünferausschusses von Brentano, Kaufmann (CDU), Menzel, Schmid (SPD) und Schäfer (FDP) auch Brockmann (Z) und Seebohm (DP), *Feldkamp*, Interfraktionelle Besprechungen, in: Deutscher Bundestag (Hrsg.), Der Parlamentarische Rat 1948-1949 Band 11, S. XXVI zum Fünferausschuss, S. XXX zum Siebenerausschuss.

75 *Hollmann*, Entwürfe zum Grundgesetz, in: Schick, Kahlenberg (Hrsg.), Der Parlamentarische Rat 1948-1949 Band 7, S. 461, Art. 122 Abs. 3 des Entwurfes 17.3.1949 "Um die Leistungsfähigkeit auch der steuerschwachen Länder zu sichern, kann der Bund durch Bundesgesetz, das der Zustimmung des Bundesrates bedarf, bestimmen, daß bei einzelnen den Ländern zufließenden Steuern und Steueranteilen das Aufkommen oder ein Teil des Aufkommens zwischen den Ländern auf einer anderen Grundlage als derjenigen des örtlichen Aufkommens verrechnet wird.".

erkennen, dass sie unter dem Aspekt der Einheitlichkeit der Lebensverhältnisse dem Bund weitergehende Befugnisse zugestehen würden.[76] Bei daraufhin wieder aufgenommenen interfraktionellen Beratungen wurde dem Anspruch der Besatzungsmächte dadurch Rechnung getragen, dass bereits in der Verfassung ein die wirtschaftliche Überlebensfähigkeit der Länder sichernder Finanzausgleich zwischen den Ländern konstitutionalisiert werden sollte. Damit war erstmals ein horizontaler Finanzausgleich auf verfassungsrechtlicher Ebene thematisiert. Der Schwerpunkt der alliierten Forderungen lag allerdings darauf, dass das Grundgesetz ein Trennsystem vorsehen müsse, welches die Überlebensfähigkeit der Länder durch deren finanzielle Eigenständigkeit sichere. Ein Trennsystem war daher unumgänglich.

Die zunächst rigorose Haltung der militärischen Vertretung der westlichen Siegermächte kam den föderalistischen Kräften in den Unionsparteien durchaus entgegen. Ihre bisherige Position ergab sich bis dato zum einen aus einer im Oktober 1948 von Ehard und Menzel[77] getroffenen Einigung, in der sich beide Verhandlungspartner zugunsten einer Bundesratslösung gegen ein Senatsmodell zur Vertretung der Länder im Bund entschieden hatten. Zum anderen hatten sich Union und SPD Anfang Februar 1949[78] auf einen Kompromiss einigen können, dass der Bundesrat eine starke Stellung neben dem Bundestag einnehmen solle, sofern dem Bund Zugeständnisse in Form weiterer Finanzkompetenzen gemacht würden. Die Intervention der Militärgouverneure brachte damit die SPD um ihren Verhandlungserfolg aus den Kompromissen mit der Union, in der sie dem Bundesrat nur deshalb mehr Kompetenzen zugestand, weil sie sich im Gegenzug eine Stärkung der fiskalischen Kompetenzen des Bundes versprach. Diese Forderungen trafen aber auf den Widerstand der Besatzungsmächte. Die bislang nicht direkt in die Beratungen des Parlamentarischen Rates involvierte SPD-Führung unter Kurt Schumacher lehnte es daher auf einem kleinen Parteitag am

---

[76] *Feldkamp*, Interfraktionelle Besprechungen, in: Deutscher Bundestag (Hrsg.), Der Parlamentarische Rat 1948-1949 Band 11, S. XXXVI, u.a. hieß es hierin: "Auf dem Gebiet der Finanzen wird jede vom Parlamentarischen Rat vorgeschlagene Bestimmung wohlwollende Würdigung erfahren, die darauf abzielt, sowohl den Länderregierungen als auch der Bundesregierung finanzielle Unabhängigkeit und angemessene Finanzkraft bei der Ausführung ihrer Befugnisse innerhalb ihrer Zuständigkeiten sicherzustellen"; darüber hinaus hieß es weiter – vgl. *Hidien*, Der bundesstaatliche Finanzausgleich in Deutschland, S. 359- „einen Vorschlag zu erwägen, der die Bundesrepublik berechtige, aus ihren eigenen Einkünften die Aufwendungen, welche die Länder aus ihren eigenen und von ihnen erhobenen Steuern machen, durch Zuschüsse für das Schul-, Gesundheits- und Wohlfahrtswesen zu ergänzen".

[77] Walter Menzel, stellvertretender Fraktionsvorsitzender der SPD-Fraktion im Parlamentarischen Rat.

[78] *Morsey*, DÖV 1989, S. 477 f.

20. April 1949 demonstrativ ab, der Forderung der Militärgouverneure nachzukommen und deklarierte das Einlenken der Unionsparteien als eine „unverständliche Kapitulation“[79]. Da die westlichen Siegernationen zwischenzeitlich aber eine versöhnlichere Haltung eingenommen und ein Einlenken signalisiert hatten, setzte sich die SPD mit ihrer Haltung durch. Die Bereitschaft im Parlamentarischen Rat, die Krise mit den alliierten Besatzungsmächten zu beenden, führte zu einer weitreichenden Kompromissbereitschaft mit der SPD. In den folgenden Tagen wurde bis zum 8. Mai 1949 die endgültige Fassung diskutiert.

Die weitere Entwicklung im Parlamentarischen Rat bis zu diesem Zeitpunkt brachte unter föderalistischen Gesichtspunkten und aus Sicht vor allem der süddeutschen Länder, weitreichende Konzessionen, in dem die Kompetenzen des Bundesrates nochmals deutlich reduziert wurden. Bereits der Gegenentwurf des Siebener-Ausschusses enthielt eine Kompromissformel, wonach die Frage der konkurrierenden Gesetzgebungszuständigkeiten bis Ende 1952 offengehalten wurde und die endgültige Regelung durch Bundesgesetz mit Zustimmung des Bundesrates geklärt werden sollte.[80] Daneben war der verfassungsrechtlich konstitutionalisierte horizontale Finanzausgleich als Zugeständnis an die Forderung der Alliierten aufgenommen worden, die nach wie vor die Gefahr einer zu starken Zentralinstanz durch eigenständig lebensfähige Länder mit verfassungsrechtlich garantierter Finanzbasis bannen wollten. In der letzten Koordinierungssitzung mit den Alliierten am 25. April 1949 billigten die Gouverneure die deutschen Vorschläge zum Finanzwesen, verlangten aber eine abschließende Modifikation des Art. 122b des Entwurfs zum Grundgesetz,[81] wonach die Zuschüsse des Bundes an die Länder unmittelbar zu erfolgen hatten. Im Gegensatz zum vorherigen Textbestand war dadurch deutlicher hervorgehoben, dass die Zuschüsse den Charakter originärer Finanzmittel der Länder hätten und eine weitgehend vom Bund unabhängige Angelegenheit zwischen den Ländern sein würden. Die Gouver-

---

[79] *Morsey*, DÖV 1989, S. 478.

[80] *Hidien*, Der bundesstaatliche Finanzausgleich in Deutschland, S. 360; *Feldkamp*, Interfraktionelle Besprechungen, in: Deutscher Bundestag (Hrsg.), Der Parlamentarische Rat 1948-1949 Band 11, S. XXXIII, Fn. 173; *Hollmann*, Entwürfe zum Grundgesetz, in: Schick, Kahlenberg (Hrsg.), Der Parlamentarische Rat 1948-1949 Band 7, S. 461.

[81] Änderungsvorgaben der Militärgouverneure bezüglich Art. 122b Abs. 4: „Um die Leistungsfähigkeit auch der steuerschwachen Länder zu sichern und eine unterschiedliche Belastung der Länder mit Ausgaben auszugleichen, kann der Bund Zuschüsse gewähren und die Mittel hierfür bestimmten den Ländern zufließenden Steuern entnehmen. Durch Bundesgesetz, welches der Zustimmung des Bundesrates bedarf, wird bestimmt, welche Steuern hierbei herangezogen werden und mit welchen Beträgen und nach welchem Schlüssel die Zuschüsse an die ausgleichsberechtigten Länder verteilt werden; die Zuschüsse sind den Ländern unmittelbar zu überweisen.“.

neure widersprachen mit der Modifikation dem Standpunkt der Außenminister aus dem Schreiben vom 8. April 1949, als sie selbst noch von Zuschüssen des Bundes gesprochen hatten. Dass nunmehr eigentlich nicht mehr von Zuschüssen des Bundes gesprochen werden konnte, vermittelte der deutschen Seite deshalb auch den Eindruck, dass es sich bei der letzten Änderung um eine „merkwürdige Umgestaltung"[82] handelte.

Nach Billigung durch die Militärgouverneure am 12. Mai 1949 und die Ratifizierung durch die Länder bis zum 21. Mai 1949 trat das Grundgesetz am 23. Mai 1949 in Kraft.

V. Stellungnahme

Mit der Aufnahme eines eigenen Abschnitts in das Grundgesetz, der sich ausschließlich mit dem staatlichen Finanzwesen befasste, stellte der Verfassungsgeber das bundesstaatliche Spannungsverhältnis im Gegensatz zum Kaiserreich und der Weimarer Republik erstmals auf eine durchgehend konzeptionelle Basis. Gleichwohl zeigen die verfassungsgerichtlichen Auseinandersetzungen über den Finanzausgleich in den Folgejahren,[83] dass es dem Finanzwesen an Ausgewogenheit und Planungssicherheit von vornherein fehlte, wofür die historischen Ursachen in den Jahren 1948 / 49 zu finden sind.

Neben der SPD vertraten auch Verfassungsrechtler und Vertreter anderer Parteien den Standpunkt, die finanzrechtlichen Aspekte der bundesstaatlichen Ordnung seien vor allem unter dem Gesichtspunkt einer gemeinsamen Wirtschaftseinheit von Bund und Ländern zu betrachten und die Einheitlichkeit der Lebensverhältnisse sei in den Mittelpunkt zu stellen. Die spätere Forderung der Militärgouverneure nach einem interregionalen Finanzausgleich kam diesen Positionen mit seinen nivellierenden Wirkungen grundsätzlich entgegen.

Im Gegensatz hierzu verfolgte die bayerische Staatsregierung bereits mit der Einladung zum Herrenchiemseer Verfassungskonvent die Absicht, in der neuen deutschen Verfassung die Vorrangstellung der Länder gegenüber dem Bund zu sichern. Deshalb legte sie Wert auf weitreichende Länderkompetenzen im allgemeinen Zuständigkeitsteil der neuen Verfassung und auf deren finanzielle Eigenständigkeit als existenzielle Grundvoraussetzung für eine föderalistische Ordnung. In diesem Zusammenhang hat-

---

[82] *Höpker-Aschoff*, Das Finanz- und Steuersystem des Bonner Grundgesetzes, in: AÖR 75, S. 325.

[83] Vgl. BVerfGE 1, 117; BVerfGE 72, 330; zuletzt BVerfGE 101, 158; vgl. auch *Wieland*, Jura 1988 S. 410 ff.; BVerfGE 67, 256.

ten aber vor allem allgemeinrechtliche[84] und finanzrechtliche Kompetenzfragen ein ungleich höheres Gewicht, so dass die Frage eines horizontalen Finanzausgleichs zunächst nur am Rande eine Rolle spielte und seine verfassungsrechtliche Konstitutionalisierung erst relativ spät durch die Intervention der Militärgouverneure an Bedeutung gewann.[85] Vorstellungen von einer detaillierten Ausgestaltung hatte man zu diesem Zeitpunkt nicht. Der horizontale Finanzausgleich war eine im deutschen Verfassungsleben neue Institution, da bisherige Finanzsausgleiche zwischen den Ländern allenfalls durch Modifikationen beim Verteilungsmodus im vertikalen Verhältnis vorgenommen worden waren. Die Reaktionen und seine Akzeptanz waren deshalb eher verhalten.[86] Unter diesen Vorzeichen bildete sich weder ein Problembewusstsein für den Einfluss eines interregionalen Finanzausgleichs auf das Spannungsverhältnis zwischen den föderalen Gebietskörperschaften in der bundesstaatlichen Gemeinschaft, noch fand eine detaillierte Auseinandersetzung mit den Verteilungskriterien und der Bedeutung deren verfassungsrechtlicher Konstitutionalisierung statt.
Die Besatzungsmächte, allen voran die USA, die den horizontalen Finanzausgleich vorgaben, konnten ebenfalls keine Auseinandersetzung diesbezüglich etablieren. Zum einen definierte sich ihr Verständnis von einem Bundesstaat in erster Linie über die Zuweisung von eigenständigen Einnahmekompetenzen, die mit dem Bestehen auf dem Trennsystem erreicht schienen. Der horizontale Finanzausgleich mutet angesichts der Umstände seiner Aufnahme in das Grundgesetz als eine Art Zugeständnis an die Forderungen der Alliierten an. Eine finanzielle Vorrangstellung durch umfassende Ländereinnahmekompetenzen konnte nur unter massivem politischem Druck gegen den Widerstand der deutschen Seite durchgesetzt werden. Zum anderen beschränkte sich das Interesse der Westsiegermächte darauf, durch hinreichend abgesicherte und in der Verfassung verankerte föderalistische Elemente, die potentielle Gefährlichkeit Deutschlands zu minimieren. Mit dem Bestehen auf einem, wenn auch nur provisorischen Trennsystem und der Installierung des horizontalen Finanzausgleichs als Existenzsicherung auch finanzschwacher Länder, war deren Sicherheitsinteresse hinrei-

---

[84] Etwa die Stellung des Bundesrates neben dem Bundestag, wie die Verhandlung zwischen Ehard und Menzel mit der Einigung auf eine Bundesratslösung im Oktober 1948 und die Kompromisslösung zwischen Union und SPD vom Februar 1949 über einen grundsätzlich starken Bundesrat neben dem Bundestag zeigen, vgl. oben Fn. 78.

[85] Die Notwendigkeit eines interregionalen Finanzausgleichs hatte man zuvor dem Grunde nach bereits erkannt. Erst der Siebenerausschuss arbeitete als Zugeständnis auf das zweite Memorandum in Art. 122 b Abs. 3 des Entwurfs erstmals auf Verfassungsbasis einen horizontalen Ausgleich ein.

[86] *Hidien*, Der bundesstaatliche Finanzausgleich in Deutschland, S. 373 m. w. N.

chend genüge getan. Ein Eingriff in die innenpolitische Auseinandersetzung zwischen den Parteien lag indes nicht in der Absicht der Besatzungsmächte.
Nachdem sich die Einflussnahme der alliierten Mächte auf die Ausgestaltung des Grundgesetzes auf grundsätzliche Richtungsfragen beschränkt hatte, oblag es den politischen Parteien, die konkrete Ausgestaltung des horizontalen Ausgleichs zu formulieren. Hierzu kam es allerdings nicht, weil die für ein solches Konzept notwendige Erfahrung nicht vorhanden war, aber auch deshalb, weil die Ansichten über das Maß an Föderalismus in der Geburtsstunde der Bundesrepublik noch weit auseinander lagen und damit die Auseinandersetzung sich auf das Spannungsverhältnis zwischen Bund und Ländern konzentrierte, das Verhältnis zwischen den Ländern und deren Finanzbeziehungen aber nicht maßgeblich problematisiert wurde. Die Tagungen des Verfassungskonvents auf Herrenchiemsee zeigten, dass man den Schwerpunkt der Argumentation um eine föderalistische Akzentuierung des Grundgesetzes auf die Frage der Finanzkompetenzen fokussierte. Die gegenüber den Vorstellungen der süddeutschen Staaten deutlich reduzierte Stellung der Länder gegenüber dem Bund war für die bayerische Landesregierung auch Anlass, unter dem Bewusstsein, dass die Mehrheit der Länder bereits dem Grundgesetz zugestimmt hatte und die Ablehnung Bayerns kein Scheitern des Grundgesetzes bedeuten würde, dem Landtag die Empfehlung auszusprechen, das Grundgesetz nicht zu ratifizieren.[87]
Von daher war der horizontale Finanzausgleich nie in ein durchgebildetes Konzept eingebunden, in dem klare finanzrechtliche Kriterien festgeschrieben worden wären. Das Ergebnis war daher ein Kompromiss aus einem Modell der konkurrierenden Zuständigkeiten zwischen Bund und Ländern sowie einem zunächst nur vorläufigen Trennungssystem. Der verfassungsrechtlich kodifizierte horizontale Länderfinanzausgleich war kein in sich abgeschlossenes und vollends strukturiertes Konzept, sondern eine Kompromisslösung der widerstreitenden Interessen zwischen Föderalisten und Zentralisten sowie den Sicherheitsinteressen der Besatzungsmächte. Die Folge war, dass die Frage nach seinem konkreten Inhalt und die Frage nach den Konsequenzen des Fehlens verfassungsrechtlicher Verteilungskriterien weder gestellt noch beraten und schon gar nicht beantwortet worden ist.

B) Staatsrechtliche Bedeutung der Finanzverfassung

Die historischen Vorgaben können nur bedingt Anhaltspunkte für verbindliche Maßstäbe des horizontalen Länderfinanzausgleichs liefern, da die Problematik eines interregionalen Finanzausgleichs erst gegen Ende der verfassungsgebenden Beratungen

[87] *Heilmeier*, Warum Bayern das Grundgesetz ablehnte oder warum plötzlich in der BRD Parteien verboten werden, vgl. http://www.freiesbayern.de/archiv/2002-02/gg21.htm.

thematisiert worden sind und insbesondere keine konzeptionelle Festlegung über Detailfragen vorgenommen worden ist. Hinzu kommt, dass eine umfassende Empirie nicht existierte. Der Versuch, weitergehende Anhaltspunkte durch den Vergleich mit anderen bundesstaatlichen Staatsordnungen der Gegenwart zu gewinnen, lässt angesichts einer geringen Vergleichbarkeit des deutschen Finanzausgleichssystems ebenfalls nur mäßigen Erkenntniswert für den horizontalen Finanzausgleich erwarten.[88]
Eine Interpretation des Verfassungstextes zur Ermittlung verfassungsrechtlicher Vorgaben hat sich aber vor allem an der staatsrechtlichen Bedeutung des Finanzausgleichs zu orientieren. Das Bundesverfassungsgericht bezeichnet die Finanzverfassung als einen der tragenden Eckpfeiler der bundesstaatlichen Ordnung des Grundgesetzes.[89] Das Gericht stellt dabei weniger auf eine unmittelbare Normierung staatsorganisatorischer Kompetenzen ab, als auf die strukturelle Eigenständigkeit der Bundesstaatsmitglieder.
Die allgemeine Staatslehre nimmt allerdings nur sporadisch auf das Finanzwesen Bezug.[90] Gleichwohl gewinnt dieses in seinem wirtschafts- und gesellschaftspolitischen Kontext zunehmend an Bedeutung, so dass unter staatsrechtlichen Gesichtspunkten die wesentlichen Elemente der Finanzverfassung und damit auch des horizontalen Finanzausgleichs zu nennen sind.

I. Föderale Elemente

Die Debatte um den Länderfinanzausgleich ist eng mit einer föderalen Grundsatzdebatte verbunden, in der ein Streit um die Verteilung der finanziellen Ressourcen im Vordergrund steht. Dabei scheint ein auf ein modernes Staatsverständnis[91] ausgerichtetes Staatswesen unter Kostengesichtspunkten zentralistische Strukturen zu fordern, weil die dezentrale Aufgliederung der Staatsorganisation auf mehrere Ebenen augenscheinlich Effizienz verhindert und durch die Unterhaltung stark untergliederter Strukturen der Administration, der Legislative und der Judikative zwangsläufig zu-

---

88 *Stalder*, Föderalismus und Finanzausgleich; *Schönherr*, Der föderative Finanzausgleich in den Vereinigten Staaten von Amerika, Kanada und der Bundesrepublik Deutschland

89 BVerfGE 55, 274, 300; BVerfGE 72, 330, 388; BVerfGE 32, 333, 338; *Wendt*, Finanzhoheit und Finanzausgleich, in: Isensee, Kirchhof (Hrsg.), HStR IV, § 104, S. 1023.

90 Das Finanzwesen wird hier traditionell als dienendes Ressort betrachtet, das die Eigenart besitzt, die staatlichen Aktivitäten wirtschaftlich zu ermöglichen, vgl. *Herzog*, Allgemeine Staatslehre, S. 113 f.

91 Der Staat als „Wirtschaftsunternehmen" und „Dienstleister" seiner Bürger, vgl. FAZ vom 20.08.2001, S. 22.

sätzliche Mittel bindet.[92] Unter diesem Eindruck steht die Auseinandersetzung um die Eigenstaatlichkeit der Gliedstaaten und der damit einhergehende Streit um die Verteilung der Finanzen unter der Notwendigkeit, Bundesstaatlichkeit rechtfertigen zu müssen.

Dezentralisation ist ein elementarer Bestandteil demokratischer Grundsätze, der Sachnähe, Akzeptanz und Identifikation mit dem Staat fördert.[93] Eine föderative Staatsordnung erlaubt durch ihre dezentrale Gliederung eine Streuung des Risikopotenzials und steigert die Effizienz der politischen Gestaltungskräfte. Grundlage einer liberalen Grundordnung ist der stetige Wettstreit zwischen den politischen Lagern.[94] Die territoriale und organisatorische Aufgliederung des Staates ermöglicht innerhalb des bundesstaatlichen Ganzen, auf Grundlage eines breiten vereinenden Grundkonsenses, die Verwirklichung verschiedener Konzepte und die Anwendung unterschiedlicher Konfliktlösungsmodelle, sowohl in wirtschaftlicher, als auch in gesellschaftlicher Hinsicht.[95] Lösungsansätze können parallel gestartet werden, während Fehlschläge und deren Folgen auf die Gemeinschaft von Bund und Ländern verteilt und zugleich räumlich eingegrenzt werden.[96]

Die Stärkung des demokratischen Prinzips und seine stabilisierende Wirkung auf den Staat stellt nur einen Teilaspekt föderaler Bundesstaatlichkeit heraus. Ein wesentlicher Aspekt ist vor allem auch die Möglichkeit zur Wahrung regionaler Vielfalt.[97] Der Bundesstaat bildet eine Einheit aus für sich eigenständigen Gliedstaaten, die ihre eigene kulturhistorische Entwicklung haben. Er gesteht ihnen Eigenständigkeit und Eigenverantwortlichkeit zu, ohne deren Staatsbürger in ein Gefüge einzubinden, in dem gegenseitige Reminiszenzen zu erwarten wären und die Identifikation mit dem Staate

---

92 Allein die innere Verwaltung des Freistaates Bayern kostete im Jahre 1999 866 Mill. EUR, vgl. Statistisches Bundesamt, Statistisches Jahrbuch 2002, S. 506.

93 Sie wirkt damit Politikverdrossenheit und Extremwahlen vor und sichert damit auch die Grundlagen des Staates; FAZ vom 17.08.2001, S. 69; FAZ vom 21.03.2001, S. 68; *Schmidt-Jortzig*, DÖV 1998, S. 746.

94 Neben dem Demokratieprinzip, dem Prinzip des sozialen Rechtsstaat, steht auch das Parteiensystem in engem Zusammenhang mit dem Föderalismus, vgl. *Stern*, Das Staatsrecht der Bundesrepublik Deutschland I, S. 658, vgl. auch oben Fn. 91.

95 *Blumenwitz*, Föderalismus und Rückverlagerung von Kompetenzen, in: Hanns-Seidel-Stiftung e.V. (Hrsg.), Krise und Reform des Föderalismus, S. 40.

96 Angesichts des Fehlens fester Problemlösungsmodell ist Politik immer auch ein Prozess von „Versuch und Irrtum" *Herzog*, in: Maunz, Dürig u.a. (Hrsg.), Grundgesetz Kommentar II, Art. 20, IV, Rdnr. 85.

97 Vgl. *Kimminich*, Der Bundesstaat, in: Isensee, Kirchhof (Hrsg.), HStR I, § 26, S. 1115, hiernach gilt regionale Vielfalt als maßgebliches Merkmal des Föderalismus.

und die Integration seiner Bürger erschwert würden. Die Entscheidung zur Bundesstaatlichkeit gründet daher auch zu einem Teil auf der Akzeptanz von Unterschieden. Die vertikale Teilung der staatlichen Gewalt unterbindet zudem die Gefahr einer Konzentration staatlicher Machtfülle auf einzelne Lager, indem die Länder in den Institutionen des Staates vertreten sind und sie an der Regierungstätigkeit im Bund teilhaben. Auf diese Weise lässt sich ein effektiver Schutz gegen autoritäre und totalitäre Tendenzen herstellen.[98] Die im Grundgesetz verwirklichte Teilhabe der Länder am Staatshandeln enthält dabei sowohl vertikale, als auch horizontale Elemente. Dem Konzept der klassischen Gewaltenteilung entspricht die Aufteilung der Kompetenzen auf die Zuständigkeitsbereiche von Bund und Ländern. Während der Bund nach Art. 70 ff. GG in erster Linie die Gesetzgebung dominiert und die Länder trotz ihrer Zuständigkeitsvermutung nur noch einen kleiner werdenden Teil an Gesetzeskompetenzen besitzen,[99] obliegt ihnen die nahezu alleinige Zuständigkeit bei der Umsetzung auch der Bundesgesetzgebung.[100] Diesen Part erfüllen die Länder mit eigenständiger und unabhängiger Machtfülle (Art. 83 GG), was die Einflussmöglichkeit des Bundes weiter einschränkt und dessen Gewalt nicht nur bildlich teilt. Da in der Regel erst die Art und Weise der Ausführung bundesgesetzlicher Bestimmungen, wie etwa die Entscheidung über den Personaleinsatz oder die Entscheidung über den Mittelaufwand, das Auftreten des Staates gegenüber dem Bürger charakterisiert, bedingt die vertikale Gewaltenteilung auch die Möglichkeit zu differenzierter politischer Richtungsweisung.[101] Das horizontale Element zur Beteiligung der Länder an der Staatsgewalt realisiert sich in der Institution des Bundesrates, auch wenn seine politische Unabhängigkeit unter dem Einfluss des etablierten Parteiensystems vielfach in Frage gestellt wird.[102]

---

[98] *Kimminich*, Der Bundesstaat, in: Isensee, Kirchhof (Hrsg.), HStR I, § 26, S. 1127; *Herzog*, in: Maunz, Dürig u.a. (Hrsg.), Grundgesetz Kommentar II, Art. 20, IV, Rdnr. 74.

[99] Seit langem wird die Entwicklung kritisch betrachtet, dass der Bund die Gesetzgebungskompetenzen der Länder dadurch immer stärker einschränkt, dass er von seinem konkurrierenden Gesetzgebungsrecht nach Art. 72, 74 GG Gebrauch macht.

[100] *Herzog* in: Maunz, Dürig u.a. (Hrsg.), Grundgesetz Kommentar II, Art. 20, IV, Rdnr. 76.

[101] *Herzog* in: Maunz, Dürig u.a. (Hrsg.), Grundgesetz Kommentar II, Art. 20, IV, Rdnr. 77.

[102] Herzog spricht sich dafür aus, nicht zu verkennen, dass die „Ministerpräsidenten der deutschen Länder sich nach Amtsauffassung und persönlichem Temperament nie primär als Mandatsträger einer Partei verstanden, sondern eher als „Landesfürsten", deren „Gleichschaltung" auch den Präsidien und Zentralen der großen Bundesparteien meist sehr schwer fällt", vgl. *Herzog* in: Maunz, Dürig u.a. (Hrsg.), Grundgesetz Kommentar II, Art. 20, IV, Rdnr. 79.

Föderalismus ist kein Prinzip, dem eine rein staatstheoretische Entscheidung mit wirtschaftspolitischer Prägung zugrunde liegt. Er ist vielmehr eine Reaktion auf die Erkenntnis, dass Demokratie einer weitest gehenden individuellen Identifikation des Staatsvolkes mit seinem Staat bedarf und gegen Fehlschläge und Fehlentwicklungen und durch Kontrolle der Staatsgewalt gesichert werden muss. Der Bundesstaat hat sich dabei als das effektivste Modell hierfür erwiesen, indem er dem modernen Menschenbild und seinen Freiheitsbedürfnissen gerecht wird[103] und gleichzeitig gegen totalitäre Tendenzen schützt[104]. Der Maßstab für eine ergänzende und interpretierende Konkretisierung der Finanzverfassung ist damit vorgezeichnet. Die Finanzmittelverteilung hat gerade in einem föderal strukturierten Staatswesen eine systemtragende Bedeutung.[105] Sie bedingt nicht nur die Funktionalität des Staates als solches, sie verbürgt durch die Eigenständigkeit und Eigenverantwortlichkeit von Bund und Ländern auch die Funktionsfähigkeit aller föderalen Instanzen und zeichnet damit mitverantwortlich für die in den föderalen Elementen der Verfassung niedergelegten Ziele.[106]

II. Spannungsverhältnis im Bundesstaat

Das staatstheoretische Prinzip des Föderalismus ist abstrakt und enthält daher zunächst keine Detailvorgaben zur Verwirklichung des föderalen Moments.[107] Denkbar sind hierbei zwei Richtungen, die naturgemäß in einem Spannungsverhältnis gegenüberstehen.[108]

Die eine orientiert sich an einer ökonomischen Betrachtungsweise und stellt den Wettbewerb der Regionen in den Mittelpunkt, bei dem den Kräften des Wettbewerbs freies Spiel belassen werden soll, um von der hierdurch initiierten Dynamik wirtschaftlich zu profitieren. Die Eigenständigkeit der Regionen steht dabei im Vordergrund und lässt einen direkten Vergleich der unterschiedlichen Problemlösungsmodel-

---

[103] *Haverkate*, Verfassungslehre, München 1992, S. 340.

[104] *Herzog* in: Maunz, Dürig u.a. (Hrsg.), Grundgesetz Kommentar II, Art. 20, II, Rdnr. 35; *Stern*, Das Staatsrecht der Bundesrepublik Deutschland I, S. 658 f.; aufgrund seiner Vorzüge ist die Zahl der Staaten, die staatsorganisatorisch als Bundesstaat ausgestaltet sind, ist seit Beginn des 20. Jhd. von 8 auf 18 gestiegen und damit rund 40 Prozent der Weltbevölkerung eine bundesstaatliche Nationalität besitzen, vgl. *Isensee*, Idee und Gestalt des Föderalismus im Grundgesetz, in: Isensee, Kirchhof, Handbuch des Staatsrechts IV, § 98, S. 520.

[105] BVerfGE 72, 330, 383; BVerfGE 86, 148, 213.

[106] *Hidien*, Der bundesstaatliche Finanzausgleich in Deutschland, S. 30.

[107] *Benda*, Handbuch des Verfassungsrechts, S. 810.

[108] *Huber*, Die Reform des Finanzausgleichs, Bayerisches Staatsministerium der Finanzen 1998, S. 8.

le zu. Der Wettbewerb unter den Regionen führt aber auch dazu, dass das ausgleichende Moment im Bundesstaat in den Hintergrund tritt und unter Umständen große Entwicklungsunterschiede zwischen den im Bundesstaat zusammengeschlossenen Gliedstaaten auftreten. Diesem kompetitiven Modell steht daher das Modell des Ausgleichsföderalismus gegenüber, das die Einheit der Gliedstaaten in den Vordergrund stellt und den Ausgleich zwischen den Gliedstaaten sucht, um die Gleichheit der Lebensverhältnisse im Gesamtstaat zu gewährleisten. Diese Form des bundesstaatlichen Zusammenschlusses erfordert eine stärkere Angleichung der Gliedstaaten.

Beide idealtypischen Leitbilder sind mit der föderalen Idee zu vereinbaren, so dass sich aus grundlegenden Überlegungen weder zugunsten noch zu Lasten einer der beiden Richtungen ausschlaggebende Präferenzen ergeben. Der Begriff des kooperativen Bundesstaates, der den deutschen Föderalismus prägt und die kooperative Zusammenarbeit von Bund und Ländern sowie zwischen den Ländern in Form einer engen politischen Zusammenarbeit und gegenseitigen Abstimmung beschreibt, ist eine Schlussfolgerung, jedoch keine staatswissenschaftliche Lehre, die auf einer Richtungsentscheidung des Verfassungsgebers basiert.[109] Der kooperative Bundesstaat bringt vielmehr das Bekenntnis zu einer Reihe verschiedener Motive und Institutionen zum Ausdruck,[110] die allerdings nicht in Widerspruch mit den föderalen Idealen[111] gesetzt werden dürfen.[112] Auch wenn zugunsten eines eher solidarischen Einheitsverständnisses die Übertragbarkeit des Wettbewerbsgedanken auf den staatlichen Bereich angezweifelt wird,[113] so zeigt gerade die Uneinigkeit über den Föderalismus und die Widersprüchlichkeit der theoretischen Ansätze[114] sowie die hieraus gewonnene Erkenntnis, Föderalismus stehe zumindest für das gleichzeitige Miteinander, Nebeneinander aber auch Gegeneinander,[115] dass auch der Wettbewerbsgedanke aus der Diskussion,

---

[109] *Rudolf*, Kooperation im Bundesstaat, in: Isensee, Kirchhof (Hrsg.), HStR IV, § 105, S. 1092 ff, insbesondere S. 1105 ff.

[110] Vgl. Motiv der Einheitlichkeit der Lebensverhältnisse, der Rationalität, *Herzog* in: Maunz, Dürig u.a. (Hrsg.), Grundgesetz Kommentar II, Art. 20, IV, Rdnr. 92 ff.

[111] Vgl. oben Kapitel 1: B) I.

[112] *Herzog* in: Maunz, Dürig u.a. (Hrsg.), Grundgesetz Kommentar II, Art. 20, IV, Rdnr. 100.

[113] So etwa Bull, wonach der Wettbewerbsbegriff als Grundlage für die Finanzverteilung mangels Voraussetzungen nicht auf die bundesstaatliche Ebene übertragbar sein soll, *Bull*, DÖV 1999, S. 269.

[114] *Kimminich*, Der Bundesstaat, in: Isensee, Kirchhof (Hrsg.), HStR I, § 26, S. 1115.

[115] *Stern*, Das Staatsrecht der Bundesrepublik Deutschland I, S. 658; *Kimminich*, Der Bundesstaat, in: Isensee, Kirchhof (Hrsg.), HStR I, § 26, S. 1115.

wie föderale Elemente im bundesstaatlichen Aufbau und im politischen Alltag zu verwirklichen sind, nicht ausgeklammert werden darf. Die Problematik, aus der sich die Föderalismusdebatte speist, liegt demnach auch nicht darin, den Wettbewerb als solchen oder die Ausgleichsstrukturen zwischen den Regionen grundlegend anzuzweifeln. Die Schwierigkeit besteht vielmehr darin, wie ein ausgewogenes Verhältnis zwischen dem Prinzip eines auf Wettbewerb ausgerichteten kompetitiven Föderalismus auf der einen Seite und dem auf Schaffung und Erhaltung gleichwertiger und gleichmäßiger Lebensverhältnisse ausgerichteten Prinzips eines Ausgleichsföderalismus auf der anderen Seite herzustellen ist[116] und wie dies zwischen dem Bund und den Ländern verwirklicht werden kann.[117]

III. Akzessorietät

Die Auseinandersetzung mit dem Finanzausgleich nach Art. 107 Abs. 2 GG macht es erforderlich, zunächst das Verhältnis zwischen der Finanzverfassung und den restlichen Bereichen des Grundgesetzes zu verdeutlichen. Der zehnte Abschnitt des Grundgesetzes ist mit „Finanzwesen" überschrieben und umfasst erstmals in der deutschen Verfassungsgeschichte den Themenkomplex der Staatsfinanzen in einem eigenständigen Regelungsabschnitt.[118] Dementsprechend wurde anfangs vertreten, dieser Teil der Verfassung sei ein Sonderrecht neben dem sonstigen Bestand des Grundgesetzes. Begründet wird dies mit den Funktionsbesonderheiten von Finanzen, die die Finanzverfassung auf eine andere Ebene heben, die durch die klassischen Staatsfunktionen der Rechtssetzung, der Administration und der Rechtssprechung zwar bedingt werden, die Finanzverfassung aber dennoch materiell wie formell geschlossen neben Staatsverfassung stellen.[119] Während die Trennung von Finanzverfassung und Staatsverfassung zunächst rein formal begründet wurde,[120] greift ein anderer Ansatz auf einen materiellen Ursprung zurück und sieht die Verfassungsartikel über das Finanzwesen, die die Finanzierung des Staatswesens zur Aufgabe haben, in der Nähe des Aus-

---

116 *Huber*, Die Reform des Finanzausgleichs, Bayerisches Staatsministerium der Finanzen 1998, S. 8.

117 *Stern*, Das Staatsrecht der Bundesrepublik Deutschland I, S. 645.

118 *Fischer-Menshausen*, in: von Münch (Hrsg.), Grundgesetz Kommentar, Vorbem. Art. 104a-109, Rdnr. 1; *Henneke*, Öffentliches Finanzwesen, S. 8.

119 *Wacke*, Das Finanzwesen der Bundesrepublik, S. 11.

120 *Wacke*, Das Finanzwesen der Bundesrepublik, S. 13.

nahme- und Notstandrechts, weil sie nicht selten autoritäre Abweichungen von den demokratischen Verfassungsgrundsätzen verlangten.[121]
Diese Trennungsthese ist allerdings unter mehreren Gesichtspunkten anzuzweifeln. Das Thema der staatlichen Mittelbeschaffung ist kein Selbstzweck, der eine Herauslösung aus der Prinzipienordnung der Verfassung rechtfertigen könnte. Das Bundesverfassungsgericht erklärt diesbezüglich, dass erst mit einer hinreichenden finanziellen Grundausstattung der Länder die bundesstaatliche Ordnung etabliert wird. Eigenstaatlichkeit definiere sich nicht allein darüber, dass den Staaten im Bundesstaat ein Kern eigener Aufgaben als garantiertes Hausgut verbleibe.[122] Eigenstaatliche Gliedstaaten unterschieden sich von höchstpotenzierten Gebietskörperschaften am Rande der Staatlichkeit innerhalb eines dezentralisierten Einheitsstaates eben erst durch eine angemessene und verfassungsrechtlich garantierte Beteiligung am Steueraufkommen des Gesamtstaates.[123] Zusammengefasst bedeutet dies, dass der Wettstreit zwischen unitarischen und föderativen Theorien sich nicht nur auf die allgemeine Verfassungsordnung oder auf die Finanzverfassung beschränkt, sondern sich vielmehr in dieser fortsetzt. Es fehlt demnach schon an einer rein formellen Wirkungsweise des Finanzwesens, auch sind die grundlegenden Verfassungsprinzipien des Art. 20 Abs. 1 GG formell wie materiell ineinander verflochten, sodass eine abstrakte Betrachtung der Finanzverfassung, mit ihrer existenziellen Bedeutung für die bundesstaatliche Ordnung und den Sozialstaat, nicht angemessen erscheint.[124]
In einem finanzstaatlich geordneten Verfassungsstaat ist Geld das Mittel zum Zweck, die verfassungsrechtlich gebotenen Aufgaben in finanzieller Hinsicht zu erfüllen.[125] Die Befähigung zu finanzwirtschaftlichem Handeln erlaubt dem Staat, durch Angebot, Anreize und Beteiligung kooperativ-integrierend zu wirken, statt reglementierend Aufsicht zu üben. Er erreicht damit die Nähe und die Zusammenarbeit seiner Bürger.[126] Die Finanzverfassung hat daher innerhalb der Gesamtverfassung eine hervor-

---

[121] *Hettlage*, Die Finanzverfassung im Rahmen der Staatsverfassung, in: VVDStRL 1955, S. 8.

[122] BVerfGE 34, 9, 19 f.

[123] BVerfGE 34, 9, 19.

[124] So auch unter dem Begriff der Homogenität von Verfassung und Finanzverfassung, *Friauf*, Öffentlicher Haushalt und Wirtschaft, in: VVDStRL 1969, S. 6.

[125] *Korioth*, Der Finanzausgleich zwischen Bund und Ländern, S. 89; *Kirchhof, Paul*, Staatliche Einnahmen, in: Isensee, Kirchhof (Hrsg.), HStR IV, § 88, S. 91; *Kirchhof, Ferdinand*, Grundsätze der Finanzverfassung des vereinten Deutschlands, in: VVDStRL 1992, S. 78.

[126] *Kirchhof, Paul*, Staatliche Einnahmen, in: Isensee, Kirchhof (Hrsg.), HStR IV, § 88, S. 91.

tretende Funktion für das Verhältnis zwischen Staat und Bürger, so dass sich ihre Ziele nur im Zusammenhang mit deren materiell-bundesstaatlichen Ordnung und grundlegenden Organisationsprinzipien bestimmen lassen.[127] Die inhaltliche und organisatorische Verknüpfung von Staatsorganisation und Finanzverfassung spiegelt sich zudem in Art. 104a GG wieder. Das Konnexitätsprinzip bindet die Ausgabenkompetenz an die Aufgabenkompetenz und zeichnet damit die in den Art. 70 ff. GG geregelte föderale Ordnungsstruktur nach. Sie folgt damit den Organisations- und Aufgabennormen des Grundgesetzes und ordnet sich diesen unter.[128]
Die Finanzverfassung und der Länderfinanzausgleich weisen sich als Folgeverfassung zum allgemein staatsorganisatorischen Teil des Grundgesetzes aus, in der sich der direkte Zusammenhang zwischen Aufgabenzuweisung, Ausgaben- und Einnahmeverteilung niederschlägt.[129] Die existenzielle Funktion der Finanzordnung für den demokratischen, sozialen Bundesstaat[130] macht es daher unvorstellbar, in ihr etwas anderes als einen integrierten Bestandteil[131] der gesamten Verfassung zu sehen. Für die Interpretation der Finanzverfassung und ihrer Teilbereiche ist daher eine Bezugnahme auf die sonstigen Teile des Grundgesetzes unumgänglich.[132]

IV. Ordnungsfunktion

Die Finanzverfassung ist eine geschlossen Rahmen- und Verfahrensordnung, die durch ihre Formenklarheit und Formenbindung nicht nur eine formelle Funktion erfüllt, sondern einen materiellen Schutz für die bundesstaatliche Ordnung, aber auch

---

[127] *Korioth*, Der Finanzausgleich zwischen Bund und Ländern, S. 90.

[128] Die ursprüngliche Gliederung in Bund und Länder steht unter finanziellen Aspekten nicht zur Disposition, weshalb eine Neugliederung der bundesstaatlichen Ordnung durch Eingliederung finanziell nicht lebensfähiger Kleinstaaten eine staatsorganisatorische Grundlagenentscheidung voraussetzt, *Kirchhof, Ferdinand*, Grundsätze der Finanzverfassung des vereinten Deutschlands, in: VVDStRL 1992, S. 80 m.w.N. In Hinblick auf Art. 29 GG kann eine Neugliederung der bundesstaatlichen Ordnung nicht mit der Überlebensfähigkeit einzelner Länder erzwungen werden, auch wenn ein gewisser sachlicher Zusammenhang zwischen Art. 107 Abs. 2 S. 1 GG und Art. 29 GG nicht geleugnet werden kann, *Maunz*, in: Maunz, Dürig u.a. (Hrsg.), Grundgesetz Kommentar V, Art. 107, Rdnr. 10; dies folgt auch aus BVerfGE 1, 117, 131, 134; *Stern*, Das Staatsrecht der Bundesrepublik Deutschland II, S. 1167.

[129] *Friauf*, JA 1984, S. 618.

[130] *Friauf*, JA 1984, S. 619.

[131] *Stern*, Das Staatsrecht der Bundesrepublik Deutschland II, S. 1055.

[132] *Korioth*, Der Finanzausgleich zwischen Bund und Ländern, S. 86.

für den Bürger herstellt.[133] Ihre Ordnungsfunktion beinhaltet hierbei eine subjektiv-individualrechtliche Abwehrkomponente, eine primär föderal-strukturelle und eine politische Komponente.

1. Subjektiv-rechtliches Element

Die individualschützende Komponente der Finanzverfassung nimmt Bezug auf die Steuerstaatlichkeit der Bundesrepublik Deutschland.[134] Der Staat partizipiert kraft seiner Souveränität[135] am privaten Wirtschaften seiner Steuerbürger.[136] Das Steuerschuldverhältnis stellt einen erheblichen Eingriff in die Freiheiten des Bürgers dar, in dem ihm eine Abgabenverpflichtung auferlegt wird, ohne einen Anspruch auf Gegenleistung zu erhalten.[137]

Die verfassungsrechtliche Rechtfertigung hierfür liefert die Sozialbindung des Eigentums aus Art. 14 Abs. 2 GG. Die verfassungsrechtliche Bindung des Steuerstaates an die klaren Regeln eines Steuerschuldverhältnisses begrenzen aber gleichzeitig den hoheitlichen Eingriff und gliedern das Schuldverhältnis in die verfassungsrechtliche Ordnung ein, so dass die Grundrechte des Einzelnen auch im Rahmen des Steuerverhältnisses zwischen Steuerbürger und Staat Geltung beanspruchen.[138] Der Schutz des Steuerbürgers durch die Finanzverfassung reicht daher auch weiter als es Art. 106

---

[133] *Henneke*, Öffentliches Finanzwesen, S. 14 f.

[134] *Vogel*, Grundzüge des Finanzrechts des Grundgesetzes, in: Isensee, Kirchhof (Hrsg.), HStR IV, § 87, S. 30; BVerfGE 78, 249, 266 f.

[135] *Kirchhof, Paul*, Staatliche Einnahmen, in: Isensee, Kirchhof (Hrsg.), HStR IV, § 88, S. 110.

[136] *Kirchhof, Paul*, Staatliche Einnahmen, in: Isensee, Kirchhof (Hrsg.), HStR IV, § 88, S. 152.

[137] Der verfassungsrechtliche Steuerbegriff ist im wesentlichen mit dem Steuerbegriff des § 3 Abs. 1 S. 1 AO identisch, kann aber nicht mit diesem gleichgesetzt werden. Der Grund hierfür liegt darin, dass der einfache Steuergesetzgeber über eine Modifikation des Steuerbegriffs der AO nicht den verfassungsrechtlichen Schutz einschränken können soll. In Anlehnung an die AO, zeichnet sich der Steuerbegriff aber durch seine Abstraktion von einem klassischen, auf Leistungsaustausch gerichteten Schuldverhältnis aus.

[138] Die Rechtsprechung des Bundesverfassungsgerichts zur Grundrechtsbindung des Steuerrechts war nicht durchgängig einheitlich. Durch seine Rechtsprechung zur steuerlichen Berücksichtigung von Unterhaltsleistungen und zum Familienexistenzminimum (BVerfGE 82, 60; 87, 153), zur Zinsbesteuerung (BVerfGE 84, 239, 268) sowie mit der Etablierung des „Halbteilungsgrundsatzes" in seiner Rechtsprechung zu den Einheitswerten (BVerfGE 93, 121, 135) hat es allerdings in Freiheitsrechten eine materielle Grenze der Besteuerung endgültig anerkannt, *Henneke*, Öffentliches Finanzwesen, S. 105 f.

Abs. 3 S. 4 Ziff. 2 GG zunächst vermuten ließe.[139] Vor allem die Grundrechte aus Art. 14, 12, 6 GG und Art. 2 Abs. 1 GG sowie der allgemeine Gleichheitssatz des Art. 3 Abs. 1 GG binden alles steuerstaatliche Handeln an Grundsätze, wie dem Bestimmtheitsgebot, dem Rückwirkungsverbot sowie dem Gebot der gleichmäßigen Besteuerung.[140]

2. Föderal-strukturelles Element

Für die Ermittlung der verfassungsrechtlichen Rahmenbedingungen eines horizontalen Finanzausgleichs spielt die föderal-strukturelle Komponente der Finanzverfassung eine ungleich größere Rolle, als ihr individualschützendes Element. Dem Begriffsbestandteil „Ordnung" liegt die Eigenschaft zugrunde, dass die Finanzverfassung Finanzrechte zuweist und gegeneinander abgrenzt. Sie greift in dieser Funktion aktiv in das Spannungsverhältnis zwischen unitarisch-zentralistischen und föderal-dezentralen Konzepten ein und gewährt dem Bund und den Länder finanzielle Eigenständigkeit und Eigenverantwortlichkeit. Diese Eigenschaft ist es, die der Finanzverfassung die metaphorische Bedeutung des Rückgrats der bundesstaatlichen Ordnung einbringt, die für die ökonomische Realisierung der allgemein-theoretischen Staatsordnung verantwortlich ist.[141] Die Ordnungsfunktion der Finanzverfassung zeigt sich dabei in verschiedenen Aspekten.

Der zehnte Abschnitt des Grundgesetzes ist zunächst ein geschlossener Regelungskomplex, der das staatliche Finanzierungssystem beinhaltet. Eine Finanzierung außerhalb dieses Systems ist verfassungsrechtlich unzulässig. Dies schließt eine grundsätzliche Mischfinanzierung und Sonderfonds aus, darüber hinaus beschränkt es das Steuerfindungsrecht auf die verfassungsrechtlich artikulierten Steuertypen[142] und verhindert im Rahmen des Finanzausgleichs eine Querfinanzierung in vertikaler oder horizontaler Richtung, die sich außerhalb der verfassungsrechtlich festgeschriebenen Grundsätze der Art. 106 und 107 GG entwickelt. Sie ordnet die finanziellen Verhält-

---

139 Art. 106 Abs. 3 S. 4 Nr. 2 GG spricht lediglich in Bezug auf die Bestimmung der Anteile von Bund und Ländern an der Umsatzsteuer davon, dass eine „Überbelastung der Steuerpflichtigen vermieden" werden müsse.

140 So haben etwa das Leistungsprinzip sowie das Nettoprinzip ihren unmittelbaren Niederschlag in den Progressionstabellen des Einkommensteuergesetzes gefunden, *Tiedtke*, Einkommens- und Bilanzsteuerrecht, S. 41; *Kirchhof, Paul*, Staatliche Einnahmen, in: Isensee, Kirchhof (Hrsg.), HStR IV, § 88, S. 110 f.

141 *Kirchhof, Ferdinand*, Grundsätze der Finanzverfassung des vereinten Deutschlands, in: VVDStRL 1992, S. 74.

142 *Vogel*, Grundzüge des Finanzrechts des Grundgesetzes, in: Isensee, Kirchhof (Hrsg.), HStR IV, § 87, S. 23.

nisse und Beziehungen zwischen den Gebietskörperschaften einem klaren und berechenbaren Einnahme- und Ausgabesystem unter und dient auf diese Weise dem Schutz der Autonomie der Länder, indem sie diesen originäre Ertragshoheit zuweist.
Ein weiterer Aspekt finanzverfassungsrechtlicher Ordnungsfunktionen zeigt sich in dem in Art. 104a GG enthaltenen Lastenverteilungsgrundsatz. Er stellt ein grundlegendes Prinzip des öffentlichen Finanzwesens auf, das für die Autonomie der Länder von tragender Bedeutung ist. Bereits vor seiner ausdrücklichen Normierung im Jahre 1969 war der Lastenverteilungsgrundsatz schon aufgrund seiner Tradition Teil der finanzverfassungsrechtlichen Ordnung. Allerdings kam dies nicht in der expliziten Ausdrücklichkeit und nicht an der selben exponierten Stelle an der Spitze der Finanzverfassung zum Ausdruck, wie dies heute der Fall ist. Art. 106 Abs. 4 S. 2 GG (1955) stellte den Grundsatz auf, dass „Bund und die Länder [...] gesondert die Ausgaben [tragen], die sich aus der Wahrnehmung ihrer Aufgaben ergeben". Trotz dieser Fassung des Konnexitätsprinzips griff der Bund dadurch in die Länderkompetenzen ein, indem er Finanzierungsangebote unterbreitete und damit psychologisch wie politisch Druck ausüben und Einfluss auf die Politik der Länder nehmen konnte. Erst die Verfassungsreform von 1969 machte mit der Einführung des Art. 104a GG deutlich, dass das Bundesstaatsprinzip eine klare und berechenbare Abgrenzung der Lastenverteilung verlangt.[143]
Ein weiterer Aspekt der föderal-strukturellen Ordnung findet sich in Art. 109 GG. Die Eigenstaatlichkeit der Länder spiegelt sich in ihrer Selbstständigkeit und Unabhängigkeit bei der Haushaltswirtschaft wieder (Art. 109 Abs. 1 GG). Das bedeutet, dass keine Seite, weder Bund noch Land, auf den Haushaltsplan weder unmittelbar, noch mittelbar Einfluss nehmen darf und sei es auch nur mittels Antragstellung, Anhörung, Benehmen oder mittels Einvernehmen.[144] In Art. 109 GG setzt sich die Geschlossenheit der gesamten Finanzverfassung fort, in dem auf der Einnahmeseite ein klares und berechenbares Modell zur Vermeidung grundlegender Abhängigkeiten von Drittmitteln begründet und auf der Seite der Mittelverwendung fortgesetzt wird.

3. Politisches Element

Die politisch-reglementierende Komponente der Finanzverfassung hat vor allem in der Bundesrepublik Deutschland im Zusammenhang mit dem horizontalen Finanzausgleich nach Art. 107 Abs. 2 S. 1 GG eine politische Auseinandersetzung erfahren. Die Finanzverfassung kann ihrer Ordnungsfunktion zur Zuweisung und Abgrenzung von Finanzrechten nur dann glaubwürdig nachkommen, wenn ihr Rechtsverbindlichkeit

---

[143] *Henneke*, Öffentliches Finanzwesen, S. 61.

[144] *Maunz*, in: Maunz, Dürig u.a. (Hrsg.), Grundgesetz Kommentar V, Art. 109, Rdnr. 4.

zukommt, die einer umfassenden gerichtlichen Kontrolle unterliegt. Ihre Justiziabilität steht dabei aber nicht völlig unbestritten außer Frage, was wohl auch damit in Zusammenhang zu sehen ist, dass es in dieser Frage an einer entsprechenden Tradition fehlt. Weder gab es in der deutschen Verfassungsgeschichte einen Verfassungsabschnitt, mit dem der heutige zehnte Abschnitt des Grundgesetzes vergleichbar wäre,[145] noch hätte im Deutschen Kaiserreichs und in der Weimarer Republik ein ebenso weit ausgebildetes Verfassungsgerichtssystem zur Verfügung gestanden.[146]
Bei der Diskussion um die Justiziabilität der Finanzverfassung hat vor allem Fitz Ossenbühl[147] die These vertreten, die Verfassungsgerichtsbarkeit stoße an ihre funktionell-rechtlichen Grenzen. Die gerichtliche Kontrollbeschränkung ergebe sich daraus, dass der Abschnitt über das Finanzwesen einen Mangel an normativen Maßstäben aufweise, der zu der Notwendigkeit einer interpretatorischer Normenkonkretisierung führe. Nach Ossenbühls Auffassung falle diese „Normenverdichtungskompetenz"[148] nicht ohne weiteres dem Bundesverfassungsgericht zu. Ein verfassungsrechtliches Gewaltenteilungssystem erfordere die Verteilung der Staatsfunktionen in einer Weise, dass die Staatsaufgaben und Entscheidungen auch von solchen Organen erledigt und getroffen würden, die nach ihrer inneren Struktur, Besetzung, Arbeitsweise, dem zu beobachtenden Entscheidungsprozess für die betreffende Aufgaben legitimiert sind.[149] Im Rahmen des Art. 107 Abs. 2 S. 1 GG spreche einiges dafür, dass diese Aufgabe dem politischen Gesetzgeber zukomme, unter anderem auch das Argument, dass das Problem der Normenverdichtung nicht auf die Sichtweise der Gerichtsbarkeit reduziert werden dürfe.[150] Die Zielweisung solle nach dem Willen des Grundgesetzes der

[145] Vgl. oben Kapitel 1: A) I sowie Kapitel 1: A) II.

[146] *Vogel*, in: Dolzer u.a. (Hrsg.), Kommentar zum Bonner Grundgesetz, Vorbem. Art. 104a-109, Rdnr. 623.

[147] *Ossenbühl*, Verfassungsrechtliche Grundfragen des Länderfinanzausgleichs gem. Art. 107 Abs. 2 GG, S. 92 ff.; *Ossenbühl*, Zur Justiziabilität der Finanzverfassung, in: Börner u.a.(Hrsg.), Einigkeit und Recht und Freiheit - Festschrift für Karl Carstens II, S. 743 ff.

[148] *Ossenbühl*, Verfassungsrechtliche Grundfragen des Länderfinanzausgleichs gem. Art. 107 Abs. 2 GG, S. 101.

[149] *Ossenbühl*, Zur Justiziabilität der Finanzverfassung, in: Börner u.a.(Hrsg.), Einigkeit und Recht und Freiheit - Festschrift für Karl Carstens II, S. 752 f.; *Ossenbühl*, DÖV 1980, S. 548.

[150] *Ossenbühl*, Verfassungsrechtliche Grundfragen des Länderfinanzausgleichs gem. Art. 107 Abs. 2 GG, S. 103.

Finanzausgleichsgesetzgeber konkretisieren und er solle bei seinen Entscheidungen nur auf offenkundige Willkür hin überprüft werden können.[151]
Diesem Standpunkt schien das Bundesverfassungsgericht nur zu Beginn seiner Rechtssprechung beizupflichten. Im Laufe mehrerer Entscheidungen stellte es zunächst klar, dass eine völlige Nivellierung der Finanzkräfte über den Finanzausgleich zwischen den Ländern nicht mit der Verfassung zu vereinbaren sei. Die Frage, bis zu welchem Intensitätsgrad in den so abgesteckten Grenzen der horizontale Finanzausgleich vorangetrieben werden kann, sei eine finanzpolitische und keine verfassungsrechtliche Frage, die sich der Prüfung durch die Verfassungsgerichtsbarkeit entziehe.[152] Diese Position konkretisierte das Bundesverfassungsgericht zur These von der Rahmenordnung, innerhalb deren Grenzen den politischen Kräften ein gewisser Gestaltungsspielraum zustehe.[153] Mit dem Urteil zum Investitionshilfegesetz[154] führte aber das Bundesverfassungsgericht den Ansatz von der Rahmenordnung fort und konkretisierte diese Position zugunsten einer strikten Bindung des politischen Gesetzgebers an die verfassungsrechtlichen Vorgaben, dass die Finanzverfassung des Grundgesetzes eine in sich geschlossene Rahmen- und Verfahrensordnung bilde, die sich durch Formenklarheit auszeichne und auf Formenbindung angelegt sei.[155] Sie fördere und entlaste den politischen Prozess, indem sie ihm einen festen Rahmen vorgibt, innerhalb dessen sich der politische Prozess zwar frei nach seinen eigenen Regeln und Bedingungen entfalten könne, der einfache Gesetzgeber aber an die Grenzen des gesteckten Rahmens gebunden sei.[156] Die Position untermauert es dann in einem vierten Urteil[157] und erklärt auch den zehnten Abschnitt des Grundgesetzes für vollständig justiziabel. Die wesentlichen funktional-rechtlichen Gründe klangen schon zuvor an, als es darauf hinwies, dass die Kompetenzordnung und –verteilung zwischen Bund und Ländern, wo es um feste und eindeutige Grenzziehungen gehe, keine milden Mittel erlaube.[158] Die Ordnungsfunktion der Finanzverfassung schließe es aus, ihre Regelung – sei es insgesamt, sei es in Teilen – als Recht von minderer Geltungskraft anzu-

---

151 *Ossenbühl*, Zur Justiziabilität der Finanzverfassung, in: Börner u.a.(Hrsg.), Einigkeit und Recht und Freiheit - Festschrift für Karl Carstens II, S. 753.

152 BVerfGE 1, 117, 134.

153 BVerfGE 39, 96, 114 f.

154 BVerfGE 67, 256, 256.

155 BVerfGE 67, 256, 288.

156 BVerfGE 67, 256, 289.

157 BVerfGE 72, 330.

158 BVerfGE 67, 256, 289.

sehen, das etwa bis zur Willkürgrenze abweichenden Kompromissen und Handhabungen zugänglich sei, sofern nur ein vertretbares Ergebnis erreicht würde. Als solches dürfen die Verfassungsartikel des Abschnittes des Grundgesetzes über das Finanzwesen nicht als minder verbindliche Regeln missgedeutet werden, wie sie etwa im Völkerrecht bekannt sind (soft law).[159] Bestätigt werde diese Einschätzung auch durch die historische Entwicklung der Finanzverfassung sowie der eigenen Geschichte des Grundgesetzes. Ziel sei es gewesen, bestehende politische Abhängigkeiten und breite rechtliche Unsicherheiten zu beseitigen und für die immer wieder notwendige politische Kooperation und Auseinandersetzung zwischen Bund und Ländern sowie der Ländern untereinander einen tragfähigen Boden und gesicherten Rahmen zu schaffen.[160]

Die Stellungnahmen des Bundesverfassungsgericht greifen den entscheidenden Punkt auf. Die Finanzverfassung weist zwar in Teilen eine normative Unbestimmtheit auf, hieraus leitet sich aber keine eingeschränkte Justiziabilität ab, die die Kontrollfunktion des Bundesverfassungsgerichts auf eine bloße Willkürkontrolle reduziert. Es ist schon zu bezweifeln, ob die normative Unbestimmtheit von Teilen der Finanzverfassung eine strukturelle Besonderheit gegenüber dem sonstigen Bestand des Grundgesetzes ist. Die Eigenart einer in normativ-inhaltlicher Hinsicht fragmentarischen und bruchstückhaften Technik zeigt die Verfassung in ihrem gesamten Bestand und deutet auf eine exponierte Sonderstellung gegenüber sonstigen Kodifikationen der Rechtsordnung hin, nicht aber auf eine Sonderstellung der Finanzverfassung innerhalb des verfassungsrechtlichen Bestandes selbst.[161]

Zudem verkennt der Standpunkt der mangelnden Justiziabilität einen weiteren Aspekt finanzverfassungsrechtlicher Bindungsstrenge. Ähnlich wie die grundrechtlichen Verbürgungen des ersten Abschnitts des Grundgesetzes dient die finanzverfassungsrechtliche Zuweisung und Abgrenzung von finanzhoheitlichen Rechtspositionen dem Minderheitenschutz, weshalb eine Reduzierung der Kontrollfunktion der Gerichtsbarkeit im Hinblick auf Art. 19 Abs. 4 GG widersprüchlich erscheint. So wie die Rechtsschutzgarantie in Art. 19 Abs. 4 GG dem Bürger unmittelbare Verfahrensrechte zur Durchsetzung subjektiv-öffentlicher Rechte zugesteht, schafft die Finanzverfassung den finanziellen Hintergrund für die Beteiligung des Einzelnen am politischen Prozess, wodurch eine demokratische Durchbildung des gesamten Staatswesens von un-

---

[159] BVerfGE 72, 330, 388.

[160] BVerfGE 72, 330, 389.

[161] *Böckenförde*, NJW 1976, S. 2090.

ten nach oben hergestellt wird.[162] Die Finanzverfassung ist daher auch Grundlage zur Verwirklichung demokratischer Grundwerte.[163]
Zudem unterschätzt eine solche Auffassung die Pflichten des Gerichts zu Sachverhaltsaufklärung. Es hat bei seiner Entscheidung nicht nur seine eigene Sichtweise an den Tag zu legen, sondern muss sich im gerichtlichen Verfahren mit den vorgebrachten Ansichten ernsthaft auseinandersetzen,[164] weshalb die Justiziabilität der Finanzverfassung keine Reduzierung der Sichtweise auf die der Judikative bedeutet, sondern die Argumente des politischen Gesetzgebers in legitimer Weise einer verfassungsrechtlichen Kontrolle unterwirft.

C) Regelung des horizontalen Finanzausgleichs im Grundgesetz

Der Abschnitt über die Finanzen hat für das gesamte Staatswesen, für das Verhältnis zwischen den staatlichen Hoheitsträgern und für das Verhältnis des Staates zu seinen Bürgern existenzielle Bedeutung. Für das föderale Spannungsverhältnis zwischen Bund und Ländern sowie den Ländern untereinander ist dabei der Länderfinanzausgleich von zentraler Bedeutung, weil er die angemessene Verteilung des Länderanteils der Staatseinnahmen herstellt. Angesichts der Größenordnungen[165] entwickelt sich seine Ausgestaltung allerdings sehr schnell zum politischen Problemfeld, wenn seine Ziele und Maßstäbe nicht eindeutig kodifiziert sind und die Auffassungen hierüber auseinanderlaufen. Dies erklärt auch, warum der Länderfinanzausgleich seit jeher zu den umstrittensten Bereichen der Finanzverfassung gehört.[166]

I. Entwicklung des gegenwärtigen horizontalen Finanzausgleichs

1. Legislative Entwicklung

Das Finanzausgleichssystem des Grundgesetzes von 1949 stand von vornherein unter einem Vorläufigkeitsvorbehalt. Nach Art. 107 Abs. 1 S. 1 GG (1949) sollte bis Ende 1952 durch einfaches Bundesgesetz, das der Zustimmung des Bundesrates bedurfte, eine endgültige Regelung des Finanzausgleichssystems getroffen werden. Nach

---

[162] So auch das Bundesverfassungsgericht, wenn es auf die Verbürgung von Freiheit durch die bundesstaatliche Ordnung verweist, BVerfGE 72, 330, 389.

[163] Vgl. oben Kapitel 1: B) I.

[164] Dies folgt aus dem Untersuchungsgrundsatz als Verfahrensmaxime, *Schlaich*, Das Bundesverfassungsgericht, S. 44.

[165] Vgl. Anlage 2.

[166] *Stern*, Das Staatsrecht der Bundesrepublik Deutschland II, S. 1149.

zweimaliger Verschiebung,[167] wurde am 23.12.1955 Art. 107 GG[168] endgültig neu gefasst. Die neue Fassung entsprach bereits weitgehend der heutigen Fassung und gab dem interregionalen Finanzausgleich die Züge eines echten Länderfinanzausgleichs,[169] der zwischen den Ländern ohne Einbeziehung von Bundesmitteln stattfindet.

Auf Grundlage der Regelung des Art. 106 Abs. 4 des Grundgesetzes von 1949 konnte der Bund Zuschüsse an einzelne Länder gewähren. Nach Art. 106 Abs. 3 stand ihm die Option offen, zur Deckung seines Finanzbedarfs auf dem Gebiet des Schulwesens, des Gesundheitswesens und des Wohlfahrtswesens einen Teil der Einkommens- und Körperschaftssteuer in Anspruch zu nehmen, die nach der ursprünglichen Fassung reine Ländersteuern waren.[170] Dies hatte in der Nachkriegszeit zu einer umfassenden zweckgebundenen Bezuschussung einzelner Länder durch den Bund geführt, die mit der Neuregelung des Art. 107 GG nun modifiziert und verfassungsrechtlich legitimiert wurde, indem die Bundeszuweisungen zu reinen Ergänzungszuweisungen reduziert wurden, die zudem nicht mehr zweckgebunden sein durften, sondern als Ergänzung des allgemeinen Finanzbedarfs festgelegt wurden. Im Gegensatz hierzu wurde durch die Neueinführung des Art. 107 Abs. 2 GG ein Ausgleich der Finanzkräfte der Länder durch Zuweisungen finanzstarker an finanzschwache Länder sicher gestellt. Damit trat der horizontale Finanzausgleich als eigenständiger Ausgleich zwischen den Ländern vor die Zuweisungen des Bundes.

---

167 Änderungsgesetz vom 20.4.1953 (BGBl. I 1953, S. 130) und Änderungsgesetz vom 25.12.1954 (BGBl. I 1954, S. 517).

168 Artikel 107 (in der Fassung von 1955)

(1) Das Aufkommen der Landessteuern steht den einzelnen Ländern insoweit zu, als die Steuern von den Finanzbehörden in ihrem Gebiet vereinnahmt werden (örtliches Aufkommen), Durch Bundesgesetz, das der Zustimmung des Bundesrates bedarf, können nähere Bestimmungen über die Abgrenzung und Zerlegung des örtlichen Aufkommens einzelner Steuern (Steueranteile) getroffen werden.

(2) Durch Bundesgesetz, das der Zustimmung des Bundesrates bedarf, ist ein angemessener finanzieller Ausgleich zwischen leistungsfähigen und leistungsschwachen Ländern sicherzustellen; hierbei sind die Finanzkraft und der Finanzbedarf der Gemeinden (Gemeindeverbände) zu berücksichtigen. Dieses Gesetz bestimmt, daß aus Beiträgen leistungsfähiger Länder (Ausgleichsbeiträgen) leistungsschwachen Ländern Ausgleichszuweisungen gewährt werden; in dem Gesetz sind die Voraussetzungen für die Ausgleichsansprüche und die Ausgleichsverbindlichkeiten sowie die Maßstäbe für die Höhe der Ausgleichsleistungen zu bestimmen. Das Gesetz kann auch bestimmen, daß der Bund aus seinen Mitteln leistungsschwachen Ländern Zuweisungen zur ergänzenden Deckung ihres allgemeinen Finanzbedarfs (Ergänzungszuweisungen) gewährt.

169 Vgl. Fn. 67.

170 Zur Inanspruchnahmeklausel vgl. *Donges* u.a., in: Frankfurter Institut (Hrsg.), Die föderative Ordnung in Not, S. 34.

Neben dieser wesentlichen Umgestaltung des Finanzausgleichs in einen echten Ausgleich zwischen den Ländern wurde zugunsten der Länder nunmehr ausdrücklich verfassungsrechtlich festgeschrieben, dass das Aufkommen der Ländersteuern nach dem örtlichen Aufkommen zu verteilen ist, was zwar Usus, allerdings nicht verfassungsrechtlich manifestiert gewesen ist.
Der Parlamentarische Rat sah das bundesstaatliche Spannungsverhältnis zwischen dem Bund und den Ländern zugunsten einer Vorrangstellung der Länder entschieden. Lediglich aufgrund der fehlenden Datenbasis über den Finanzbedarf des Bundes wurde eine endgültige Regelung des Finanzausgleichs bis Ende 1955 aufgeschoben. Die Entwicklung der Nachkriegszeit hatte allerdings dazu geführt, dass in bestimmten sozialstrukturellen Sachgebieten Gemeinschaftsaufgaben zwischen Bund und Ländern definiert wurden, die zunehmend die im Grundgesetz ausdrücklich normierte Eigenverantwortlichkeit der Länder in Frage gestellt hatten. Aufgrund dieser finanz- und wirtschaftspolitischen Entwicklung in der Bundesrepublik Deutschland wurde 1966 die Kommission für die Finanzreform gebildet (Trögerkommission), um eine Finanzverfassungsreform vorzubereiten. In Hinblick auf die Regelung des horizontalen Finanzausgleichs kam das Gutachten der Kommission zu dem Ergebnis, dass sich das bisherige System bewährt hatte. Gleichwohl erkannte man, dass eine Reform des Finanzsystems zu einer Verlagerung der Finanzmassen zwischen den Ländern führen werde, auf die im Finanzausgleichsgesetz im Zuge des horizontalen Finanzausgleichs reagiert werden müsse. Allerdings erachtete die Kommission die Regelung des Art. 107 Abs. 2 GG für ausreichend flexibel, dass eine Änderung der Vorschrift nicht für notwendig erachtet wurde.[171] Diese Auffassung lag auch der prinzipiellen Zurückhaltung bei Vorschlägen zur Änderung des Grundgesetzes zugrunde, um dem Anspruch auf Dauerhaftigkeit des Grundgesetzes Rechnung zu tragen.[172] Allerdings wies man darauf hin, dass im Falle einer deutlichen Verschiebung der Finanzsituationen bei den Gebietskörperschaften, im Zuge der Änderung der Steuerverteilung und der Gemeinschaftsaufgabenfinanzierung der geplanten Reform, eine Änderung der verfassungsrechtlichen Grundlage des horizontalen Finanzausgleichs würde nötig werden können. Für diesen Fall schlug die Kommission drei Ergänzungen vor:

1. Das Finanzverfassungsrecht sollte den Bundesgesetzgeber ermächtigen, auf Grundlage eines Zustimmungsgesetzes einen anderen Verteilungsmodus bei den Gemeinschaftssteuern anwenden zu dürfen, als das übliche Prinzip des ört-

[171] Gutachten über die Finanzreform 1966, S. 74, Rdnr. 297.

[172] Gutachten über die Finanzreform 1966, S. 19, Rdnr. 70.

lichen Aufkommens. Konkreter Anlass hierfür war, dass im Zuge der Reform der Länderanteil am Umsatzsteueraufkommen erhöht werden sollte und damit eine verstärkte Abhängigkeit vom Konsumverhalten der Verbraucher geschaffen wurde, die zu größeren regionalen Unterschieden und zu einem volatileren Aufkommen führt, als das Aufkommen bei der Einkommens- und Körperschaftssteuer.

2. Neben dem horizontalen Finanzausgleich sollten auch Sonderzuweisungen eingeführt werden, die auf besondere Belastungen einzelner Länder durch Zuschüsse des Bundes reagieren. Im Zuge dessen sollte auch nicht mehr die Wendung „finanzschwache Länder“ gebraucht werden, sondern nur noch von „einzelne Ländern“ gesprochen werden.
3. Das Prinzip des örtlichen Aufkommens sollte ausdrücklich auf das Aufkommen der Ländersteuern und der Länderanteile an den Gemeinschaftssteuern ausgeweitet werden, da die Grundlage des Steuerverbundes nach Art. 106 GG ebenfalls ausgeweitet werden sollte.

Nachdem die Kommission sich also grundsätzlich für die Beibehaltung der bestehenden Regelung des horizontalen Finanzausgleichs ausgesprochen hatte, standen sich in der parlamentarischen Debatte zunächst zwei gegensätzliche Positionen gegenüber. Der Entwurf der Bundesregierung sah auf Grundlage der Ergebnisse der Tröger-Kommission im wesentlichen die Beibehaltung der bisherigen Regelung vor.[173] Der Rechtsausschuss sowie der Finanzausschuss des Bundestages hingegen begründete seine Forderung nach einer Abkehr vom Prinzip der Verteilung nach dem örtlichen Aufkommen damit, dass die Wirtschaft der Bundesrepublik Deutschland ein Maß an Verflochtenheit erreicht habe, das eine Verteilung des Steueraufkommens in einem zweistufigen System nicht als sachgerecht erscheinen lasse. Zudem sei die Klassifizierung in gebende und nehmende Länder eine Belastung für die bundesstaatliche Solidarität.[174] Der Finanzausschuss schlug daraufhin vor, den Finanzausgleich einstufig auf lediglich einfachgesetzlicher Basis zu regeln und den horizontalen Finanzausgleich ersatzlos zu streichen, da damit eine Beteiligung aller bundesstaatlichen Gebietskörperschaften an einer einheitlichen Finanzmasse erfolge.[175]

---

[173] "Durch die Neufassung des Absatzes 1 Satz 1 wird klargestellt, daß der Grundsatz der Verteilung der Landessteuern nach dem örtlichen Aufkommen auch für den Länderanteil am Aufkommen aus den Gemeinschaftssteuern gilt. Weitere Änderungen werden nicht vorgeschlagen.“, vgl. BTDr. V/2861, S. 56.

[174] BTDr. V/3605, S. 8.

[175] *Vogel*, in: Dolzer u.a. (Hrsg.), Kommentar zum Bonner Grundgesetz Art. 107, Rdnr. 13.

Nach mehrmaliger Behandlung im Bundestag und Bundesrat wurde ein neuer Entwurf akzeptiert, der der heutigen Regelung, d.h. der Beibehaltung wesentlicher Züge der alten Regelung seit 1955 bedeutete:

Art. 107 GG wurde im wesentlichen beibehalten. Absatz 1 wurde eine Passage hinzugefügt, die das örtliche Aufkommensprinzip bei der Verteilung der Ländersteuern nunmehr ausdrücklich auch auf den Länderanteil an den Gemeinschaftssteuern ausweitete. In Absatz 2 wurden die Wendungen „leistungsfähige" und „leistungsschwache"[176] Länder gestrichen und nunmehr lediglich von der „unterschiedlichen Finanzkraft der Länder"[177] gesprochen.

2. Judikative Entwicklung

Das Bundesverfassungsgericht hatte in einer Reihe von Entscheidungen, die den Länderfinanzausgleich zum Gegenstand hatten, immer wieder Bewegung in die Auseinandersetzung um den Finanzausgleich zwischen den Länder gebracht. Bereits 1952 legte es die wesentlichen Grundzüge fest, nach denen sich der Ausgleich zu vollziehen habe[178] und stellte fest, dass eine völlige Nivellierung der Finanzkräfte nicht mit dem Gebot eines angemessenen Länderfinanzausgleichs zu vereinbaren sei. Allerdings schränkte das Bundesverfassungsgericht ein, dass die Grenzziehung zwischen einer noch den verfassungsrechtlich vorgezeichneten Kriterien entsprechenden Angleichung der Finanzkräfte und einer unangemessenen Nivellierung finanzpolitisch nicht aber finanzverfassungsrechtlich zu entscheiden sei.[179] Von dieser zurückhaltenden Auffassung rückte das Bundesverfassungsgericht später allerdings sukzessive ab. In späteren Entscheidungen, wenngleich nicht explizit zum horizontalen Finanzausgleich, entwickelte es seine Rechtssprechung zur normativen Dichte des Finanzverfassungswesens fort.[180]

---

[176] Finanzverfassungsgesetz abgedruckt in BGBl. I 1955, S. 818.

[177] Finanzreform abgedruckt in BGBl. I 1969, S. 361.

[178] BVerfGE 1, 117.

[179] BVerfGE 1, 117, 134.

[180] Der in der Finanzausgleichsdebatte vor allem von Vertreter eines eher solidarisch akzentuierten Finanzausgleichs vertretene Standpunkt, die normative Unbestimmtheit des Art. 107 Abs. 2 GG ziehe seine Justiziabilität in Zweifel und eröffne dem politischen Gesetzgeber einen bis an die Grenze der Willkür offenen Ermessens- und Entscheidungsspielraum, stand somit im Widerspruch zur Rechtsprechung des Bundesverfassungsgerichts, vgl. oben Kapitel 1: B) IV.3.

In einer weiteren Entscheidung, der ersten Entscheidung zum Finanzausgleichsgesetz, hatte das Bundesverfassungsgericht 1986 auf Antrag mehrer Länder[181] über die Verfassungsmäßigkeit von Detailvorschriften des Zerlegungsgesetzes und des Finanzausgleichsgesetzes zu entscheiden.[182] Konkret wurde beanstandet, dass die bergrechtlichen Förderabgaben, die vor allem das Land Niedersachsen finanziell begünstigten, beim Tatbestandsmerkmal der Finanzkraft im Finanzausgleichsgesetz keine Berücksichtigung fanden. Eine ähnliche Problematik war angesprochen, soweit es darum ging, ob Sonderbelastungen einzelner Länder stärker berücksichtigt werden müssten. Dazu gab es unterschiedliche Positionen bei den Ländern. Einen aus bundesstaatlicher Sicht wichtigen Aspekt brachte das Land Baden-Württemberg mit in das Verfahren ein. Es wies darauf hin, dass die Regelung der sog. ausgleichsfreien Zone in § 10 Abs. 2 S. 2 des Gesetzes, wonach die Steuerkraft für die Ausgleichsbeträge im Rahmen des Finanzausgleichs nicht einberechnet wurden, sofern sie zwischen 100 und 102 Prozent der Ausgleichsmesszahl lag, unter Umständen dazu führen konnte, dass sich die Finanzkraftreihenfolge der Länder verkehrte.[183] Das Bundesverfassungsgericht war dieser Auffassung gefolgt und verneinte eine Garantie eines bestimmten Steueraufkommens unter Berufung auf das bündische Prinzip und das Prinzip des Einstehens füreinander, wenn sich hierdurch die Position eines ausgleichsverpflichteten Landes in der Finanzkraftreihenfolge ändere.

Nachdem der zweite Abschnitt des Finanzausgleichsgesetzes mit Art. 107 Abs. 2 S. 1 GG für unvereinbar erklärt worden war, wurde das Finanzausgleichsgesetz neu geregelt. Die Entscheidung des Bundesverfassungsgerichts führte im Ergebnis nicht zu einer grundlegenden Gesetzesänderung. Seine Bedeutung ist aber vor allem wegen seiner dogmatischen Richtungsweisung beachtlich, da die Leitsätze wesentliche Aus-

---

spielraum, stand somit im Widerspruch zur Rechtsprechung des Bundesverfassungsgerichts, vgl. oben Kapitel 1: B) IV.3.

181 Anträge der Länder Nordrhein-Westfalen, Baden-Württemberg, Hessen, Saarland sowie der Freien Hansestadt Bremen und der Freien und Hansestadt Hamburg.

182 BVerfGE 72, 330.

183 Im Mittelpunkt der Argumentation stand, dass die gesetzestechnische Ausgestaltung des § 10 Abs. 2 S. 2 der dieser Entscheidung zugrunde liegenden Fassung des FAG zum einen dazuführen konnte, dass Verbesserungen eines ausgleichsberechtigten Landes innerhalb dieser ausgleichsfreien Zone auch die Ansprüche dritter ausgleichsberechtigten Länder steigerten, weil die Ausgleichsmesszahl im Sinne des § 6 Abs. 2 des Gesetzes als Bemessungsgrundlage verändert werden konnte. Zum anderen verstieß die Möglichkeit, dass ein ausgleichsverpflichtetes Land, dass knapp oberhalb der 102 Prozentgrenze lag, nach dem Länderfinanzausgleich in seiner Finanzkraft hinter ein ausgleichsberechtigtes Land, das mit seiner Finanzkraft knapp unterhalb der besagten Grenze lag, gegen das in Art. 107 Abs. 2 S. 1 GG zum Ausdruck kommende Nivellierungsverbot.

sagen über die verfassungsrechtlichen Vorgaben und über die prinzipielle Bindung des einfachgesetzlichen Finanzausgleichs an die verfassungsrechtlichen Vorgaben enthalten.

Im Jahre 1992 standen wiederum mehrere Fragen aus dem Finanzausgleichsgesetz zur Entscheidung an.[184] Auf Antrag mehrer Länder[185] war zu klären, ob die auf dem ersten Urteil beruhende Neuregelung des Finanzausgleichs die für die Finanzausgleichszahlungen beachtlichen Kosten für die Seehäfen, die Kosten für die politische Führung, für die Sozialhilfeausgaben und für die Haushaltsnotlagen einiger Länder sowie die Einwohnerwertung der Stadtstaaten ausreichend berücksichtigt hatte. Für eine grundsätzliche Auseinandersetzung mit dem Länderfinanzausgleich war diese Entscheidung wiederum weniger in ihren konkreten Konsequenzen für die beanstandeten Detailregelungen beachtlich. Vielmehr bedeutete sie eine eindeutige Stellungnahme zugunsten der Eigenständigkeit der Länder und deren Verhältnis im Länderfinanzausgleich zueinander sowie zugunsten einer weitgehenden Bindung des Gesetzgebers an normative Grundsätze. Unter Bezugnahme auf das Rechtsstaatsgebot aus Art. 20 Abs. 3 GG beanstandete das Gericht, dass eine Korrektur der Finanzausgleichsregelungen nur unter Berücksichtigung der für das Finanzausgleichsverhältnis beachtlichen Verteilungsmaßstäbe zu erfolgen habe. Der Bundesgesetzgeber habe bei der Neuregelung 1987 unterschiedliche Maßstäbe bei der Einwohnerwertung hinsichtlich bestimmter Sonderbelastungen und Sondereinnahmen angewandt, was angesichts der gebotenen Systematik des gesamten Steuerverteilungs- und Ausgleichssystems unzulässig war.[186] Seine Ausführungen über die Bedeutung des Länderfinanzausgleichs sind unter dem Aspekt der bundesstaatlichen Solidarität in gleicher Weise bedeutsam, da aus dieser Entscheidung Anhaltspunkte über die Größenordnung der solidarischen Ausgleichspflicht zwischen den Ländern gewonnen werden können. Eine verbindliche Grenze des Ausgleichs wurde allerdings nicht näher behandelt.

---

[184] BVerfGE 86, 148.

[185] Freie und Hansestadt Hamburg, Freie Hansestadt Bremen, das Saarland und Schleswig-Holstein.

[186] Im einzelnen begründete das Bundesverfassungsgericht seine Entscheidung damit, dass § 10 Abs. 3 der der Entscheidung zugrundeliegenden Fassung des FAG im Widerspruch mit Art. 107 Abs. 2 S. 1 in Verbindung mit 20 Abs. 3 GG stehe, weil bei der Berechnung der Fehlbeträge die Steuereinnahmen und die Einnahmen aus der bergrechtlichen Förderabgabe je Einwohner ohne Berücksichtigung der Abzugbeträge für Hafenlasten nach § 7 Abs. 3 des Gesetzes und der Einwohnerwertung nach § 9 Abs. 2 des Gesetzes ermittelt würden.

In seiner bislang letzten Entscheidung zum Länderfinanzausgleich von 1999[187] brachte das Bundesverfassungsgericht erhebliche Bewegung in die Diskussion. Auf Initiative dreier ausgleichsverpflichteter Länder[188] entschied es, dass die derzeit geltende Fassung des Finanzausgleichsgesetzes nur noch bis Ende 2004 befristet in Kraft bleibt. Die grundsätzliche Bedeutung dieses Urteils liegt vor allem darin, dass die in Art. 107 Abs. 2 S. 1 GG nur unscharf zum Ausdruck kommenden Maßstäbe in einem eigenem Gesetz verbindlich zu regeln sind. Der Bundesgesetzgeber hatte bis Ende 2002 ein Maßstäbegesetz[189] zu verabschieden, auf dessen Grundlage und unter Berücksichtigung der darin niedergelegten Maßstäbe der Länderfinanzausgleich bis 2005 neu zu regeln ist.

Darüber hinaus macht die Entscheidung deutlich, dass der Länderfinanzausgleich sehr viel stärker zu systematisieren ist, indem durch objektive Kriterien eine Umverteilung über den Länderfinanzausgleich grundsätzlich nur unter Bezugnahme auf das jeweilige Finanzaufkommen zu erfolgen hat, wofür die Einwohnerzahl einen sachgerechten Vergleichsindikator darstellt. Will der Bundesgesetzgeber Sonderlasten[190] berücksichtigen und damit von einer gleichmäßigen Finanzmittelverteilung abweichen, unterliegt er einem gesteigerten Rechtfertigungsdruck,[191] und hat deren Auswirkungen mit anderen Detailregelungen des Finanzausgleichsgesetzes abzustimmen. Die Sonderbelastungen der Seehäfen dürften hiernach nicht per se Einfluss auf den Finanzausgleich haben, sondern nur unter Berücksichtigung eines abstrakten Mehrbedarfs der Küstenländer, der aber auch Ausdruck im Finanzausgleichsgesetz finden müsse.[192] Wird dies nicht hinreichend begründet, dann fehlt ein einheitlicher Maßstab für die Finanzmittelverteilung und setzt sich in Widerspruch zu der Prinzipienhaftigkeit des Länderfi-

---

187 BVerfGE 101, 158.

188 Baden-Württemberg, Bayern, Hessen, vgl. Anlage 2.

189 BGBl. I 2001, S. 2302.

190 Vgl. § 7 Abs. 3 FAG, wie Kosten für die Erneuerung von Seehäfen.

191 BVerfGE 101, 158, 228 ff.

192 Das Bundesverfassungsgericht unterstrich damit seine Position, dass der in Art. 107 Abs. 2 GG normierte Begriff der Finanzkraft von abstrakten Größen abhängt (vgl. weiter unten Kapitel 2: B) I.3.a)), die sich aus den Strukturgrößen der Länder ergeben und damit bei allen Ländern - relativ betrachtet - identisch ist. Nur unter der Voraussetzung, dass ein überdurchschnittlicher Mehrbedarf gegenüber dem Länderdurchschnitt anhand von praktikablen und ökonomisch rationalen Indikatoren (BVerfGE 101, 158, 228) abstrakt begründet würde, sei die Berücksichtigung von Sonderbelastungen zulässig. Dies war nach Ansicht des Gerichts in der geltenden Fassung nicht der Fall. Zumindest hätte der Gesetzgeber zur Rechtfertigung hinterfragen müssen, ob entsprechende abstrakte Mehrbelastungen auch auf Seiten anderer Länder vorliegen.

nanzausgleichs. Auch die bislang geübte Ermittlung der Finanzkraft der Gemeinden sei nicht mit der Systematik des Art. 107 Abs. 2 S. 1 GG zu vereinbaren, weil sich die Berücksichtigung nur einzelner Gemeindeaufkommensarten maßstabslos und damit willkürlich präsentiere. Ebenso sei auch die unterschiedliche Wertung der Einwohnerzahlen der Länder bislang kaum verobjektiviert.[193] Die hierauf aufbauende Dichteklausel des § 9 Abs. 3 S. 2 FAG lasse keine empirisch nachvollziehbare Grundlage erkennen, die Anhaltspunkte für den tatsächlichen Mehrbedarf liefern könne.
Zusammenfassend lässt sich festhalten, dass die jüngste Entscheidung des Bundesverfassungsgerichts die vorausgegangene Rechtsprechung zum Länderfinanzausgleich fortsetzt, in der, abhängig vom konkreten Streitgegenstand, mehr oder weniger deutlich die Systematik des Finanzausgleichs nach dem Grundgesetz herausgestellt worden ist. Eine Interpretation des Art. 107 Abs. 2 S. 1 GG hat sich an dieser Systematik zu orientieren.

3. Auswirkungen der Deutschen Wiedervereinigung

Die Wiedervereinigung Deutschlands hat in finanzverfassungsrechtlicher Hinsicht kaum Veränderungen gebracht. Dies ist angesichts der immensen Verschärfung der Haushaltsproblematik durch den Beitritt der fünf neuen Länder allerdings verwunderlich,[194] bestand doch schon zuvor erheblicher Reformdruck, der nunmehr nochmals zunahm. Die Chancen für und das Bedürfnis nach einer grundlegenden Verfassungsreform wurden durchaus gesehen.[195]
Art. 7 Abs. 2 und 3 des Einigungsvertrages sah für die Zeit bis 1995 zunächst eine vorläufige, mit Modifizierung für die neuen Ländern versehene, Durchführung der Steuerverteilung nach Art. 106 GG vor.[196] Außerdem wurden die hinzugetretenen Länder bis 1995 ausdrücklich aus dem Länderfinanzausgleich ausgeschlossen. Gleichzeitig sprachen sich die Regierungen beider deutschen Staaten in Art. 5 des Einigungsvertrages für künftige Verfassungsänderungen aus, in denen sie ausdrücklich auf den gemeinsamen Beschluss der westdeutschen Ministerpräsidenten vom 5. Juli 1990 Bezug nahmen, der für eine Stärkung der Länderautonomie plädierte.[197]

---

[193] Vgl. hierzu weiter unten Kapitel 3: C) .

[194] *Herzog*, BayVBl 1991, S. 513.

[195] *Korioth*, Der Finanzausgleich zwischen Bund und Ländern, S. 410 f.

[196] Ausführliche Darstellung bei *Eckertz*, DÖV 1993, S. 281 ff.

[197] Die "Eckpunkte" der Bundesländer für den Föderalismus im vereinten Deutschland. Beschluss vom 5.Juli 1990, ZParl 1990, S. 461; *Korioth*, Der Finanzausgleich zwischen Bund und Ländern, S. 414.

Im Gegensatz hierzu konnte sich die gemeinsame Verfassungskommission von Bundestag und Bundesrat zu keinen Empfehlungen durchringen.[198] Das Gremium bekundete zwar starkes Interesse, im Rahmen der Föderalismusdebatte auch die Finanzverfassung zu überprüfen, sah von einer Behandlung dieses Themenkomplexes in der gemeinsamen Verfassungskommission angesichts der laufenden Beratungen der Finanzminister allerdings ab. Da man sich auch der Komplexität der Problematik bewusst war, sah man, auch wegen des eng bemessenen Zeitrahmens der Kommission, von einer offiziellen Stellungnahme ab.

Art. 5 des Einigungsvertrages überantwortete die Problemlösung an die Integrationskräfte der Politik und strebte eine Lösung an, die auf Grundlage eines breiten Konsenses erfolgen sollte, weil dies angesichts der Ausgangsproblematik angemessen schien. Mit dem Beitritt der neuen Länder musste die Schwierigkeit bewältigt werden, die ostdeutschen Länder als ehemalige Teile eines zentralistisch ausgerichteten Administrativstaates, der nach finanzstaatlichen Gesichtspunkten keinen Vergleich mit dem bundesdeutschen Wirtschaftsystem zuließ, in das föderative System der Bundesrepublik Deutschland zu integrieren. Der Länderfinanzausgleich, der nach Art. 107 Abs. 2 S. 1 GG den angemessenen Ausgleich der Finanzkräfte der Länder anstrebt, ist als subsidiäres Ausgleichsinstrument als Spitzenausgleich konzipiert.[199] Für einen Ausgleich grundlegender Finanzdisparitäten fehlen ihm deshalb die notwendigen Maßgaben.

Die in Art. 5 des Einigungsvertrages gesetzten Hoffnung erfüllte sich jedoch nicht. Vielmehr erfolgte eine rein formelle Regelung, nach der die neuen Länder in das Finanzsystem der Bundesrepublik Deutschland durch die bloße Erstreckung des Finanzausgleichs auf diese mit einbezogen wurden, ohne eine grundlegende Änderung des Finanzausgleichsrechts herbeizuführen. Auf Grundlage des Gesetzes über die Errichtung eines Fonds Deutsche Einheit[200], fanden ab 1992 Verhandlungen zwischen den Finanzministern von Bund und Ländern statt. Nach § 2 Abs. 2 des Gesetzes waren die finanziellen Verhältnisse zwischen dem Bund und den Ländern, insbesondere der Länderfinanzausgleich und die Bundesergänzungszuweisungen nach Art. 107 Abs. 2 GG ab 1995 neu zu regeln. Im Rahmen der Solidarpakt-Beratungen wurde eine Einigung erzielt, die die Verabschiedung des Gesetzes zur Umsetzung des Föderalen Konsolidierungsprogramms (FKPG) beinhaltete. Dessen Art. 33 enthielt die Neufas-

---

[198] BTDr 12/6000, S. 114.

[199] *Stern*, Das Staatsrecht der Bundesrepublik Deutschland II, S. 1167.

[200] BGBl 1990 II, S. 518, 533.

sung des FAG.[201] Die neuen Länder wurden erstmals im Jahre 1995 in das System des Länderfinanzausgleichs mit einbezogen, was einen massiven Anstieg der Ausgleichszahlungen von 2906 Mio. DM im Jahre 1994 auf 10743 Mio. DM im Jahre 1995 und auf 13737 Mio. DM im Jahre 1999 mit sich brachte.[202]

4. Stellungnahme

Der horizontale Länderfinanzausgleich beruht bis heute in seinen Grundzügen auf der Finanzverfassungsreform von 1955, die bereits bei den Beratungen des Parlamentarischen Rates in Aussicht gestellt worden war. Auch die Reform von 1969 brachte keine wesentlichen Änderungen, die den Finanzausgleichs zugunsten eines gestärkten Föderalismus angepasst hätte.[203] Ganz im Gegenteil: Die Beratungen der Tröger-Kommission orientierten sich an einer Fragestellung, deren Inhalt die vollständige Abkehr von einem kompetitiven Element im System des Finanzwesens hätte bedeuten können, so dass das Festhalten am Status quo schon als Erfolg des Föderalismus betrachtet werden muss. Wenn auch verfassungsrechtliche Anpassungen nicht stattgefunden haben, so brachten die in Folge der verfassungsgerichtlichen Rechtsprechung vorgenommenen Anpassungen auf der Ebene des einfachen Rechts[204] gewisse Klarstellungen über die Normativität des Finanzausgleichsrechts der Finanzverfassung. Gleichwohl fehlt eine grundlegende Anpassung des Länderfinanzausgleichs bis heute. Es ist zudem bedauerlich, dass das Ereignis der Deutschen Wiedervereinigung nicht zum Anlass genommen wurde, diesen Schritt nunmehr zu vollziehen, obwohl die Erkenntnis über die Notwendigkeit durchaus gegenwärtig war. Die Deutsche Wiedervereinigung brachte zumindest kein neues strukturelles Problem mit sich, das nicht schon zuvor bestanden hätte.[205] Vielmehr ergab die Einbeziehung der neuen Länder ab 1995 in den Länderfinanzausgleich eine Verschärfung der finanziellen Belange, die den Reformstau mehr denn je offengelegt hat.

---

[201] BGBl I 1993, S. 945, 977.

[202] Finanzbericht der Bundesrepublik Deutschland 2001, S. 158.

[203] *Voss*, BayVBl. 1986, S. 327.

[204] *Korioth*, Der Finanzausgleich zwischen Bund und Ländern, S. 408.

[205] Zudem kann die Übernahme der Altschulden durch den Kreditabwicklungsfond und die Treuhandanstalt nicht den neuen Ländern angelstet werden, vgl. *Eckertz*, DÖV, S. 290.

II. Stufensystem des Finanzausgleichs

1. Primärer Finanzausgleich

Die umfassenden Regelungen in Art. 106 und Art. 107 GG zum Finanzausgleich erfordern eine differenzierte Betrachtung anhand ihrer Ziele und Mittel. Die Verteilung der Steuererträge erfolgt prinzipiell vertikal zwischen Bund und Ländern, wobei eine Aufteilung des Gesamtländeranteils zunächst nicht stattfindet. Die vertikale Aufteilung der Mittel ist eine unmittelbare Konsequenz aus dem dominierenden Steuerfindungsrecht des Bundes. Art. 105 Abs. 2 GG weist dem Bund in Verbindung mit Art. 106 Abs. 3 S. 1 GG die Steuerkompetenz für die wirtschaftlich wichtigsten Steuerarten,[206] der Einkommens-, der Körperschafts- und der Umsatzsteuer, zu und belässt allenfalls rudimentäre Kompetenzen bei den Ländern (Art. 105 Abs. 2a GG).

Die notwendige Aufteilung des einheitlichen Steueraufkommens zwischen den föderalen Hoheitsträgern führt zu einer weiteren Unterscheidung des Finanzausgleichs. Art. 106 Abs. 1 bis 3 GG teilt die Erträge der einzelnen Steuerarten zum Teil dem Bund (Art. 106 Abs. 1 GG), zum Teil den Ländern (Art. 106 Abs. 2 GG), zum Teil auch beiden gemeinschaftlich (Art. 106 Abs. 3 GG) zu.[207] Dieses Verteilungssystem ist eine Mischform aus einem Trennsystem, das die Steuererträge ausschließlich nach der Art der Steuer zuweist und einem Verbundsystem, das ausschließlich Gemeinschaftssteuern kennt, also eine Aufteilung der gesamten Steuererträge quotenmäßig vornimmt. Damit verhindert Art. 106 Abs. 3 GG, dass der Bund trotz des Bundesüberhangs bei den Steuerkompetenzen die Steuerquellen einseitig zu seinen Gunsten abschöpft, da die Ländergesamtheit an der Steuerpolitik des Bundes teilhat.[208] Zumindest im vertikalen Ausgleich ist es daher sinnvoll, zwischen dem primären und dem sekundären Finanzausgleich zu unterscheiden. Diese Unterscheidung zwischen Art. 106 sowie 107 Abs. 1 GG und Art. 107 Abs. 2 GG bedingt, dass trotz der Zuweisung der Steuererträge nach dem Verteilungssystem des Art. 106 GG an die Ländergesamtheit eine buchmäßige Wertstellung in den einzelnen Länderhaushalten noch nicht stattgefunden hat. Begrifflich unterscheiden sich diese Zuweisungen daher auch von denen im Rahmen des Art. 107 Abs. 2 GG, indem diese zunächst noch Steuerüberweisungen[209] bleiben und keine Finanzzuweisungen sind. Die verzögerte Etatisierung stellt einen wichtigen Aspekt der föderalen Staatsorganisation heraus. Die Zu-

[206] *Maunz*, in: Maunz, Dürig u.a. (Hrsg.), Grundgesetz Kommentar V, Art. 105, Rdnr. 39.

[207] *Stern*, Das Staatsrecht der Bundesrepublik Deutschland II, S. 1153.

[208] *Henneke*, Öffentliches Finanzwesen, S. 256.

[209] *Stern*, Das Staatsrecht der Bundesrepublik Deutschland II, S. 1149.

weisung der finanziellen Mittel im Anschluss an die primäre Aufteilung zwischen dem Bund und der Ländergesamtheit erfolgt nicht aufgrund eines Ausgleichsanspruchs, bei dem originäre Finanzkraft des einen zugunsten des anderen abgezogen wird. Die Finanzzuweisungen, bei denen der Gesamtländeranteil auf die einzelnen Länder aufgeteilt wird, sind originäre Finanzmittel der jeweiligen Länder, die ihnen aufgrund ihres föderalen Staatenstatus' zufließen. Insoweit drückt sich an dieser Stelle ihre Finanzhoheit unmittelbar aus. Im Gegensatz hierzu nimmt Art. 107 Abs. 2 GG eine Umverteilung bereits zugewiesener Finanzmittel vor.

Die auf Seiten der Länder noch ausstehende Zuweisung der Finanzmittel an die einzelnen Länderhaushalte nimmt Art. 107 Abs. 1 GG vor.[210] In Entsprechung der Richtung des Finanzflusses zwischen den Ländern und entsprechend der Zuweisung aus der Gesamtmasse des Länderanteils am Steueraufkommen spricht man hierbei vom primären horizontalen Finanzausgleich.[211]

Dieser legt das örtliche Aufkommen der Steuererträge zugrunde[212] (Art. 107 Abs. 1 S. 1 GG), lässt dieses aber nicht unrelativiert. Das Prinzip des örtlichen Aufkommens gibt nur dann ein Spiegelbild des Finanzkraftverhältnisses zwischen den Ländern wieder, soweit es die wirtschaftliche Konzentration auf bestimmte Regionen, die Ausgliederung von Lohnbüros und Betriebsstätten aus Unternehmen und das Auseinanderfallen von Arbeitsplatz und Wohnsitz berücksichtigt.[213] Art. 107 Abs. 1 S. 1 und S. 2 GG bestimmen daher, dass der Gesetzgeber ein Bundesgesetz zu erlassen habe, welches diese Umstände bei der Verteilung des Länderanteils am Steuerertrag berücksichtigt. Der Bundesgesetzgeber kam mit dem Zerlegungsgesetz dieser Vorgabe nach.

Für die Erträge aus der Umsatzsteuer trifft Art. 107 Abs. 1 S. 4 GG eine abweichende Regelung und verteilt diese, dem Grundsatze nach, allein nach dem Verhältnis der Einwohnerzahlen der Länder.[214] Dies ist deshalb sinnvoll, da sich die Erhebung der Umsatzsteuer als Mehrwertsteuer auf verschiedene Produktions- und Vertriebsphasen verteilt, bei denen die Abgabenlast bis an den Endverbraucher weitergegeben wird und sich wirtschaftlich erst am Lebensmittelpunkt des Endverbrauchers auswirkt.[215]

---

[210] *Maunz*, in: Maunz, Dürig u.a. (Hrsg.), Grundgesetz Kommentar V, Art. 107, Rdnr. 1.

[211] *Stern*, Das Staatsrecht der Bundesrepublik Deutschland II, S. 1171.

[212] *Maunz*, in: Maunz, Dürig u.a. (Hrsg.), Grundgesetz Kommentar V, Art. 107, Rdnr. 2.

[213] *Maunz*, in: Maunz, Dürig u.a. (Hrsg.), Grundgesetz Kommentar V, Art. 107, Rdnr. 2.

[214] *Stern*, Das Staatsrecht der Bundesrepublik Deutschland II, S. 1170.

[215] Das seit 1967 geltende Allphasen-Netto-System bedeutet, dass jeder Unternehmer in jeder Phase, in der er einen Mehrwert erzielt („Mehrwertsteuer" auf den Ausgangsumsatz), die Umsatzsteuer mit dem Produktnettopreis als Bemessungsgröße an den Fiskus abzuführen hat. Da er als Unternehmer die beim Eingangsumsatz gezahlte Umsatzsteuer als Vorsteuer

Art. 107 Abs. 1 S. 4 GG enthält daneben noch die Möglichkeit zur einfachgesetzlichen Festsetzung eines 25 prozentigen Anteils dieses Länderanteils, aus dem zugunsten einer Auffüllung der Finanzkraft besonders schwacher Länder Ergänzungsanteile geschöpft werden können, wenn nach Abschluss auch des sekundären Finanzausgleichs bei diesen Ländern noch ein Rückstand zum Durchschnitt der bundesweiten Finanzkraft bestehen sollte. Nach Durchführung der Finanzzuweisung nach dem in Art. 107 Abs. 1 GG festgeschriebenen Schlüssel, ist die primäre Finanzmittelzuweisung abgeschlossen. Es steht nun fest, welche Mittel den Ländern als originäre Finanzmittel zur Verfügung stehen.

2. Sekundärer Finanzausgleich

Der sekundäre Finanzausgleich findet zwischen Bund und einzelnen Ländern in Form von Bundesergänzungszuweisungen nach Art. 107 Abs. 2 S. 3 GG statt und zwischen den Ländern ohne finanzielle Mittel des Bundes in Form des horizontalen Länderfinanzausgleichs nach Art. 107 Abs. 2 S. 1 und 2 GG. Im Unterschied zum Verteilungssystem der Art. 106 und 107 Abs. 1 GG werden nach Art. 107 Abs. 2 GG Mittel umverteilt, die zuvor bereits dem Etat eines Haushaltsträgers zugewiesen worden waren. Insofern ist der horizontale Ausgleich ein Eingriff in die originäre Finanzausstattung der ausgleichspflichtigen Länder.[216]

Der Finanzausgleich zwischen den Ländern nach Art. 107 Abs. 2 S. 1 GG orientiert sich im Gegensatz zu Art. 106 und Art. 107 Abs. 1 GG nicht an statischen Faktoren, die Aufschluss über den Finanzbedarf der jeweiligen Länder zur Erfüllung ihrer Aufgaben geben. Er orientiert sich an den nach der Primärzuweisung existierenden tatsächlichen Relationen zwischen den Ländern und verlangt, dass deren Finanzkräfte bis auf ein angemessenes Maß weiter anzugleichen sind.

Aus diesem Grund knüpft die vierte Stufe des Finanzausgleichs auch nicht an harten Faktoren wie in Art. 107 Abs. 1 GG an, sondern hält den Beurteilungsspielraum des Gesetzgebers bewusst flexibel. Art. 107 Abs. 2 S. 1 GG bezieht keine Stellung, worin die Angemessenheit des Ausgleichs gründet. Durch die Verwendung dieses unbestimmten Rechtsbegriffs weist er eine relative Offenheit und Unbestimmtheit auf, die Anlass zur Konkretisierung gibt, bei der Detailfragen Berücksichtigung finden, die auf der Ebene der verfassungsrechtlichen Grundlagen außer Acht bleiben mussten. Auf

---

erstattet bekommt, ergibt sich eine endgültige wirtschaftliche Belastung nur für den Endverbraucher, *Jakob*, Umsatzsteuer, S. 11 f.

216 „Abgabe aus Eigenem“, BVerfGE 70, 330, 386; *Wendt*, Finanzhoheit und Finanzausgleich, in: Isensee, Kirchhof (Hrsg.), HStR IV, § 104, S. 1069.

diese Weise lassen sich auch strukturell bedingte Chancenungleichheiten[217] kompensieren, weil über Art. 107 Abs. 1 GG hinaus weitere Faktoren in die Verteilung der Mittel mit einbezogen werden, die Einfluss auf die Finanzmittelbedarfe der Länder haben. Die normative Unschärfe des Art. 107 Abs. 2 S. 1 GG bedarf daher einer einfachgesetzlichen Konkretisierung, die in den §§ 4 bis 10 FAG umgesetzt worden ist.
Der horizontale Länderfinanzausgleich ist ein Ausgleich der Finanzkräfte der Länder und regelt die Umverteilung der Finanzen zwischen den Ländern ohne materielle Beteiligung des Bundes. Bemessungsgrundlage für die Ausgleichszahlungen ist der Vergleich der Finanzsituationen, die das FAG in den beiden Bezugsgrößen der Finanzkraftmesszahl und der Ausgleichsmesszahl materialisiert (§ 4 FAG). Ein Land ist hiernach finanzstark und damit ausgleichspflichtig, wenn die Finanzkraftmesszahl die Ausgleichsmesszahl innerhalb eines Rechnungsjahres übersteigt, im Gegenzug wird ein Ausgleichsanspruch begründet (§ 5 Abs. 1 FAG), wenn die Ausgleichsmesszahl die Finanzkraftmesszahl übersteigt (§ 5 Abs. 2 FAG).
Nach § 6 Abs. 1 FAG setzt sich die Finanzkraftmesszahl aus der Summe der Steuereinnahmen und der Einnahmen aus der bergrechtlichen Förderabgabe, die in § 7 FAG konkretisiert werden, sowie der Steuereinnahmen der Gemeinden, die § 8 FAG zum Gegenstand hat, zusammen. Der Aussagewert der Finanzkraftmesszahl besteht somit darin, dass er die tatsächlichen Einnahmen eines Landes und seiner Gemeinden als Ist-Größe, in Form eines absoluten Betrages identifiziert und vergleichbar macht. Die Ausgleichsmesszahl stellt sich demgegenüber als Soll-Größe dar, die die Einnahmen je Einwohner im Bundesdurchschnitt mit der Einwohnerzahl des betreffenden Landes multipliziert. Das Ergebnis ist ein absoluter Betrag, der einem Finanzaufkommen des Landes entspricht, wenn sich sein Finanzaufkommen – in Relation seiner Einwohnerstärke – genau im Durchschnitt des Finanzaufkommens aller Länder halten würde. Der Vergleich beider Messgrößen lässt ein Urteil darüber zu, ob das Finanzaufkommen eines Landes unter-, über- oder durchschnittlich ist.
Eine erste Differenzierung der Länder findet hinsichtlich des Steueraufkommens durch die Berücksichtigung von Sonderbelastungen in § 7 Abs. 3 FAG statt, die den Ländern Bremen, Hamburg, Mecklenburg-Vorpommern und Niedersachsen aus der Unterhaltung und Erneuerung der Seehäfen erwachsen. Dies führt zu einer Korrektur im Ausgleichsverfahren, weil das Steueraufkommen dieser Länder um absolute Beträge reduziert wird. Die Finanzkraftmesszahl nach § 6 Abs. 1 FAG wird auf diese Weise künstlich kleingerechnet. Gemäß § 8 FAG werden anschließend die Gemeinde-

[217] *Wendt*, Finanzhoheit und Finanzausgleich, in: Isensee, Kirchhof (Hrsg.), HStR IV, § 104, S. 1069.

aufkommen unter Zugrundelegung eines einheitlichen Vergleichsmaßstabs dem Länderaufkommen hinzugerechnet.
Die Ausgleichsmesszahl wird durch eine Bezugnahme auf die Einwohnerstärke eines Landes ermittelt, indem der Bundesdurchschnitt in Relation zur Einwohnerstärke eines Landes heruntergerechnet wird. § 9 FAG nimmt allerdings eine wesentliche Modifizierung der Einwohnergewichtung bei einigen Ländern vor.[218] Die Einwohnerzahlen der Stadtstaaten werden um 35 Prozent höher gewichtet. Entsprechend werden die Einwohnerzahlen großer Gemeinden nach einem in § 9 Abs. 3 FAG festgelegten Schlüssel ebenfalls höher gewertet. Die modifizierte Einwohnerwertung führt dazu, dass die Ausgleichsmesszahl nach § 6 Abs. 2 FAG, die Bezug auf die Einwohnerstärke nimmt, reduziert wird und das Ausgleichspotential des Landes steigt.
Nachdem die beiden Messgrößen (Finanzkraftmesszahl und Ausgleichsmesszahl) ermittelt wurden, regelt § 10 FAG den eigentlichen Ausgleich. In einem ersten Schritt werden die Ausgleichszuweisungen an die finanzschwachen Länder ermittelt, indem der Fehlbetrag, der 92 Prozent der Ausgleichsmesszahl nicht erreicht, vollständig, d.h. zu 100 Prozent, ausgeglichen wird (§ 10 Abs. 1 Nr. 1 FAG). Liegt der Fehlbetrag oberhalb dieser 92 Prozentgrenze, aber noch unterhalb des Durchschnitts (100 Prozent), wird dieser Fehlbetrag lediglich zu 37,5 Prozent ausgeglichen (§ 10 Abs. 1 Nr. 2 FAG).
In einem zweiten Schritt werden die Ausgleichsbeträge der finanzstarken Länder ermittelt, indem die überdurchschnittliche Finanzkraft, ermittelt aus dem Vergleich von Finanzkraftmesszahl und Ausgleichsmesszahl, gestaffelt zum Ausgleich herangezogen wird. Die überdurchschnittliche Finanzkraft eines Landes, die zwischen 100 und 101 Prozent liegt, wird zu 15 Prozent herangezogen, die Finanzkraft, die bei bis zu 110 Prozent liegt, wird mit 66 Prozent und die Finanzkraft, die oberhalb dieser 110 Prozent Grenze liegt, mit 80 Prozent zum Ausgleich herangezogen.
In weiteren Detailkorrekturen enthält § 10 Abs. 3 bis 5 FAG eine Garantieklausel, die verhindert, dass ein bestimmtes gliedstaatliches Finanzniveau nicht überschritten wird und eine Nivellierung der Geberländer aus dem Ausgleich resultiert. Dies ist notwendig, da die Ermittlung der Ausgleichszuweisungen an die finanzschwächeren Länder nach § 10 Abs. 1 FAG grundsätzlich unabhängig von den Ausgleichszahlungsbeträgen der finanzstarken Länder ermittelt wird und die Konsequenzen bei den finanzstarken Ländern daher zunächst unberücksichtigt bleiben. Wie die Finanzierung der Ausgleichszahlungen an die finanzschwachen Länder unter den finanzstarken Ländern aufgeteilt wird, bestimmt dann § 10 Abs. 2 FAG. Je nach dem, ob die so ermittelten quotenmäßigen Beträge der zahlungsverpflichteten Länder den Zuweisungsbetrag an

---

218 „Einwohnerveredelung".

die finanzschwachen Länder decken, liegt die Abschöpfungsquote über oder unter 100 Prozent.[219] Erst wenn die Finanzierung der Ausgleichszuweisungen eine Auffüllung der Fehlbeträge zur Ausgleichsmesszahl der Länder bis zu 95 Prozent gesichert hat, entfällt die Pflicht der finanzstarken Länder, eine Abschöpfungsquote von mehr als 100 Prozent hinnehmen zu müssen (§ 10 Abs. 3 S. 1 FAG).

III. Probleme des horizontalen Länderfinanzausgleich

Die seit langem und auch aktuell diskutierten Probleme im Zusammenhang mit dem Finanzausgleich in Deutschland beziehen sich zumeist auf das Gesamtsystem des Finanzausgleichs unter Einbeziehung der primären Steuerverteilung nach Art. 106 und Art. 107 Abs. 1 GG und der Bundesergänzungszuweisungen nach Art. 107 Abs. 2 S. 3 und 4 GG. Entsprechend dem Untersuchungsgegenstand interessieren diese allerdings nur, soweit diese Bezug auf den horizontalen Länderfinanzausgleich nehmen und dessen Ergebnis beeinflussen.
Die Umverteilung des Steuerertrags über den Länderfinanzausgleich nach dem FAG weist zwei signifikante Faktoren auf, die Zweifel daran aufkommen lassen, ob mit der einfachgesetzlichen Umsetzung in den §§ 4 bis 10 FAG der Verfassungsauftrag aus Art. 107 Abs. 2 S. 1 GG, die Finanzkraft der Länder angemessen auszugleichen, erreicht wird.

1. Änderung der Finanzkraftreihenfolge

Ein zentraler Vorwurf gegen den horizontalen Länderfinanzausgleich in der geltenden Fassung richtet sich dagegen, dass der Ausgleich derart in die Finanzlagen der ausgleichsverpflichteten Länder eingreift, dass sich die Finanzlagen der finanzstarken und finanzschwachen Länder nicht nur angleichen, sondern sich die Finanzkraftreihenfolge der Länder grundlegend ändert. Dies betrifft vor allem die in den Finanzausgleich einzahlenden Flächenländer Bayern, Baden-Württemberg, Hessen und Nordrhein-Westfalen sowie die Freie und Hansestadt Hamburg.[220]
Die Finanzkraftreihenfolge ergibt sich aus einem komplexen Zusammenwirken des horizontalen Finanzausgleich nach Art. 107 Abs. 2 S. 1 GG und den Bundesergänzungszuweisungen nach Art. 107 Abs. 2 S. 3 und 4 GG. § 10 Abs. 5 FAG berücksichtigt die Reihenfolge dergestalt, dass eine sich ergebende Verschiebung nach § 10 Abs. 2 bis Abs. 4 FAG Anlass zur Korrektur gibt. Hierzu ist die Finanzkraftrelation des Landes festzustellen, dessen Position sich verbessert sowie die des nächststärkeren Landes. Daraufhin ist die Finanzkraft des von den Ausgleichszuweisungen be-

---

[219] 1998 lag die Abschöpfungsquote bei 108, 5 %, vgl. BVerfGE 101, 158, S. 169.
[220] Vgl. Anlage 2.

günstigten Landes soweit abzuschöpfen, dass sie die Finanzkraft des nächststärkeren Landes dem Verhältnisse nach erreicht. Der so erzielte Abschöpfungsbetrag ist dann nach § 10 Abs. 5 S. 3 FAG den übrigen Ländern nach dem üblichen Verfahren zuzurechnen.

Die innerhalb des horizontalen Finanzausgleichs nach § 10 Abs. 2 bis 4 FAG noch berücksichtigte vorgegebene Finanzkraftreihenfolge der Länder wird allerdings nicht im gesamten System des Finanzausgleichs, d.h. unter Einbeziehung der Bundesergänzungszuweisungen nach § 11 FAG, berücksichtigt. In dem Normenkontrollantrag machte der Gutachter des Freistaates Bayern geltend,[221] dass die Finanzkraftreihenfolge der zahlenden Länder nach dem Ausgleich signifikant umgestaltet werde. Im Antragsjahr 1997 sei so die Finanzkraft der finanzstarken Länder, die vor Durchführung des Finanzausgleichs noch zwischen zehn bis zwanzig Prozent über dem Gesamtdurchschnitt aller Länder lag, auf ein derart niedriges Niveau herabgestuft worden, dass deren Finanzkraft nach dem Ausgleich weit unterdurchschnittlich war. Die Finanzkraft Baden-Württembergs beispielsweise sei auf diese Weise hinter Niedersachsen, Sachsen, Rheinland-Pfalz, Sachsen-Anhalt, Brandenburg, Mecklenburg-Vorpommern und das Saarland abgerutscht. Angesichts der verfassungsrechtlichen Vorgabe, dass die Finanzkraft der Länder angemessen anzugleichen ist, sei die Tatsache, dass der Länderfinanzausgleich nach §§ 4 bis 10 FAG nicht auch die Bundesergänzungszuweisungen nach § 11 FAG berücksichtige, nicht mehr mit den Vorgaben des Art. 107 Abs. 2 S. 1 GG zu vereinbaren.

2. Schwächung des gesamtstaatlichen Leistungsniveaus

Ein weiterer Vorwurf bezieht sich auf das Ausgleichsvolumen im Allgemeinen.[222] Die verfassungsrechtlichen Vorgaben für den Länderfinanzausgleich nach Art. 107 Abs. 2 S. 1 GG, nach denen der konkrete Ausgleich in den §§ 4 bis 10 FAG geregelt ist, ist seit der Finanzreform 1969 geltendes Recht und ist seither nicht wesentlich verändert worden.[223] Die Ausgleichsvolumina haben sich allerdings seit 1970 mit einem Umverteilungsvolumen von 1215,3 Mio. DM bis zum Jahre 1994[224] auf 2 906,0 Mio. DM

---

221 *Vogel*, Normenkontrollantrag im Namen der Bayerischen Staatsregierung vom 30.7.1998, S. 9.

222 Dies war einer der zentralen Vorwürfe der antragstellenden Länder Baden-Württemberg, Bayern und Hessen, vgl. BVerfGE 101, 158, 198.

223 Zur Entwicklung vgl. oben Kapitel 1: C) I.

224 1994 war das letzte Jahr nach der alten Regelung, nachdem 1995 die Umverteilung durch die Einbeziehung der Neuen Länder neu geregelt wurde.

mehr als verdoppelt. Die Entwicklung hat sich durch die Einbeziehung der ostdeutschen Länder ab 1995 bis zum Jahre 2000 weiter verschärft. Das Ausgleichsvolumen betrug im Jahre 2000 über 16 Mrd. DM,[225] was mehr als das Fünffache des Umverteilungsvolumens aus dem Jahre 1994 entspricht.[226]

Das insgesamt sehr hohe Ausgleichsniveau leitet sich dabei nicht nur aus der Solidargemeinschaft ab, sondern stellt diese gleichzeitig in Frage. Zunächst gilt es, die realen Unterschiede und Ausgangslagen und die im Einzelfall bestehenden Sonderlasten auf die Gemeinschaft zu verteilen und damit die Belastung für den Einzelnen abzumildern. Die Unterschiedlichkeit der Finanzkräfte der Länder basiert zum Teil auf unterschiedlichen Ausgangssituationen und auf differierenden Strukturdaten der Wirtschaft. Da Strukturkrisen und die tatsächlichen Gegebenheiten nicht zwingend Folge einer verfehlten Haushaltspolitik sind, gebietet das bündischen Solidarprinzip grundsätzlich, strukturschwachen Regionen finanzielle Hilfestellung zu gewähren. Darüber hinaus verlangt das Gebot der einheitlichen Lebensverhältnisse von der Ländergemeinschaft, trotz der unterschiedlichen Ausgangslagen einen bundesweit gleichwertige Lebensstandard herzustellen.[227] Die Angleichung der Finanzkräfte der Länder trägt demnach dem Solidaritätsgedanken Rechnung und verwirklicht in sich das kooperative Element eines föderalen Systems.

Während der bundesstaatliche Finanzausgleich dem Grunde nach gerechtfertig ist, lässt das gegenwärtige Ausgleichsvolumen gleichzeitig aber auch daran zweifeln, ob die Finanztransfers der Höhe nach dem Anspruch nach Herstellung gleichwertiger Lebensverhältnisse überhaupt noch gerecht werden können.[228] Die historische Ausgangssituation der Regionen verpflichtet die Landesregierungen, sich den Herausforderungen bestehender Strukturnachteile zu stellen. Sozialverträgliche Unterstützungsmaßnahmen zugunsten schwacher Strukturbereiche belasten die Gemeinschaft allerdings überdurchschnittlich, sofern sie nicht zu einer dauerhaften Entwicklung der betroffenen Bereiche führen, sondern kurzfristige Lösungen ohne dauerhafte Wirkkraft darstellen. Dies senkt das Niveau der Lebensverhältnisse im Gesamtstaat. Das Gebot zur Vereinheitlichung der Lebensverhältnisse gebietet einerseits den solidarischen Finanzausgleich, verlangt in gleicher Weise aber auch, die Vereinheitlichung

---

[225] Anlage 2.

[226] Anlage 2.

[227] *Schmidt-Bleibtreu-Klein*, Kommentar zum Grundgesetz, Art. 72, Rdnr. 49.

[228] Dieser Vorwurf wirkt fort, auch wenn die Verlagerung des Schwerpunktes vom horizontalen Länderfinanzausgleich zu den Bundesergänzungszuweisungen beklagt wird, vgl. *Renzsch*, Der Streit um den Finanzausgleich, in: Wehling (Hrsg.), Die deutschen Länder, S. 361.

auf möglichst hohem Niveau anzustreben. Bund und Länder sind von daher verpflichtet, den föderalen Gesamtstaat konsequent zu entwickeln und zu stärken. Ein finanzieller Transfer zwischen den Ländern, der der ständigen Gefahr unterliegt, durch die Verlagerung der finanziellen Nachteile auf die föderale Gemeinschaft die positiven Auswirkungen kurzfristig ausgerichteter Maßnahmen ohne die fiskalisch negativen Konsequenzen darzustellen, unterbindet demgegenüber die Bereitschaft der politischen Führung, eine langfristig ausgerichtete, nachhaltige Konsolidierungspolitik zu betreiben. Die Erfahrungen der Vergangenheit haben gezeigt, dass das gegenwärtige System tatsächlich entsprechende Impulse vermissen lässt. Der Freistaat Bayern hat in der Vergangenheit als einziges Land den Sprung von einem ausgleichsberechtigten zu einem ausgleichspflichtigen Land geschafft.[229]

Die Regelung des FAG enthält in § 10 Abs. 3 S. 1 FAG eine Steuergarantie, die den Ländern über den horizontalen Länderfinanzausgleich 95 Prozent des Länderdurchschnittes gewährt. Dabei ist der Ausgleich zwischen den Ländern im Zusammenhang mit den Fehlbetragsergänzungszuweisungen des Bundes an finanzschwache Länder zu sehen. § 11 Abs. 2 S. 3 FAG bestimmt, dass der Bund solchen Ländern, deren Finanzkraftmesszahl hinter der durchschnittlichen Ausgleichsmesszahl als Soll-Größe zurückbleibt, Zuweisungen gewähren darf. Auf dieser Grundlage gleicht der Bund die Fehlbeträge zu 90 Prozent aus, wodurch jedem Land eine Finanzkraft gesichert wird, die 99,5 Prozent des Bundesdurchschnitts entspricht. Diese Höhe der Nivellierung ist unter dem Gesichtspunkt einer lediglich angemessenen Angleichung der Finanzkräfte der Länder zumindest fraglich und Anreize zur Verbesserung der Finanzsituation in den Ländern werden dadurch blockiert. Es steht zu befürchten, dass auf diese Weise auf Strukturreformen verzichtet wird, die mittelfristig eine Verbesserung der Finanzsituationen erwarten ließen.[230]

Das derzeitige System ist daher sehr kritisch zu sehen, zumal es eine sehr komplexe und weitgehend intransparente Regelung darstellt, mit der Folge, dass eine Auseinandersetzung über den Finanzausgleich in breiter Öffentlichkeit nicht stattfindet. Dieser Aspekt bezieht sich dabei weniger auf die Komplexität der Regelungen des FAG an sich, sondern vor allem auf die durch sie genährte Verschleierung der politischen Verantwortlichkeiten. Eine Nivellierung der Finanzlagen, die im Ergebnis eine Finanzkraftgarantie von 99,5 Prozent des Bundesdurchschnitts garantiert, verschleiert die

---

[229] Anlage 2.

[230] Beispielhaft ist, dass von 1000 DM Mehreinnahmen bei den reinen Landessteuern Mecklenburg-Vorpommern lediglich 21 DM Selbstbehalt erzielt hat. Entsprechend lässt unter Umständen eine Steigerung der Steuererträge bei den Gemeinschaftssteuern eine Verschlechterung der Finanzsituation erwarten, vgl. Bayernkurier vom 11.01.2001.

Konsequenzen einer reformorientierten oder reformabgewandten Landespolitik. Die starke Kompromissabhängigkeit des Gesetzgebungsprozesses ist unter diesen Umständen dabei in besonderer Weise anfällig für zweckfremde Einflüsse.[231]

3. Weitere Gesichtspunkte in der gegenwärtigen Diskussion

Der horizontale Länderfinanzausgleich ist Teil eines komplexen Systems der Steuererst- und Ertragsumverteilung. Als solches werden Probleme des horizontalen Länderfinanzausgleichs nicht exklusiv diskutiert, vielmehr ist Kritik hieran Teil der allgemeinen Auseinandersetzung mit dem Finanzverteilungssystem in der Bundesrepublik Deutschland.

Die Entwicklung des Föderalismus in Deutschland ist skeptisch zu betrachtet, da er zu politischen Verflechtungen und Abhängigkeiten der Instanzen geführt hat, die die dynamisierenden Effekte, wie sie im Wettbewerb zwischen den Ländern liegen, stark einschränken. Der deutsche Parlamentarismus ist gekennzeichnet von einem stetigem Bedeutungsverlust der Landesparlamente, wobei dies nicht über eine Entwertung des Bundesrates, als dem zentralen Institut des bundesdeutschen Föderalismus, erfolgt, sondern über die Ausweitung seiner Mitentscheidungsbefugnisse.[232] In diesem Sinne wird darauf hingewiesen, dass die extensive Wahrnehmung der konkurrierenden Gesetzgebungszuständigkeit durch den Bundesgesetzgeber und die Tatsache, dass im Bundesrat nicht die Länder als solche vertreten sind, sondern der Bundesrat sich aus den Vertretern der Landesregierungen zusammensetzt (Art. 51 Abs. 1 GG)[233], der Bundesrat zu einem parteipolitischen Blockadeinstrument denaturiert ist[234] und nicht mehr seiner verfassungsrechtlichen Verpflichtung zu höherer Objektivität gerecht wird.[235] Dieser Umstand trägt zur Wahrung der verfassungsrechtlichen Verteilungsprinzipien im Gesetzgebungsprozess zum FAG nicht bei, sondern macht diesen anfällig für parteipolitisches und tagespolitisches Kalkül und ist damit einer der Gründe,

---

231 „Wo es um die Verteilung von Geld geht, gibt es so viele Kompromisse, wie eine Summe durch DM-Beträge teilbar ist.“, *Kirchhof, Paul* in: Der Spiegel, Ausgabe 50/1999, S. 70; *Lintner*, Die Entwicklung und Bedeutung der Finanzverteilung in Deutschland, in: Blumenwitz, Wehner (Hrsg.), Rechte der Staaten, Volksgruppen und Individuen, S. 41.

232 *Schmidt-Jortzig*, DÖV 1998, S. 748.

233 *Reuter*, Parlamentsrecht und Parlamentspraxis in der Bundesrepublik Deutschland, Schneider u.a. (Hrsg.), Berlin 1989, S. 1536.

234 *Schmidt-Jortzig*, DÖV 1998, S. 747.

235 *Dolzer*, Veröffentlichungen der Vereinigung der Deutschen Staatsrechtslehrer, Bd. 58, Berlin 1999, S. 12; *Reuter*, Parlamentsrecht und Parlamentspraxis in der Bundesrepublik Deutschland, Schneider u.a. (Hrsg.), Berlin 1989, S. 1525.

weshalb der Länderfinanzausgleich sich heute in seiner konkreten Ausgestaltung als äußerst problematisch erweist.

Neben der rein formalen Ausdünnung der Ländereigenständigkeit durch die Bundesratspraxis und ihren nachteiligen Konsequenzen für den Finanzausgleich, ist festzustellen, dass die Zuweisung von finanziellen Mitteln und die Zuweisung von Aufgaben an die Länder nicht parallel verläuft. Die Länder erhalten die für ihre Verwaltungstätigkeit notwendigen Mittel nicht kostendeckend. Erst durch Zuweisungen von Bundesmitteln werden die Länder in die Lage versetzt, ihre Aufgaben adäquat erfüllen zu können. Das fördert die Zentralisierung der Herrschaftsverhältnisse zugunsten des Bundes, der mit dem „goldenen Zügel"[236] Einfluss auf die Mittelverwendung der Länder nehmen kann, ohne dass es hierfür einen hinreichenden Rechtfertigungsgrund gäbe. Die Folgen sind in zweierlei Hinsicht gravierend.

Um in den Genuss der Bundeszuschüsse zu gelangen, werden die betreffenden Länder die Investitionstätigkeit nicht ausschließlich an Fragen der Notwendigkeit und Finanzierbarkeit orientieren, sondern auch daran, wie eine möglichst großzügige Zuweisung von Bundesmitteln zu erreichen ist. Zum anderen wird das Mitspracherecht des Bundes gerade in solchen Bereichen ländereigener Angelegenheiten gestärkt, die aufgrund ihres sachlichen Bezugs und des Subsidiaritätsprinzips eine originäre Entscheidung der Länder präferieren. Auf diese Weise wird die föderale Aufteilung der Zuständigkeiten ohne Not weiter verkompliziert und die Korrelation zwischen Ursache und Wirkung politischer Entscheidungen verschleiert.[237] Dies fördert in demokratischer Hinsicht Politikverdrossenheit und bindet in finanzstaatlicher Hinsicht nicht nur finanzschwache Länder, sondern bezieht über den solidarischen Finanzausgleich auch finanzstarke Länder in finanzielle Abhängigkeiten mit ein.

Zusammenfassend betrachtet ist der horizontale Länderfinanzausgleich durch eine Konzeptionslosigkeit geprägt, die sich angesichts des Verfassungsauftrags eines angemessenen Ausgleichs der Finanzkräfte der Länder als eine Problematik der Verfassungspraxis darstellt.

---

[236] *Blumenwitz*, Föderalismus und Rückverlagerung von Kompetenzen, in: Hanns-Seidel-Stiftung e.V. (Hrsg.), Krise und Reform des Föderalismus, S. 40; *Henneke*, Öffentliches Finanzwesen, S. 60; *Renzsch*, Der Streit um den Finanzausgleich, in: Wehling (Hrsg.), Die deutschen Länder, S. 356.

[237] *Donges* u.a., in: Frankfurter Institut (Hrsg.), Die föderative Ordnung in Not, S.45.

Kapitel 2: Verteilungskriterien des horizontalen Länderfinanzausgleichs

A) Art. 107 Abs. 2 GG

Der Abschnitt über das Finanzwesen hebt sich gegenüber den übrigen Teilen des Grundgesetzes nicht nur durch seine eigenständige Überschrift. Bei diesem Abschnitt des Grundgesetzes wird oftmals von seiner Eigenart und seiner besonderen Regelungstechnik gesprochen.[238] In die gleiche Richtung weist das Bundesverfassungsgericht, wenn es verlangt, auf die Eigenart und besondere Struktur der Finanzverfassung bei ihrer Auslegung und Anwendung Rücksicht zu nehmen.[239] Tatsächlich lassen sich einige Wesenszüge in der Gesetzestechnik erkennen, die offensichtlich daraus resultieren, dass der Regelungsabschnitt auf finanzwirtschaftliche Sachverhalte Bezug nimmt, die eine offene und auf das Zusammenwirken von Gesetz und Verfassung angelegte Gesetzestechnik verlangen.[240] Dabei ist die Regelungstechnik des Finanzausgleichsrechts uneinheitlich ausgestaltet. Art. 106 GG enthält neben den enumerativen Katalogaufzählungen in Absatz 1 und 2 auch eine Regelung darüber, wie die Erträge der Einkommens-, der Körperschaftssteuer und der Umsatzsteuer zwischen Bund, Ländern und Gemeinden aufzuteilen sind. Neben diesen ausdifferenzierten Textpassagen weist die Finanzverfassung aber auch für das Grundgesetz typisch unbestimmte, offene und teilweise fragmentarische Züge auf, die sie etwa mit den Grundrechten des ersten Abschnittes des Grundgesetzes gemeinsam hat.[241] Im Gegensatz zu Art. 106 GG sind die inhaltlichen Aussagen des Art. 107 GG deutlich knapper gehalten, was sich nicht nur auf den ersten Blick aus seinem geringerem Umfang ersehen lässt, sondern sich auch inhaltlich bestätigt. Art. 106 GG umfasst die primäre Mittelverteilung bei der es um die erste Grobverteilung der Finanzmittel zwischen den Trägern hoheitlicher Gewalt, dem Bund, den Ländern und den Gemeinden, geht. Art. 107 Abs. 1 GG enthält die verfassungsrechtlichen Kriterien für die Berücksichtigung des örtlichen

---

238 *Grawert*, Die Kommunen im Länderfinanzausgleich, S. 53; *Fischer-Menshausen*, in: von Münch (Hrsg.), Grundgesetz Kommentar, Art. 104a-109, Rdnr. 12.

239 BVerfGE 72, 330, 390.

240 So eine zusammenfassende Einschätzung bei *Grawert*, Die Kommunen im Länderfinanzausgleich, S. 53, wenn Grawert meint: „Typisch für die Begriffe sind erstens ihre relativ offene, auf ein Zusammenwirken von Verfassung und Gesetz angelegte Struktur und zweitens ihr rechtsnormativer, aber auf finanzwirtschaftliche Sachverhalte bezogener Gehalt“.

241 In dieser Feststellung bestätigt sich die Ansicht, die die Finanzverfassung als integrierenden Bestandteil der Gesamtverfassung versteht, vgl. Kapitel 1: B) II.

Steueraufkommens, das sog. Zerlegungsgebot. Art. 107 Abs. 2 S. 1 und 2 GG regeln weit aus weniger ausdifferenziert die horizontale Umverteilung der Mittel zwischen den Ländern untereinander und verlangen lediglich, diese angemessen zu gestalten. Abschließend regelt Art. 107 Abs. 2 S. 3 GG die Ergänzungszuweisungen des Bundes an Länder mit besonders unterdurchschnittlicher Finanzkraft.[242]

Die in Teilen sehr weitreichende Normkomplexität[243] einerseits, die konturenlose Kürze andererseits, erschweren das Verständnis für den zehnten Abschnitt des Grundgesetzes erheblich und provozieren damit auch eine finanzpolitische Auseinandersetzung über den Länderfinanzausgleich, seine Ziele und seine Verteilungsmaßstäbe. Diese politische Durchdringung[244] der Finanzverfassung mag als charakteristischer Wesenzug betrachtet werden. Gleichwohl darf wegen ihrer Funktion für die bundesstaatliche Gemeinschaft[245] nicht aus den Augen verloren werden, dass die Finanzverfassung, wie jeder andere Abschnitt des Grundgesetzes, eine normative Aussage trifft, deren Inhalt es durch Verfassungsinterpretation zu ermitteln gilt.[246]

I. Normative Verdichtung durch Verfassungsinterpretation

Die richtige Technik und Vorgehensweise der Verfassungsinterpretation ist ihrerseits Gegenstand einer umfangreichen Literatur, aber auch die Rechtsprechung agiert diesbezüglich nicht einheitlich. Zwar bekennt sich das Bundesverfassungsgericht ausdrücklich zu der Methode der klassischen Hermeneutik, gleichwohl wechselt es je nach anhängigem Verfahrensgegenstand den methodischen Ansatz.[247]

Da die Suche nach verfassungsrechtlichen Vorgaben für den horizontalen Länderfinanzausgleich in Art. 107 Abs. 2 S. 1 GG nichts anderes als die Interpretation eines Abschnittes des Grundgesetzes ist, soll folgend zunächst ein Bezug zur allgemeinen Problematik der Verfassungsinterpretation hergestellt werden, bevor es gilt, die Verteilungskriterien des horizontalen Finanzausgleichs konkret zu ermitteln.

---

242 Vgl. Kapitel 1: C) II.2.

243 *Friauf*, Das Verhältnis von Bund und Ländern im Bereich der Finanzverfassung, in: Kewenig (Hrsg.), Veröffentlichungen des Instituts für Internationales Recht an der Universität Kiel, S. 246.

244 Vgl. Kapitel 2: A) III.1.b).

245 Vgl. Kapitel 1: B) I.

246 So etwa auch Ossenbühl, wenn er zur Frage der Justiziabilität der Finanzverfassung darauf verweist, dass es typisch für die Verfassung sei, einen Mangel an Regelungsdichte zu haben, *Ossenbühl*, Zur Justiziabilität der Finanzverfassung, in: Börner u.a.(Hrsg.), Einigkeit und Recht und Freiheit - Festschrift für Karl Carstens II, S. 749.

247 BVerfGE 1, 299, 312; BVerfGE 11, 126, 130; BVerfGE 40, 353, 365.

1. Klassische juristisch-hermeneutische Auslegungsmethode

Die auf Savigny[248] zurückzuführende und insbesondere durch Forsthoff[249] vertretene klassisch-juristische Hermeneutik umfasst die Interpretation des Gesetzestextes anhand grammatikalischer, logischer, historischer und systematischer Gesichtspunkte.[250] Unter dem Begriff der klassischen Hermeneutik versteht man heute allerdings eine modifizierte Form dieser Lehre, die sich neben grammatikalischer und systematischer auch subjektiv-historischer und objektiv-teleologischer Argumente bedient.[251] Ausgangspunkt dieser Lehre ist das Verständnis der Verfassung als Gesetz im klassischen Sinne, was die Heranziehung der selben Interpretationskriterien wie bei jedem anderen Gesetz grundsätzlich ermöglicht.[252] Diese klassische Auslegungsmethode sieht im Gesetzestext nicht den allein maßgeblichen Regelungsgehalt im Sinne des positivistischen Gesetzesbegriffs, sondern sie sieht ihn in eine übergeordnete Normativität eingebunden, die für die Interpretation maßgeblich ist. Der Regelungsgehalt einer Norm ergibt sich nach diesem Ansatz erst aus seiner normativ-inhaltlichen Struktur, die aus einem historisch-dogmatischen Ganzen[253] erwächst und teilhat an der Geschichte und Struktur der Rechtsordnung, in die sie eingebunden ist. Der vollständige Normgehalt lässt sich daher nur unter Berücksichtigung dieses übergeordneten Zusammenhangs ermitteln. Die Konsequenzen dieser Methode lassen sich auf drei pragmatische Aussagen reduzieren.[254]

1. Soweit der Wortsinn eindeutig ist, darf der Bedeutungssinn nicht dadurch umgangen werden, dass andere Auslegungsziele als diejenigen, die in der Norm

---

248 *Savigny*, System des heutigen Römischen Rechts I, S. 212ff.; *Vocke*, Verfassungsinterpretation und Normbegründung, in: Blumenwitz (Hrsg.), Schriften zum Staats- und Völkerrecht, S. 14; *Böckenförde*, NJW 1976, S. 2090.

249 *Forsthoff*, Die Umbildung des Verfassungsgesetzes, in: dreier, Schwegmann (Hrsg.), Probleme der Verfassungsinterpretation, S. 36.

250 *Böckenförde*, NJW 1976, S. 2090.

251 *Schroth*, Philosophische und juristische Hermeneutik, in: Kaufmann/Hassemer (Hrsg.), Einführung in die Rechtsphilosophie und Rechtstheorie der Gegenwart, S. 319.

252 Die Unterschiede der Verfassung gegenüber sonstigem formellem Recht werden hierbei nicht geleugnet. Allerdings kommen diese nur auf der Grundlage eines gemeinsamen Nenners zum Tragen, in dem diese als zusätzliches Interpretationselement herangezogen werden können, vgl. *Forsthoff*, Rechtsstaat im Wandel, S. 131f.

253 *Savigny*, System des heutigen Römischen Rechts I, S. 215; *Böckenförde*, NJW 1976, S. 2091.

254 *Vocke*, Verfassungsinterpretation und Normbegründung, in: Blumenwitz (Hrsg.), Schriften zum Staats- und Völkerrecht, S. 16.

eindeutig zum Ausdruck kommen, der Auslegung zugrundegelegt werden. Andere Auslegungsziele sind aber durch Rechtsfortbildung möglich.[255]

2. Sofern der Wortsinn unbestimmt ist, ist auf die gesetzgeberische Zweckvorstellung zurückzugreifen.
3. Sofern auch die gesetzgeberische Zweckvorstellung im Unklaren bleibt, ist die semantische Interpretation des Gesetzes im Lichte vernünftiger Zwecke zu ergänzen.

An dieser Art der Inhaltsgewinnung lässt sich allerdings Kritik üben. Man kann in Zweifel ziehen, ob die Verfassung und sonstiges formelles Recht strukturell gleichzusetzen sind. Ist dies aber nicht der Fall, so fehlt es schon an einer Vergleichbarkeit der Verfassung mit einfachgesetzlichen Normen und entzieht der klassischen Hermeneutik die Grundlage.

Das Grundgesetz kennzeichnet sich durch seinen fragmentarischen Charakter aus. Es enthält neben den detaillierten Kompetenzvorschriften der Art. 70 ff. GG im wesentlichen Prinzipien und Wertvorstellungen, die erst nach Ausfüllung und Konkretisierung der Rechtsanwendung zugänglich sind.[256] Dieser fragmentarischen Ausformulierung bedarf es in einer Verfassung schon deshalb, da ihre Wertungen und Prinzipien einer dynamischen Flexibilität zur Rechtsanwendung bedürfen. Inhaltliche Struktur gewinnt eine Norm erst durch ihre Bestimmtheit, ihre Sinnentschiedenheit und durch ihre einheitliche normativ-begriffliche Durchbildung. Die so verstandene inhaltliche Struktur ergibt sich erst aus der Einbindung der Kodifikation in einen bereits bestehenden Normenkosmos. All diese Kriterien tragen letzten Endes dazu bei, dass aus der Norm eine vollzugsfähige Verknüpfung von Tatbestand und Rechtsfolge wird.[257]

Da diese Kriterien der Verfassung im wesentlichen fehlen, d.h. die enthaltenen Prinzipien und Wertentscheidungen als objektive Zielbestimmungen ohne konditionale Verknüpfung von Tatbestand und Rechtsfolge existieren, leidet die klassische juristische Hermeneutik an einem strukturellen Defizit, das durch grammatikalische, syste-

---

[255] Rechtsfortbildung ist hiernach immer auch eine moralische Entscheidung des Interpreten unter Rückgriff auf objektiv-teleologische Erwägungen, *Vocke*, Verfassungsinterpretation und Normbegründung, in: Blumenwitz (Hrsg.), Schriften zum Staats- und Völkerrecht, S. 16.

[256] Vgl. *Isensee*, Idee und Gestalt des Föderalismus im Grundgesetz, in: Isensee, Kirchhof (Hrsg.), HStR IV, § 98, S. 523, wonach die Bedeutung des föderalen Staatsprinzips sich nicht auf die Niederschrift in einzelnen Verfassungsnormen beschränken lässt, sondern sich erst in der Auslegung relevanter Sachfragen niederschlägt. Ebenso *Böckenförde*, NJW 1976, S. 2091.

[257] *Böckenförde*, NJW 1976, S. 2091.

matische, logische und historische Argumente nicht ohne weiteres ausgeglichen werden kann. Als integraler Bestandteil des Grundgesetzes nimmt die Finanzverfassung, aber vor allem der in normativer Unbestimmtheit hervortretende Art. 107 Abs. 2 GG, teil an diesen Bedenken.[258] Dennoch sind die aus der Hermeneutik gewonnenen Ansätze nicht ohne Bedeutung.[259]

2. Topisch-problemorientierte Methode

Die topisch-problemorientierte Auslegungsmethode[260] greift die Ungenügendheit der Hermeneutik auf und versucht das Problem der Unbestimmtheit und Offenheit der Verfassung, an der die Hermeneutik ihre funktionelle Begrenztheit findet, gar nicht erst zu lösen, sondern macht diese zum Gegenstand der Methode und zieht sie als Begründungsargument heran.[261] Der Bezugspunkt der Verfassungsinterpretation ist nicht der im Verfassungstext verborgene und durch Interpretation zu ermittelnde Sinn und die Struktur der gesamten Verfassung, sondern die Problemlösung tritt als Ziel der Rechtsanwendung in den Vordergrund. Diesem Ziel hat sich auch die Norm und die übergeordnete Struktur zu unterwerfen. Methodisch vollzieht sich die Interpretation als ein ergebnisoffener Argumentationsprozess, bei dem auch Elemente der klassischen Hermeneutik herangezogen werden können. Allerdings sind diese nur Gesichtspunkte zur Problemlösung, ohne eine Verfassungstheorie hinter der Einzelnorm zu vermuten, wie sie die klassische Hermeneutik unter Bezugnahme auf eine übergeord-

---

[258] Die Verfassung hingegen, die erst die Grundlage für diesen Kosmos bilden soll, kann sich daher nicht zur Interpretation auf diesen universalen Gesamtzusammenhang berufen, weil er schlichtweg fehlt. Dementsprechend hat Savigny die klassische Hermeneutik exemplarisch „für einen privatrechtlichen und einen nach seiner Auffassung in Rechtsregeln und Rechtsinstituten durchgebildeten, zur Einheit des Systems befähigten Rechtsstoff" entwickelt und eben nicht für das Staatsrecht, vgl. *Böckenförde*, NJW 1976, S. 2091.

[259] Immerhin bekennt sicht das Bundesverfassungsgericht ausdrücklich zu dieser Interpretationsmethode. Auch Böckenförde anerkennt offensichtlich ihre grundsätzliche Nützlichkeit, wenn er die Lösung ihres Problems für den Fall erachtet, dass die klassisch-hermeneutischen Auslegungsregeln in eine Verfassungstheorie eingebunden werden. Sie wird zum Mittel der Entfaltung eines Verfassungssystems und bietet Verbindlichkeit, die über die subjektiven Wertevorstellungen des jeweiligen Interpreten hinausgeht. An die Stelle des bei der klassisch-hermeneutischen Interpretationsmethode geforderten historisch-dogmatischen Ganzen, den normativen Kosmos, tritt sodann die Verfassungstheorie, auf deren Einhaltung bei der Interpretation der Verfassung unter Anwendung der traditionellen Hermeneutikregeln zu achten ist, *Böckenförde*, NJW 1976, S. 2091.

[260] Die topisch-problemorientierte Interpretationsmethode gründet auf Ehmke und Scheuner, *Ehmke*, Prinzipien der Verfassungsinterpretation, in: VVDStRL 20 (1963); *Scheuner*, Pressefreiheit, in: VVDStRL 22 (1965).

[261] *Böckenförde*, NJW 1976, S. 2092.

nete Struktur zu erkennen versucht. Aus der Verfassung sind auf dieser Grundlage mit Hilfe kontinuierlicher Rechtsfortbildung[262], wertender und schöpferischer Verdeutlichung[263] und nachhelfender Deutung[264] abstrakt-generelle Lösungen zu suchen. Die wesentliche Konsequenz dieses Ansatzes ist allerdings, dass die Verfassung an Normcharakter verliert, weil sie zum Teil ergebnisorientiert interpretiert werden muss.[265] Die Argumentation zu Art. 107 Abs. 2 GG, die den Länderfinanzausgleich normativ weniger stark gebunden sehen will, findet in dieser Interpretationsmethodik gewisse Parallelen. Vor allem die Versuche, mit Hilfe eines in Art. 107 Abs. 2 GG erkennbaren Ermessensspielraums, innerhalb dessen der Bundesgesetzgeber einen politischen Kompromiss anstreben können soll, bei dem lediglich die Grenzen der Willkür zu beachten sind,[266] nehmen bei der topisch-problemorientierten Interpretationsmethode deutliche Anleihen und versuchen die Lösung der Steuerverteilungs- und Finanzausgleichsproblematik als rechtfertigendes Ziel zu etablieren.[267] Nach diesem Ansatz zur Verfassungsinterpretation, nach dem die Offenheit der Verfassung Grund für das Fehlen normativer Verbindlichkeit ist, sind die Grundaussagen der Verfassung, ihre Prinzipien, die durch sie geschützten Rechtsgüter und Leitgrundsätze kein Bezugspunkt, sondern nur Anhaltspunkte im Rahmen des Auslegungsprozesses. In gleicher Weise vermindert sich der Einfluss der übergeordneten Rechtsordnung auf die Einzelnorm,

---

262 *Ehmke*, Prinzipien der Verfassungsinterpretation, in: VVDStRL 20 (1963), S. 62.

263 *Scheuner*, Pressefreiheit, in: VVDStRL 22 (1965), S. 60.

264 *Scheuner*, Pressefreiheit, in: VVDStRL 22 (1965), S. 61.

265 Weitere Konsequenz ist, dass eine hinreichende Konsistenz der Verfassung nur dann erreicht wird, wenn Verfassungsinterpretation auf Grundlage eines einheitlichen Vorverständnis vorgenommen wird, was in einer pluralistischen Gesellschaft allerdings kaum möglich ist.

266 Vgl. *Ossenbühl*, Verfassungsrechtliche Grundfragen des Länderfinanzausgleichs gem. Art. 107 Abs. 2 GG, S. 92; Im Gegensatz hierzu erkennt P. Kirchhof den politischen Kompromiss vor allem dann nicht als Legitimationsargument an, wenn es um fiskalische Grundfragen der Verfassung geht, vgl. *Kirchhof, Paul* in: Der Spiegel, Ausgabe 50/1999, S. 68 ff.

267 Auf die Problemlösung als Primat der Verfassungsinterpretation stellt Ossenbühl offensichtlich ab, wenn er die Justiziabilität der Finanzverfassung mit dem Hinweis einschränkt, dass aufgrund seiner „inneren Struktur, Besetzung und Arbeitsweise" der Gesetzgeber dazu berufen ist, den Inhalt der Finanzverfassung durch Gesetzgebung näher zu bestimmen, vgl. *Ossenbühl*, Zur Justiziabilität der Finanzverfassung, in: Börner u.a.(Hrsg.), Einigkeit und Recht und Freiheit - Festschrift für Karl Carstens II, S. 752. Auch die Rechtsprechung des Bundesverfassungsgerichts hatte zunächst in seinen ersten Entscheidungen zum Länderfinanzausgleich eine Tendenz, die Normenkonkretisierung vor allem als eine finanzpolitische Frage und weniger als eine verfassungsrechtliche Frage zu werten, BVerfGE 1, 117, 134, vgl. auch Kapitel 1: C) I.2.

indem sie auf das Niveau eines Begründungsgesichtspunktes unter mehreren herabgestuft wird. Hierdurch erlangt der interpretierende Anwender sehr große Freiheiten, was das Ergebnis des Auslegungsprozesses zu wenig an die verfassungsrechtlichen Vorgaben bindet. Der normative Geltungs- und Verbindlichkeitsanspruch der Verfassung geht auf diese Weise verloren[268] und an die Stelle einer primär dogmatisch-argumentativen Systematik tritt eine primär politische Argumentation.[269]
Die Bedeutung der Finanzverfassung für das bundesstaatliche Gleichgewicht zwischen den Gebietskörperschaften steht im Widerspruch zu einem primär politischen Verfahren, an dessen Ende eine Kompromissformel steht. Richtig ist vielmehr, die verfassungsrechtlichen Grenzen des Finanzausgleichs als gegebene Größe in Art. 107 Abs. 2 GG aufzufassen, um Beständigkeit und Berechenbarkeit des Fiskalwesens, angesichts einer Vielzahl der im Finanzausgleich berührten Interessen, nicht auf eine fiktive Größe zu reduzieren.[270]

3. Wirklichkeitswissenschaftlich-orientierte Methode

Die wirklichkeitswissenschaftlich orientierte Theorie[271] diente in der Weimarer Republik vor allem dazu, in der Enge des Verfassungspositivismus Spielräume zu schaffen, indem der normative Inhalt der Verfassung nicht allein aus dem Wortlaut und den dogmatischen Begrifflichkeiten abgeleitet werden können sollte. In ihr sollte vielmehr ein Wertesystem zum Ausdruck kommen, dem der Zeitgeist zugrunde liegt. Folglich

---

[268] Daneben lässt sich eine einheitliche Interpretation nicht erreichen, weil ein gemeinsames Vorverständnis der Verfassung nicht existiert und sich auch nicht aus der Verfassung ableiten lässt. Das Vorverständnis kann nur aus der konkreten verfassungstheoretischen Argumentation und ihrer Überzeugungskraft entstehen. Dass sich hierüber ein einheitliches Grundverständnis herstellen ließe, mag angesichts der pluralistischen Ausrichtung des Grundgesetzes aber zweifelhaft erscheinen. Auch der Unteransatz Krieles, wonach die im Rahmen dieser Methode drohende Beliebigkeit der Auslegung durch die Verbindlichkeit der richterlichen Präjudizien und sog. vernunftrechtliche Abwägungsstruktur zu unterbinden sei, ist letztlich kein neuer Ansatz. *Kriele*, Theorie der Rechtsgewinnung, 1967, S. 77 ff.

[269] Häberle spricht in diesem Zusammenhang von der radikalen Demokratisierung des Interpretationsvorgangs, in dem der Kreis der Verfassungsinterpreten auf die gesamte pluralistische Öffentlichkeit erweitert wird und die Verfassung nach diesem Verständnis letztlich selbst nur noch ein Spiegelbild der Öffentlichkeit ist, vgl. *Häberle*, JZ 1975, S. 297 ff.

[270] Vor allem hierauf stellt das Bundesverfassungsgericht ab, als es dem Bundesgesetzgeber die Verabschiedung eines Maßstäbegesetzes bis Ende 2002 aufgab, vgl. Leitsätze zu BVerfGE 101, 158.

[271] Die wirklichkeitswissenschaftlich orientierte Theorie ist auf die Integrationslehre Smends zurückzuführen, *Smend*, Verfassung und Verfassungsrecht, in: Staatsrechtliche Abhandlungen und andere Aufsätze, S. 188 ff.

war die Interpretation der Verfassung nur unter Einbeziehung von Wandlungsprozessen innerhalb des Wertesystems möglich, weshalb die übergeordnete Rechtsordnung keine normative Größe bei der Auslegung des Verfassungstextes darstellen, sondern das soziale Umfeld die Verfassung maßgeblich prägen sollte.[272]
Angesichts der Ähnlichkeit des methodischen Interpretationsansatzes mit der zuvor behandelten topisch-problemorientierten Lösung bietet diese Methode allerdings ebenfalls keinen zulässigen Ansatz, den normativen Gehalt des Art. 107 Abs. 2 GG auf einer dogmatischen Grundlage zu ermitteln. Die Kritik bezieht sich nicht auf die Berücksichtigung der sozialen Wirklichkeit an sich, auf die die integrative Argumentation vornehmlich abstellt, sondern darauf, dass der Interpret in erster Linie ergebnisorientiert argumentieren muss und damit die Verfassung und ihre normative Verbindlichkeit vom zugrundeliegenden Problem bestimmt wird.

4. Hermeneutisch-konkretisierende Methode

Die hermeneutisch-konkretisierende Interpretationsmethode greift das Problem der normativen Unbestimmtheit auf und versucht dieses im Gegensatz zur topisch-problemorientierten und der wirklichkeits-wissenschaftlichen Methode zu lösen. Sie versucht nicht, die strukturelle Offenheit der Verfassung zu implementieren, sondern hinterfragt, wie aus der normativen Unbestimmtheit hinreichende Verbindlichkeit zurückgewonnen werden kann. Das zentrale Mittel hierzu ist die Konkretisierung. Je nach Intensität, mit der die Rückbindung des Konkretisierungsvorgangs an die Verfassung versucht wird, lassen sich zweierlei Variationen der konkretisierenden Hermeneutik unterscheiden.[273]
Ein erster Ansatz[274] geht zunächst davon aus, dass die Zielrichtung der Konkretisierung nicht darin besteht, einen vorgegebenen, aber noch unklaren Verfassungsinhalt zu ermitteln, sondern, dass der Verfassungsinhalt noch nicht feststeht und erst durch die Rechtsfortbildung im Konkretisierungsprozess erschaffen wird. Die Konkretisierung selbst vollzieht sich im wesentlichen nach den Kriterien, die schon die topisch-problemorientierte Theorie aufgestellt hat. Im Gegensatz hierzu soll eine strenge Rückbindung an die Verfassung erreicht werden, indem der Verfassungswortlaut die

---

[272] Eine Fortsetzung dieser Auffassung findet sich bei Häberle, der von der normativen Kraft der pluralistischen Öffentlichkeit spricht vgl. *Häberle*, JZ 1975, S. 303; *Vocke*, Verfassungsinterpretation und Normbegründung, in: Blumenwitz (Hrsg.), Schriften zum Staats- und Völkerrecht. S. 21.

[273] Die Varianten lassen sich hinsichtlich ihres methodischen Ansatzes differenzieren, vgl. *Böckenförde*, NJW 1976, S. 2095 f.

[274] *Hesse*, Grundzüge des Verfassungsrechts der Bundesrepublik Deutschland, S. 22.

Inhaltsgewinnung maßgeblich prägen soll. Der Interpret hat sich demnach strikt an die Wortlautgrenzen der Verfassung zu halten. Die Unbestimmtheit einzelner Verfassungsteile deutet deshalb daraufhin, dass sich der Verfassungsgeber in diesen Teilbereichen noch zu keiner Entscheidung durchgerungen hatte und die inhaltliche Konkretisierung zunächst offen halten wollte.
An der Zulässigkeit dieses Ansatzes bestehen allerdings schon grundsätzliche Zweifel. Die Grundthese, in der normativen Unbestimmtheit zeige sich die Unentschlossenheit des Verfassungsgebers, der sich zu einer endgültigen Entscheidung noch nicht durchgerungen habe,[275] ist zumindest in Bezug auf den Länderfinanzausgleich nicht zutreffend. Die rechtshistorische Entwicklungsgeschichte des Länderfinanzausgleichs ist weniger durch eine mangelnde Entschließungsfreudigkeit des Verfassungsgebers geprägt, als durch fehlende Empirie. Der Wille des Verfassungsgebers war eindeutig dahingehend gegeben, die Grundlage des Bundesstaates durch die Garantie der finanziellen Überlebensfähigkeit der Länder zu sichern. Soweit dies von der finanzwirtschaftlichen Entwicklung in der Bundesrepublik Deutschland abhängig war, konnte eine endgültige Regelung erst ab 1955 realisiert werden, an der im wesentlichen auch bei der Finanzverfassungsreform von 1969 festgehalten wurde.[276] Die Unentschlossenheit des Verfassungsgebers richtet sich demnach nicht auf eine Richtungsentscheidung, sondern folgt aus einer unbekannten Datenbasis, die eine frühzeitigere Festlegung vor 1955 bzw. eine klarere Rechtssprache in der Fassung von 1955 und 1969 nicht zuließ. Die Entscheidung, den Länderfinanzausgleich zur Sicherung der föderalen Gemeinschaft im Bundesstaat zu installieren war dagegen völlig unstreitig gegeben. Die Schwäche dieses ersten Ansatzes ist neben einer allenfalls bedingten Übertragbarkeit auf Art. 107 Abs. 2 GG und weiterer methodischen Schwächen[277] vor allem die Unzulänglichkeiten seines Konkretisierungsprozesses, der sich am Wortlaut der Verfassung orientiert, was angesichts seiner Unbestimmtheit und Offenheit aber kaum zu weiterreichenden Ergebnissen führt.

---

[275] *Hesse*, Grundzüge des Verfassungsrechts der Bundesrepublik Deutschland, S. 22.

[276] Vgl. Kapitel 1: C) I.1.

[277] Darüber hinaus sprechen gegen diesen Ansatz noch weitere Aspekte. Die hermeneutisch-konkretisierende Methode geht von einem Zirkelschluss aus. Sie versucht die normative Offenheit der Verfassung dadurch zu unterbinden, dass sie eine strenge Rückbindung an den Verfassungstext proklamiert. Verfassungsinterpretation ist aber vor allem dann problematisch, wo die Verfassung in ihrem normativen Wortlaut unbestimmt ist und kaum Anhaltspunkte dafür bietet, wie ein bestimmte Verfassungstextstelle auszulegen und zu konkretisieren ist. Die Unbestimmtheit und der fragmentarische Charakter des Grundgesetzes lässt deshalb eine strenge Bindung an den Wortlaut nicht zu. Allein dort, wo die Verfassung ausreichend bestimmt ist, bietet diese Methode einen zulässigen Ansatz.

Hier setzt die zweite Variante[278] der konkretisierenden Hermeneutik an. Die Schwächen des Konkretisierungsvorgang sollen durch eine stärkere Systematik vermieden werden, um dadurch zu besseren Ergebnissen zu gelangen.[279] Die Normbindung wird schon in den Konkretisierungsvorgang mit einbezogen. Dies geschieht allerdings auf Grundlage eines modifizierten Normbegriffs, der auf den unbestimmten und bruchstückhaften Charakter der Verfassung zugeschnitten ist. Hiernach ist die Norm lediglich ein sachlich umschriebener Kern, der, um vollzogen werden zu können, zunächst erst zu einer Entscheidungsnorm konkretisiert werden muss. Bei diesem so verstandenen Konkretisierungsvorgang wird die Norm dann zugleich inhaltlich verdeutlicht, differenziert und auch fortentwickelt, was sich aus einem wechselseitigen Einfluss von realem Umfeld und normativen Vorgaben ergibt.[280]
Gerade dieser äußere Einfluss auf den Norminhalt, ist angesichts der politischen Anfälligkeit des Finanzwesens im Bereich des Länderfinanzausgleichs zweifelhaft. Im Spannungsfeld zwischen den bundesstaatlichen Gebietskörperschaften fehlt eine gelebte Verfassungswirklichkeit oder findet allenfalls abstrakt auf der innerstaatlichen Ebene statt, in der die Wahrnehmung einer „natürlichen" Entwicklung nur sehr indirekt möglich ist. Wenn Art. 107 Abs. 2 S. 1 GG einen angemessenen Ausgleich der Finanzkraft der Länder fordert, dann realisiert sich der Ausgleich in Form von Zahlen und Beträgen im Haushalt von Bund und Ländern, ohne Reflexion dahingehend, ob der auf diesen Beträgen resultierende Finanzausgleich angemessen zu werten ist, weil die Ursachen der Finanzkraftunterschiede im Dunkeln bleiben. Erst durch die Einschätzung des Gesetzgebers erfährt dieses Kriterium eine Aufhellung. Unter Zugrundelegung dieses Ansatzes der hermeneutisch-konkretisierenden Methode gewinnt die gesetzgeberische Entscheidung allerdings verfassungsgebenden Charakter, weshalb einer kritischen Kontrolle der Finanzausgleichsgesetzgebung anhand verfassungsrechtlicher Prinzipien der Boden entzogen wäre. Diese Auffassung führt im Ergebnis zu einer normativen Unbestimmtheit, die dem Finanzausgleichsgesetzgeber sehr großen Spielraum lässt, was angesichts der Bedeutung der Finanzverfassung und des

---

[278] *Müller*, Juristische Methodik, S. 54 ff.

[279] Böckenförde kritisiert vor allem, dass viele unbekannte Begriffe, wie Normbereich, Normprogramm, Normstruktur, zur Argumentation herangezogen werden, vgl. *Böckenförde*, NJW 1976, S. 2096.

[280] Bereits Hettlage tritt dafür ein, dass dieser Einfluss die Entwicklung des Verfassungsstaates mit beeinflusst, indem der Verfassungsgeber die Verfassung auf die natürliche Entwicklung des sozialen Bundesstaates anpasst, vgl. *Hettlage*, Die Finanzverfassung im Rahmen der Staatsverfassung, in: VVDStRL 1955, S. 20, 31; *Böckenförde*, NJW 1976, S. 2096.

Länderfinanzausgleichs für das bundesstaatliche Spannungsverhältnis zwischen Bund und Ländern sowie zwischen den Ländern, nicht zulässig sein kann.
Auch wenn die konkretisierenden Methoden insoweit dem Ziel etwas näher kommen und die Unbestimmtheit und Offenheit der Verfassung nicht zum strukturellen Gegenstand der Verfassungsinterpretation machen, so haftet ihnen der Makel an, dass der Konkretisierungsvorgang ähnlich wie bei den topischen Ansätzen so vielfältig ist, dass das Ergebnis nicht mehr überzeugen kann.

5. Notwendigkeit einer verfassungstheoretischen Einbindung

Die Erkenntnis, die sich aus dem bisher Dargestellten ergibt, ist, dass eine Lösung, nämlich die Schaffung einer hinreichenden Rückbindung an die Verfassung, nicht aus einer noch weitergehenden Ausdifferenzierung der Auslegungsmethodik kommen kann, sondern aus der Verfassung selbst zu entwickeln ist. Die inhaltliche Auseinandersetzung ist dabei nicht Sache von subjektiven Vorstellungen und eines primär politischen Konsenses, der die Wandelbarkeit der Verfassung bedingen und ihre Normativität untergraben würde. Normverdichtung ist vielmehr den Werten, Grundaussagen und Prinzipien, den übernommenen und modifizierten Elementen der Verfassungstradition, der Zuordnung und Balancierung der Staatsfunktionen zu entnehmen. Sie muss die sich darin ausdrückende leitende Ordnungsidee ermitteln und sie zu einer systematischen Orientierung entfalten. Richtig ist somit die vom Bundesverfassungsgericht angestrengte systematische Interpretation der Verfassung.[281] Hiernach ist die Verfassung wie jedes einfachgesetzliche Kodifikationswerk in ihrer Einbindung in ein rechtsdogmatisches Ganzes zu sehen. Kritik, die sich gerade darauf bezieht, die Verfassung sei sowohl aufgrund ihrer Stellung als auch aufgrund ihres fragmentarischen Charakters schon gar nicht mit sonstigen einfachgesetzlichen Kodifikationen vergleichbar,[282] greift nicht. Die hierarchische Überordnung der Verfassung über die sonstige Rechtsordnung verhindert nicht etwa die Einbindung der Verfassung in eine normative Ordnung schlechthin. Sie reduziert vielmehr nur die zur Interpretation zur Verfügung stehenden Anhaltspunkte, indem auf eine über der Verfassung stehende,

---

[281] Die Kompetenzbestimmungen als Arbeitsaufträge an den Gesetzgeber weisen ihm grundsätzlich Gestaltungsfreiheit zu. Diese ist allerdings im Gesamtzusammenhang mit der Verfassung zu sehen, in dem der Gesetzgeber auch an die Strukturprinzipien gebunden ist, *Rengeling*, Teilung der Staatsgewalt zwischen Bund und Ländern, in: Isensee, Kirchhof (Hrsg.), HStR IV, § 100, S. 731; Die systematische Interpretation dient diesem Gesichtspunkt und ist fester Bestandteil der Rechtssprechung Bundesverfassungsgerichts, vgl. BVerfGE 19, 206, 220; 34, 165, 183; 44, 37, 49 f.; *Vocke*, Verfassungsinterpretation und Normbegründung, in: Blumenwitz (Hrsg.), Schriften zum Staats- und Völkerrecht

[282] *Böckenförde*, NJW 1976, S. 2091.

vorgegebene Kodifikation nicht mehr zurückgegriffen werden kann. Insoweit ist es richtig, wenn von einer drohenden interpretatorischen Beliebigkeit gesprochen wird.[283] Allerdings ergibt sich die normative Ordnung aus der Verfassung selbst. Diese ist zwar durch ihre Bruchstückhaftigkeit gekennzeichnet. In ihr kommen aber Prinzipien und Wertvorstellungen zum Ausdruck, die eine Struktur von zwar geringerer Schärfe ergeben, aber doch eine Struktur bieten, die zur Interpretation der einzelnen Verfassungsteile herangezogen werden kann. Die Verfassung ist somit im Grunde wie jedes andere Gesetz auch auszulegen.

Das Bundesverfassungsgericht füllt die fragmentarischen Bereiche unter Anwendung der gängigen Auslegungstechniken und unter Rückgriff auf die in der Verfassung zum Ausdruck kommenden Prinzipien und Grundwerte. Es hat sich dementsprechend verschiedentlich zur klassischen Hermeneutik unter besonderer Betonung der systematischen und objektiv-teleologischen Auslegung bekannt, auch wenn sich diese Praxis nicht immer konsequent darstellt.[284] Sein Festhalten in modifizierter Form[285] an der klassischen Hermeneutik deutet aber auf die Richtigkeit ihres Ansatzes hin, indem sie versucht, aus der konkreten Existenz der Norm einen Aussagewert zu gewinnen und diesen zum Bezugspunkt der Interpretation zu machen. Sie ermöglicht, den Aussagewert einer Norm über seinen konkreten Wortlaut hinaus in einem normativen Kontext zu sehen, ohne dabei die Norminterpretation einer subjektiven Beliebigkeit zu überantworten.

Normative Verdichtung einer Rechtsnorm stellt sich damit in erster Linie als ein Prozess der systematischen Auseinandersetzung mit der Verfassung im Ganzen dar und lässt sich nicht mit einer gegenüber der sonstigen Rechtsordnung modifizierten Interpretationsmethodik herstellen oder gar zum strukturellen Defizit der Verfassung erklären.

---

[283] *Böckenförde*, NJW 1976, S. 2091.

[284] *Stern*, Das Staatsrecht der Bundesrepublik Deutschland I, S. 130; Das BVerfGE bekennt sich formell und ausdrücklich zwar stets zur klassischen Auslegungsmethode mit besonderer Betonung der systematischen und teleologischen Interpretation BVerfGE 1, 299, 312; BVerfGE 11, 126, 130; BVerfGE 40, 353, 365, die in der Spruchpraxis tatsächlich verfolgten Methoden sind jedoch unterschiedlich und wechseln auch von Fall zu Fall, vgl. auch *Böckenförde*, NJW 1974, S. 1530.

[285] *Schroth*, Philosophische und juristische Hermeneutik, in: Kaufmann/Hassemer (Hrsg.), Einführung in die Rechtsphilosophie und Rechtstheorie der Gegenwart, S. 319.

II. Normative Verdichtung durch den Verhältnismäßigkeitsgrundsatz

Die bisherige Untersuchung hat gezeigt, dass die Distanz zwischen Art. 107 Abs. 2 GG und dem Finanzausgleichsrecht zwischen den Ländern nach dem Finanzausgleichsgesetz nicht als normative Unverbindlichkeit missverstanden werden darf, die der Politik zur freien Gestaltung überlassen wäre. Das Finanzausgleichsverhältnis verlangt vielmehr, seiner Bedeutung für das föderale Gefüge nach, eine methodisch kontrollierbare Rückbindung an die Verfassung.[286] Dies setzt Strukturen voraus, die der Dynamik des Umfeldes der Staatsfinanzen mit seinen vielschichtigen Relationen gerecht werden,[287] gleichzeitig ein höheres Maß an Bestimmtheit als die Finanzverfassungsregeln selbst aufweisen müssen, weil nur dann die normative Lücke zwischen den verfassungsrechtlichen Grundlagen und dem Finanzausgleichsgesetz brauchbar überbrückt werden kann.[288] In diesem Zusammenhang bieten die Grundaussagen und Grundwerte der Verfassung die notwendigen Leitlinien zur Konkretisierung der Verteilungskriterien, an denen der Bundesgesetzgeber das FAG ausrichten muss. Sie gilt es zu ermitteln und für die Finanzausgleichsdebatte zu bestimmen.

Der Verweis auf die umschreibenden Begriffe der „Grundaussagen und Grundwerte der Verfassung" stellt zunächst nur den Versuch dar, das Problem, dass die damit angesprochenen Leitgedanken der Verfassung nicht eindeutig in Verfassungsnormen zu verorten sind, begrifflich zu erfassen. Ihr Inhalt und ihre Aussagen repräsentieren Leitgedanken, die sich nicht in einzelnen Verfassungsartikel niederschlagen, sondern sich aus einer systematischen Gesamtschau ableiten. Damit ist das Institut des Rechts- oder Verfassungsprinzips angesprochen.

Verfassungsprinzipien haben nicht die den Rechtsregeln eigene Struktur der konditionalen Verknüpfung von Tatbestand und Rechtsfolge. Sie verkörpern Optimierungsgebote, nach denen der materielle Gehalt in Abhängigkeit ihres Anwendungskontextes mal strikt mal weniger streng zur Entfaltung kommt.[289] Ihnen fehlt das für Rechtsnormen zwingende Befolgungsgebot für den Fall der Tatbestandsverwirklichung. Diese Eigenschaft eröffnet die Möglichkeit, Kollisionsfälle durch Abwägung der kollidierenden Rechtsgüter aufzulösen, indem dem Abwägungsergebnis entsprechend einem

---

[286] Das Bundesverfassungsgericht hat dieses Problem mit dem ungewöhnlichen Schritt eines Maßstäbegesetzes zu lösen versucht, das die wesentlichen Verteilungskriterien nennen soll, um hierdurch ein höheres Maß an Berechenbarkeit und Planbarkeit zu erhalten, BVerfGE 101, 158.

[287] Vgl. unten Kapitel 2: A) III.1.

[288] *Hidien*, Der bundesstaatliche Finanzausgleich in Deutschland, S. 670.

[289] *Koch* u.a., Juristische Begründungslehre, S. 97 f.

Rechtsgut Vorrang vor dem anderen eingeräumt wird. Die gelegentliche Zurückstellung von Werten ist daher kein Verstoß gegen einen konditionalen Tatbestand, sondern mit dem Optimierungsgebot durchaus zu vereinbaren. Der hohe Abstraktionsgrad und die Generalität erlauben, im Rahmen der Auseinandersetzung mit den Prinzipieninhalten, anhand konkreter Fragen und durch Abwägung im Einzelfall, ein Rangverhältnis ohne Widersprüche zu konstruieren.

Im Falle des Art. 107 Abs. 2 S. 1 GG deutet die Bezugnahme auf einen angemessenen Finanzausgleich vor allem auf föderale Prinzipien hin. Damit eine induktive Argumentation überzeugen kann, ist der den Prinzipien zugrundeliegende einheitliche Bezugspunkt herauszustellen und methodisch geordnet auf den Einzelfall zu übertragen. Für das Finanzausgleichsrecht ist in diesem Zusammenhang vor allem das Modell der Bundesstaatlichkeit als Grundlage föderaler Verfassungsprinzipien zu nennen.

Von den Verfassungsdirektiven materieller Art[290], von deren weiteren Aufgliederung an dieser Stelle abgesehen werden kann, ist die Gruppe der formellen Verfassungsdirektiven herauszugreifen. Hierzu sind der Grundsatz der Berechenbarkeit, der Bestimmtheit und auch der Verhältnismäßigkeitsgrundsatz zu zählen. Ihr formaler Charakter beschreibt ihre Eigenschaft, nicht auf eine einzelne Sachmaterie festgelegt zu sein, d.h. nicht sachspezifiziert, sondern themenübergreifend zur Anwendung zu gelangen. Sie können operative Anweisungen formulieren, die den Gesetzgeber bei der Auflösung der angesprochenen Kollisionsfälle binden und leiten.[291] Auf diese Weise sind Ermessensaspekte, wie sie für das Verwaltungsrecht unproblematisch Geltung besitzen, auch im verfassungsrechtlichen Rahmen zur Begründung geeignet.[292]

1. Operatives Abwägungsgebot

Entwicklungsgeschichtlich war der Verhältnismäßigkeitsgrundsatzes stets eng mit den Grundrechten als subjektive Abwehrrechte gegenüber staatlicher Gewalt verknüpft und gewann mit deren stetig wachsender Bedeutung den Status eines allgemeingültigen Prinzips.[293] Ob eine subjektivrechtliche Einbindung aber seinen ausschließlichen Existenzgrund zu vermitteln vermag, muss bezweifelt werden.

---

[290] Vgl. *Lerche*, Das Bundesverfassungsgericht und die Verfassungsdirektiven, in: AÖR 90, S. 341 ff.

[291] Vgl. *Lerche*, Das Bundesverfassungsgericht und die Verfassungsdirektiven, in: AÖR 90, S. 369 ff.

[292] *Lerche*, Das Bundesverfassungsgericht und die Verfassungsdirektiven, in: AÖR 90, S. 371.

[293] *Ossenbühl*, Verfassungsrechtliche Grundfragen des Länderfinanzausgleichs gem. Art. 107 Abs. 2 GG, S. 84 m.w.N.; so auch *Lerche*, Das Bundesverfassungsgericht und die Verfassungsdirektiven, in: AÖR 90, S. 369, der den Verhältnismäßigkeitsgrundsatz zu der Grup-

Eine Bezugnahme im binnenstaatlichen Rechtsverhältnis auf den Grundsatz der Verhältnismäßigkeit ist durch die Erkenntnis gerechtfertigt, dass eine Legislatur stets nur dann dem Anspruch rechtsstaatlicher Prinzipientreue gerecht werden kann, wenn ihr Handeln nicht willkürlich, sondern ihre Tätigkeit auf legitime Ziele ausgerichtet ist und sie sich hierzu geeigneter Mittel bedient. Dies besitzt Geltung, sei es in Bezug auf eine Gesetzgebung, die den Bürger in seinen Freiheitsrechten betrifft, sei es in Bezug auf eine Gesetzgebung, die unmittelbare Auswirkungen nur im innerstaatlichen Verhältnis zwischen den Gebietskörperschaften zeitigt. Zwar mag dabei die Bedeutung des Verhältnismäßigkeitsgrundsatzes für den Individuenschutz vor Grundrechtseingriffen im Vordergrund stehen und seine Bindung im binnenstaatlichen Verhältnis der Staatsorgane zueinander an Bedeutung verlieren, eine dezidierte Abwägung zwischen sich gegenüber stehenden Interessen, wie sie das Übermaßverbot gebietet, ist aber wegen der ausdrücklichen Anweisung zum angemessenen Finanzkraftausgleich in Art. 107 Abs. 2 S. 1 GG geboten. Darüber hinaus ist der Bundesgesetzgeber ganz allgemein an Grundprinzipien der Gerechtigkeit gebunden, die ihn verpflichten, ein Mindestmaß an Sach- und Systemgemäßheit walten zu lassen und die Folgerichtigkeit sowie die Angemessenheit seiner Legislatur zu prüfen.[294] Wenn der Verhältnismäßigkeitsgrundsatz für diese Forderung ein operatives Instrument bereitstellt, dann darf er in diesem Zusammenhang nicht durch rein formalistische Überlegungen ausgehebelt werden.

2. Anwendbarkeit

Art. 20 Abs. 3 GG erklärt neben den grundlegenden Verfassungsprinzipien des Grundgesetzes auch das Rechtsstaatsprinzip zum Bestand bundesdeutscher Staatlichkeit.[295] Die Prinzipien bilden den Maßstab der Gesetzgebung und setzen voraus, dass

---

pe der Verfassungsprinzipien mit formaler Wirkkraft zählt, die sich nicht „in Richtung einzelner sachlicher Projekte entwickeln, sondern [...] durchgehende formale Richtsätze darstellen".

[294] *Schneider*, Gesetzgebung, S. 35 f.; die Grundlegung dieser Anforderungen an die Gesetzgebung im Demokratieprinzip, deutet zudem darauf hin, dass der Verhältnismäßigkeitsgrundsatz, der die Mindestanforderungen einer operativen Prüfung zuführt, nicht im subjektiv-öffentlichen Abwehrrecht des Einzelnen gegenüber der staatlichen Gewalt zur Anwendung gelangen darf, sondern als allgemeingültiger Rechtssatz auch im innerstaatlichen Bereich seine Geltung besitzen muss. Nicht so *Jarass*, in: Jarass u.a. (Hrsg.), Grundgesetz für die Bundesrepublik Deutschland, Art. 20, Rdnr. 81.

[295] So wie das Übermaßverbot ebenfalls dazu gehört, *Herzog*, in: Maunz, Dürig u.a. (Hrsg.), Grundgesetz Kommentar II, Art. 20, Rdnr. 26; *Jarass*, in: Jarass u.a. (Hrsg.), Grundgesetz für die Bundesrepublik Deutschland, Art. 20, Rdnr. 80 ff.

die Rechtsvorschriften messbar und berechenbar gestaltet werden.[296] Darüber hinaus macht es der Optimierungscharakter der Verfassungsprinzipien notwendig, kollidierende Werte in Ausgleich zu bringen.[297] Von daher lässt sich eine Anwendbarkeit des Übermaßverbotes auch auf das Finanzausgleichsrechtsverhältnis ganz zwanglos begründen.[298]

Dem scheint das Bundesverfassungsgericht zu widersprechen. Es legt dar, dass Kategorien, die eine Einteilung in mildere und weniger milde Mittel erlauben, nur dort denkbar seien, wo der Staat in die Rechtssphäre der Bürger eingreife, nicht jedoch bei der Anwendung der Kompetenzordnung und -verteilung zwischen Bund und Ländern.[299]

Das Bundesverfassungsgericht führt aus, dass eine Kompetenzregelung weder mit Hilfe einer Analogie zu einer ausdrücklich normierten Kompetenzregelung, noch mit Hilfe einer a limine Argumentation begründet werden dürfe, wenn eine eindeutige Kompetenzregelung im Grundgesetz vorgesehen ist. Die Stellungnahme des Bundesverfassungsgerichts selbst ist im konkreten Zusammenhang dieser Entscheidung aber auch weniger darauf gerichtet, ob der Verhältnismäßigkeitsgrundsatz auch im föderalen Binnenverhältnis Geltung besitzt, als auf den Willen, eine klare Kompetenzabgrenzung zu finden, die das Spannungsverhältnis zwischen Bund und Ländern nicht weiter mit Rechtsunsicherheit auflädt. Insoweit hat es eine Position zugunsten einer Vorrangstellung eindeutiger Kompetenzregelungen gegenüber Verfassungsprinzipien eingenommen. Im Umkehrschluss hat es aber den Verhältnismäßigkeitsgrundsatz zumindest dann als Quelle innerstaatlicher Reglementierung nicht ausgeschlossen, wenn eine anderslautende Verfassungsanweisung fehlt.[300]

---

[296] *Herzog*, in: Maunz, Dürig u.a. (Hrsg.), Grundgesetz Kommentar II, Art. 20, Rdnr. 72.

[297] Vgl. oben Kapitel 2: A) II.

[298] *Hidien*, Der bundesstaatliche Finanzausgleich in Deutschland, S. 671; Die Anwendbarkeit des Verhältnismäßigkeitsgrundsatzes stellt sich nicht als reine Problematik der Justiziabilität der Finanzverfassung, speziell des Art. 107 Abs. 2 GG, dar. Vielmehr sind die Grenzen des gesetzgeberischen Entscheidungsspielraums auch unter Zugrundelegung des Verhältnismäßigkeitsgrundsatzes reichlich umstritten, vgl. auch *Schiedermair*, Der Härteausgleich im Gesetz über den Finanzausgleich zwischen Bund und Ländern, Vorwort S. VI, S. 8.

[299] BVerfGE 67, 256, 289.

[300] Die Rechtsprechung des Bundesverfassungsgericht wird demnach auch zugunsten einer Geltung des Verhältnismäßigkeitsgrundsatzes auch im innerstaatlichen Bereich zitiert unter Bezugnahme auf BVerfGE 81, 310, 338 bei *Jarass*, in: Jarass u.a. (Hrsg.), Grundgesetz für die Bundesrepublik Deutschland, Art. 20, Rdnr. 81.

Für seine Beachtlichkeit sprechen indes weitere Aspekte. Es ist nicht ersichtlich, weshalb dieser rechtsstaatliche Grundsatz im Rahmen der kommunalen Selbstverwaltungsgarantie beachtlich, im Verhältnis zwischen Bund und Ländern und den Ländern untereinander aber nicht anwendbar sein soll.[301] Unter Berücksichtigung der Ausführungen des Bundesverfassungsgerichts scheint insofern aber nachvollziehbar zu sein, dass zumindest eine Anwendung a priori ausgeschlossen werden kann. Begründen lässt sich dies damit, dass es den Ländern im Gegensatz zum Bürger an einer grundsätzlich auf unbeschränkte Freiheit gerichteten Rechtsposition fehlt, die staatliche Eingriffe von vornherein einem Rechtfertigungszwang unterwirft.[302] Eine bereichsbegrenzte Anwendung ist damit aber nicht auszuschließen, zumindest dort, wo das Grundgesetz Verhältnismäßigkeitsaspekte ausdrücklich anordnet, um die Eigenständigkeit und den Wirkungskreis der Länder zu schonen.[303] Die Anordnung des Art. 107 Abs. 2 GG zum angemessenen Ausgleich deutet zumindest in diese Richtung.

Dennoch hat vor allem Fritz Ossenbühl[304] dieses in Zweifel gezogen, ebenso wie die These Paul Kirchhofs, in Art. 107 Abs. 2 S. 1 GG spiegele sich der Verhältnismäßigkeitsgrundsatz wieder und begründe einen Verfassungsauftrag zum Länderfinanzausgleich, der unter Berücksichtigung der Autonomie sowohl der nehmenden Länder als auch der gebenden Länder, lediglich die Sicherstellung eines Existenzminimums der finanzschwachen Länder garantiere.[305] Im Einzelnen werden vor allem strukturell begründete Zweifel angeführt.

Ossenbühl erkennt zunächst an, dass eine Anwendbarkeit des Verhältnismäßigkeitsgrundsatzes auf den Länderfinanzausgleich nicht schon daran scheitere, dass dessen Entwicklungsgeschichte auf die Anfänge des Polizeirechts zurückgreife[306] und daher

---

301 *Herzog*, in: Maunz, Dürig u.a. (Hrsg.), Grundgesetz Kommentar II, Art. 20, Rdnr. 79.

302 *Isensee*, Idee und Gestalt des Föderalismus im Grundgesetz, in: Isensee, Kirchhof (Hrsg.), HStR IV, § 98, S. 582.

303 *Isensee*, Idee und Gestalt des Föderalismus im Grundgesetz, in: Isensee, Kirchhof (Hrsg.), HStR IV, § 98, S. 582.

304 *Ossenbühl*, Verfassungsrechtliche Grundfragen des Länderfinanzausgleichs gem. Art. 107 Abs. 2 GG; *Ossenbühl*, Zur Justiziabilität der Finanzverfassung, in: Börner u.a.(Hrsg.), Einigkeit und Recht und Freiheit - Festschrift für Karl Carstens II.

305 *Kirchhof, Paul*, Der Verfassungsauftrag zum Länderfinanzausgleich als Ergänzung fehlender und Garant vorhandener Finanzautonomie, S. 58; *Ossenbühl*, Verfassungsrechtliche Grundfragen des Länderfinanzausgleichs gem. Art. 107 Abs. 2 GG, S. 87.

306 *Hirschberg*, Der Grundsatz der Verhältnismäßigkeit.

seine gängige Prüfungsstruktur[307] zunächst ausschließlich auf hoheitliche Eingriffe in die Freiheitssphären des Individuums gemünzt sei. Dieser Schluss verbiete sich, weil es hier wie dort um Eingriffe im weitesten Sinne gehe.[308] Seine Prüfungsstruktur zeuge allerdings von einer auch inhaltlichen Deckungsungleichheit, die den Verhältnismäßigkeitsgrundsatz im Rahmen des Art. 107 Abs. 2 S. 1 GG unanwendbar mache. Das Merkmal der Geeignetheit setzt voraus, dass die zu beurteilende Legislatur überhaupt in Kategorien von geeignet und ungeeignet eingeteilt und diesen zugeordnet werden kann. Dies sei im Rahmen des Finanzausgleichs nicht möglich, da es an Alternativen fehle, weil die zur Verfügung stehenden Optionen zur Angleichung der Finanzkräfte Transferleistungen finanzieller Art seien, die nur quantitativ, nicht aber qualitativ variabel sind. Der Verhältnismäßigkeitsgrundsatz frage an dieser Stelle allerdings gerade nach qualitativen Alternativen.[309] Der Finanzausgleich sei daher nicht geeignet, auf der Suche nach dem mildesten Eingriff unter dem Aspekt der Erforderlichkeit der Transferleistungen hinterfragt zu werden. Eine weitere Ausdifferenzierung danach, welches Maß an Ausgleich erforderlich ist, eine Differenzierung also nicht nach der Qualität, sondern nach der Quantität ist nach Auffassung Ossenbühls deshalb nicht zulässig, weil die Transferleistungen nicht Mittel zum Zweck, sondern das Ausgleichsziel selbst seien. Ob ein Mittel erforderlich ist – bei Kirchhof ist dies die Reduzierung der Ausgleichszahlungen der reichen Länder auf ein Minimum – leite sich dann nicht mehr aus dem Verhältnismäßigkeitsgrundsatz ab, sondern folge aus der Definition des Ausgleichsziels eines angemessenen Ausgleichs selbst. Das Verhältnismäßigkeitsprinzip enthalte daher auch keinen weiteren Direktions- und Prüfungswert.[310] Zudem sei auch vielmehr maßgeblich, ob das Gesamtergebnis des Finanzausgleichs dem Erfordernis der Angemessenheit entspreche. Wenn dies der Fall sei, so könne seine Vereinbarkeit mit den verfassungsrechtlichen Vorgaben des Art. 107 Abs. 2 S. 1 GG nicht mehr mit dem Einwand in Frage gestellt werden, das

---

307 Legitimer Zweck, Geeignetheit, Erforderlichkeit, Angemessenheit.

308 *Ossenbühl*, Verfassungsrechtliche Grundfragen des Länderfinanzausgleichs gem. Art. 107 Abs. 2 GG, S. 87 f.

309 Kirchhof verweist in diesem Punkt auf eine Besonderheit des Finanzausgleichs, der darin bestehe, dass Mittel und Zweck in dem abstrakten Typus des Rechtsguts identisch seien, *Kirchhof, Paul*, Der Verfassungsauftrag zum Länderfinanzausgleich als Ergänzung fehlender und Garant vorhandener Finanzautonomie, S. 54.

310 *Ossenbühl*, Verfassungsrechtliche Grundfragen des Länderfinanzausgleichs gem. Art. 107 Abs. 2 GG, S. 86.

Finanzausgleichsverfahren sei wegen Verstoßes gegen den Verhältnismäßigkeitsgrundsatz verfassungswidrig.[311]

Dies kann allerdings bezweifelt werden. Ein Ergebnis, das für sich die Eigenschaft der Angemessenheit in Anspruch nimmt, seinerseits aber auf einem Erkenntnisverfahren beruht, das diese Eigenschaften vermissen lässt, wäre reine Fiktion. Diesem Standpunkt liegt die Überlegung zugrunde, dass das Ziel des Abwägungsvorgangs, d.h. der angemessene Ausgleich, offen ist und erst durch den politischen Prozess selbst gebildet wird. Hierbei wird allerdings verkannt, dass das Ziel des angemessenen Ausgleichs bereits vordefiniert ist, indem es das bundesstaatliche Verhältnis zwischen Bund und Ländern bzw. den Ländern untereinander wiederspiegelt.[312] Die Schwierigkeit besteht allerdings darin, dass das Spannungsverhältnis zwischen Bund und Ländern sowie den Ländern untereinander nicht explizit vorgezeichnet ist, sondern sich in vielen geschriebenen und ungeschriebenen Verfahrensweisen abzeichnet und durch die Auseinandersetzungen zum Finanzausgleich sogar mit bestimmt wird.

Es lässt sich daher entgegenhalten, dass das Ziel des Länderfinanzausgleichs insoweit vordefiniert ist, soweit in ihm das Spannungsverhältnis zwischen einem unitarischen Ausgleichsföderalismus und einem Wettbewerbsföderalismus zum Ausdruck kommt. Der Finanzausgleich hat dieses Verhältnis angemessen nachzuvollziehen. Der Verhältnismäßigkeitsgrundsatz eröffnet unter diesem Gesichtspunkt Alternativen zwischen einem Ausgleich, der einen solidarischen Kooperationsföderalismus in den Vordergrund rückt, und einem Ausgleich, der dem dynamisierenden Wettbewerbsföderalismus zuträgt. Je nach dem gestaltet sich der Finanzausgleich umfangreicher oder eher zurückhaltend. Insofern ist die Frage von Transferleistungen auch unter dem Maßstab der Erforderlichkeit durchaus sinnvoll.

Die Kritik an einer Relation zwischen Mittel und Zweck des Finanzausgleichs, die nur dann dem Verhältnismäßigkeitsgrundsatz gerecht werden soll, wenn der Vorteil der Finanztransfers bei den Zahlungsempfängern deutlich über dem Nachteil bei den Zahlungsgebern steht, unterstellt, dass eine solche Argumentation anhand des Verhältnismäßigkeitsgrundsatzes ein zielorientiertes Ergebnis anstrebe, um die Finanzausgleichszahlungen auf ein existenzielles Minimum zu reduzieren. Zudem lasse sich nicht ausmachen, wo das Existenzminimum der finanzschwachen Länder beginne und wo es aufhöre.[313] Wenn man die Diskussion um das Ausgleichsvolumen des Finanz-

---

[311] *Ossenbühl*, Verfassungsrechtliche Grundfragen des Länderfinanzausgleichs gem. Art. 107 Abs. 2 GG, S. 89, 91.

[312] Vgl. Finanzverfassung als Folgeverfassung.

[313] *Ossenbühl*, Verfassungsrechtliche Grundfragen des Länderfinanzausgleichs gem. Art. 107 Abs. 2 GG, S. 87.

ausgleichs von der Forderung nach einer bis an ein Existenzminimum reduziertes Ausgleichsniveau löst, dann ist die Angemessenheitsprüfung lediglich eine Überprüfung der Maßstäbe der Finanzausgleichsgesetzgebung anhand der Fragestellung, ob die berührten Belange hinreichende Berücksichtigung gefunden haben und ob die zugrundegelegten Kriterien hierfür zweckgemäß sind. Der Verhältnismäßigkeitsgrundsatz erlaubt in diesem Zusammenhang, die Eignung, Erforderlichkeit und Angemessenheit der der Gesetzgebung zugrundeliegenden Kriterien zu prüfen und dient primär dem Zweck, die Gesetzgebung sachgerecht zu gestalten.

Das Übermaßverbot ist damit ein universaler Grundsatz, der immer dann zum Tragen kommen muss, wenn es um die Abgrenzung konkurrierender Positionen geht, für die das Grundgesetz keine eindeutige Zuweisung vorgesehen hat.[314] Das Bedürfnis nach Planbarkeit und Berechenbarkeit beschränkt sich dabei nicht auf das Über- und Unterordnungsverhältnis zwischen Staat und Bürger, sondern besteht auch im Zusammenhang mit dem finanzrechtlichen Ausgleichsverhältnis zwischen dem Bund und den Ländern sowie zwischen den Ländern. Zweifel hieran beruhen offenkundig auf dem Umstand, dass der Finanzausgleich nach Art. 107 Abs. 2 S. 1 GG das Produkt eines überaus komplexen Vorgangs darstellt, der sich aufgrund der Komplexität der Materie ordnenden Strukturen, wie sie der Verhältnismäßigkeitsgrundsatz aufstellt, entziehen muss.[315] Jedoch vermag die Schwierigkeit des operativen Abwägungsvorgangs das Bedürfnis nach ordnenden Strukturen, wie sie das Verhältnismäßigkeitsprinzip bietet, nicht aufzuheben.

3. Spezifische Wirkungsweise

Das Gebot der Verhältnismäßigkeit leitet sich aus dem Rechtsstaatsprinzip ab und enthält den verfassungsrechtlichen Auftrag, eine rechtliche Wertung anhand gefestigter Kriterien vorzunehmen, die sich in den Prüfungsmerkmalen der Geeignetheit, der Erforderlichkeit und der Angemessenheit niedergeschlagen haben.[316]

Das Kriterium der Geeignetheit wirft zunächst die Frage nach der Eignung von Maßnahmen für den angestrebten Zweck auf. Im Finanzausgleichsverhältnis stellt sich daher die Frage, ob eine bestimmte einfachgesetzliche Finanzausgleichsregelung die Angleichung der Finanzkräfte der Länder überhaupt herbeiführen kann. Dies trifft auf

---

[314] *Isensee*, Idee und Gestalt des Föderalismus im Grundgesetz, in: Isensee, Kirchhof (Hrsg.), HStR IV, § 98, S. 582.

[315] *Ossenbühl*, Verfassungsrechtliche Grundfragen des Länderfinanzausgleichs gem. Art. 107 Abs. 2 GG, S. 89.

[316] *Remmert*, Verfassungs- und verwaltungsrechtsgeschichtliche Grundlagen des Übermaßverbotes, S. 200 ff.

die Besonderheit, dass eine qualitative Bewertung der Maßnahmen allenfalls hinsichtlich des Umfangs der Transferleistungen im Rahmen des Länderfinanzausgleichs möglich ist, die Eigenschaft als monetäre Leistung als solche aber außer Frage stellt. Der eingeschränkte Erkenntniswert der Frage nach der Geeignetheit schließt aber den Verhältnismäßigkeitsgrundsatz nicht aus, sondern verlagert seinen Schwerpunkt im Finanzausgleichsrecht auf die ihm folgenden Prüfungsschritte.

Im Kriterium der Erforderlichkeit zeigt sich der polizeirechtliche Ursprung des Übermaßverbotes und zielt in erster Linie auf eine Begrenzung des Tatbestandes zur Gefahrenabwehr ab. Das Bundesverfassungsgericht hat, bezogen auf das Finanzverfassungsrecht, allerdings eine Verrechtlichung im Sinne einer allgemeingültigen Tatbestandsbegrenzung angenommen.[317] Die Bindung des Finanzausgleichsgesetzgebers an den Verhältnismäßigkeitsgrundsatz gebietet ihm an dieser Stelle, den Verteilungstatbestand des Art. 107 Abs. 2 S. 1 GG nicht losgelöst von seiner Zweckbindung zu definieren. Die Besonderheit des Finanzausgleichsrechts stellt dabei dar, dass das Ausgleichsziel des angemessenen Finanzausgleichs nicht bereits aus dem Tatbestand verständlich wird, sondern den besonderen Modalitäten des Sachbereichs des Finanzausgleichsrechts unterliegt.[318] Trotz der normativen Unbestimmtheit, die sich aus diesem Zusammenhang ableitet, verweist das Kriterium der Erforderlichkeit auf die Notwendigkeit, die Ausgleichsmaßnahmen an das verfassungsrechtlich vorgegebene Ziel eines angemessenen Ausgleich auszurichten, lässt aber zunächst noch offen, wie sich dieses konkret darstellt.

Den Schwerpunkt setzt der Verhältnismäßigkeitsgrundsatz im Rahmen des Finanzausgleichsrechts auf die Frage der Angemessenheit des Finanzausgleichs. Im Gegensatz zu seinem ursprünglich ausschließlichen Anwendungsbereich der Gefahrenabwehr, ist das Ziel der Gesetzgebung zunächst noch unbestimmt. Art. 107 Abs. 2 S. 1 GG erweist sich als Teil der Finanzverfassung, die den Charakter einer Folgeverfassung hat, als ein Ort, an dem sich das Spannungsverhältnis zwischen einem Bundesstaat solidarischer und einem Bundesstaat kompetitiver Prägung fortgesetzt. Dieses Spannungsverhältnis greift der Verhältnismäßigkeitsgrundsatz auf und hilft die für eine Auflösung dieses Spannungsverhältnisses maßgeblichen Belange zu verdeutlichen und mit einander in Ausgleich zu bringen. Der Verhältnismäßigkeitsgrundsatz gebietet auf diese Weise, die einfachgesetzliche Finanzausgleichsregelung an den im

---

[317] *Kirchhof, Paul*, Der Verfassungsauftrag zum Länderfinanzausgleich als Ergänzung fehlender und Garant vorhandener Finanzautonomie, S. 56 unter Bezugnahme auf BVerfGE 39, 96, 113.

[318] Vgl. unten Kapitel 2: A) III.1.

Finanzausgleich berührten Belangen auszurichten, was zunächst eine Auseinandersetzung mit der Frage nach sich zieht, welche Belange betroffen sind.
Im Anschluss hieran verlangt er eine Abwägung nach dem Prinzip der praktischen Konkordanz, wobei zu berücksichtigen ist, dass die Finanzverfassung als Folgeverfassung den allgemeinen Teil der Verfassung nachzeichnet und auf die Verfassungswirklichkeit Rücksicht zu nehmen hat und diese selbst nicht prägend beeinflussen darf.[319]
Zusammenfassend lässt sich daher feststellen, dass der Verhältnismäßigkeitsgrundsatz als universales Verfassungsprinzip der Rechtsstaatlichkeit verstanden werden muss, das auch auf das föderale Binnenverhältnis anwendbar ist und in Art. 107 Abs. 2 S. 1 GG eine deutliche Stütze findet. Als formales Optimierungsgebot verfügt es nicht über eine rein finanzverfassungsrechtliche Spezifizierung, sondern gebietet, die durch den Finanzausgleich berührten Belange in berechenbarer und nachvollziehbarer Weise in Ausgleich zu bringen. Damit hilft es zunächst nicht, die Schwierigkeiten der normativen Unbestimmtheit der finanzverfassungsrechtlichen Vorgaben zu beseitigen und liefert abstrakt betrachtet keinen normativen Erkenntniswert.[320] Es verweist allerdings darauf, zunächst die Belange des Finanzausgleichs zu ermitteln und ihr Spannungsverhältnis zu definieren, um diese im Rahmen der Verhältnismäßigkeitsprüfung in einer verfassungsrechtlich legitimierten Finanzausgleichsgesetzgesetzgebung umzusetzen.

4. Individual- und Kollektivrechtsgüter

Die Beachtlichkeit und Wirkungsweise des Verhältnismäßigkeitsgrundsatzes zeigt sich auch in folgender Darstellung:
Die Verfassungslehre unterscheidet zwischen Individualrechten des Einzelnen, die ihn vor dem Zugriff hoheitlicher Gewalten schützen und Kollektivgütern, die sich in Programmsätzen darstellen, auf die sich der Einzelne aber nicht berufen kann. Gerade im innerstaatlichen Verhältnis zwischen dem Bund und den Ländern sowie zwischen den Ländern spielen die Individualrechte eine lediglich untergeordnete Rolle, während Kollektivgüter in den Vordergrund treten. Dies gilt, zumal die Bundesstaatlichkeit als Kollektivgut im Mittelpunkt des Finanzausgleichswesens steht. Die Individualrechtsgüter und die ihre Optimierung anstrebenden Individualprinzipien sind aber dennoch nicht völlig ohne Bedeutung. Das Bundesstaatsmodell steht letztlich im Dienste der individuellen Grundfreiheiten, indem es durch Dezentralisierung die individuelle I-

[319] Eine grundlegende Modifizierung der primären Ertragsverteilung darf durch den Finanzausgleich zwischen den Länden nicht erfolgen, vgl. BVerfGE 72, 330, 387.

[320] *Ossenbühl*, Verfassungsrechtliche Grundfragen des Länderfinanzausgleichs gem. Art. 107 Abs. 2 GG, S. 86.

dentität gewährleistet und durch sowohl vertikale als auch horizontale Gewaltenteilung und Gewaltenkontrolle gegenüber der institutionellen Machtfülle des Staates schützt. Damit gründet das föderale Modell in einem liberalen Verfassungsverständnis und lässt sich letzten Endes auf die Menschenwürde zurückführen.[321] Wenn das Bundesverfassungsgericht auf die stabilisierende und Freiheit sichernde Funktion der Finanzverfassung hinweist und eine strikte Justiziabilität verlangt,[322] dann soll durch die Optimierung individueller sowie kollektiver Werte auf einen idealen Zustand hingewirkt werden,[323] in dem Individual- und Kollektivrechtsgüter möglichst optimal vereint sind und ihnen größt mögliche Entfaltung zukommt.[324] Der Verhältnismäßigkeitsgrundsatz, der die Optimierung kollidierender Belange zu verwirklichen hilft, trägt diesem Anliegen zu und lässt sich daher auch nicht auf rein subjektiv-rechtliche Aspekte beschränken.

III. Modalitäten des Art. 107 Abs. 2 GG

Wenn das Bundesverfassungsgericht verlangt, bei der Auslegung und Anwendung der Finanzverfassung auf deren Eigenart und besondere Struktur Rücksicht zu nehmen,[325] dann ist damit offensichtlich auch die These aufgestellt, dass die Ermittlung des normativen Gehaltes des Finanzverfassungsrechts neben den Besonderheiten der Verfassungsinterpretation weitere Eigentümlichkeiten und Besonderheiten mit sich bringt. Damit setzt sich zwar die Problematik der Verfassungsinterpretation auch im Bereich der Finanzverfassung fort,[326] was die Methodik der Verfassungsinterpretation in den allgemeinen Abschnitten des Grundgesetzes auch auf den zehnten Abschnitt übertragbar macht und diesen grundsätzlich den selben Erkenntnissen unterwirft.[327] Eine Besonderheit ergibt sich für sie aber insoweit, als sie eine herausgehobene Stellung ein-

---

321 Zu diesem Argument siehe *Lintner*, Die Entwicklung und Bedeutung der Finanzverteilung in Deutschland, in: Blumenwitz, Wehner (Hrsg.), Rechte der Staaten, Volksgruppen und Individuen, S. 30 m.w.N.

322 BVerfGE 72, 330, 389.

323 *Hidien*, Der bundesstaatliche Finanzausgleich in Deutschland, S. 670.

324 Vgl. Begriff der praktischen Konkordanz.

325 BVerfGE 72, 330, 390.

326 Ossenbühl spricht von der ewigen Problematik der Verfassungsinterpretation, *Ossenbühl*, Zur Justiziabilität der Finanzverfassung, in: Börner u.a.(Hrsg.), Einigkeit und Recht und Freiheit - Festschrift für Karl Carstens II, S. 749.

327 *Hettlage*, Die Finanzverfassung im Rahmen der Staatsverfassung, in: VVDStRL 1955, S. 2.

nimmt und eine besondere Bedeutung für alle Bereiche des Staatswesens hat.[328] Eine Beschränkung auf die allgemein anerkannten Interpretationsmethoden würde diese Besonderheiten und Eigenarten der Finanzverfassung womöglich nicht ausreichend würdigen und das Auslegungsergebnis verfälschen.[329] Um eine umfassende Analyse des Art. 107 Abs. 2 GG zu gewährleisten, bietet es sich daher an, systematisch auch hinsichtlich des dem Normenkomplex zugrundeliegenden Sachbereichs, in Bezug auf verwendete Rechtsbegriffe und in Hinblick auf den Inhalt der Norm und deren Struktur zu unterscheiden.[330] Hierauf ist im folgenden einzugehen.

1. Sachbereichsspezifische Bezüge

In einem Bundesstaat mit sozialem Leistungsauftrag (Art. 20 Abs. 3 GG) spielen föderale Kompetenzabgrenzungsfragen, sozialpolitische Grundsatzfragen und finanzielle Vorbehalte eine tragende Rolle. Art. 107 Abs. 2 GG liegt damit ein sehr unscharfer Themenkomplex zugrunde, der sich in der sprachlichen Offenheit und der normativen Unschärfe manifestiert. Dieser Umstand erlaubt es dem Bundesgesetzgeber, bei der einfachgesetzlichen Ausgestaltung des Finanzausgleichsrechts auf die Vielschichtigkeit der finanzverfassungsrechtlichen Verflechtungen einzugehen und sie sowohl harten als auch weichen Faktoren in Form von subjektiven Wertungen und Konventionen des politischen Prozesses, als auch objektiven Strukturdaten zu öffnen. Die Vielfältigkeit der betroffenen Belange schließt insofern eine sprachlich eindeutige Fixierung aus, weist dem Gesetzgeber aber gleichzeitig die Aufgabe zur Abwägung zu.
Es stellt sich aber auch die Frage, wo die Grenzen für den politischen Gesetzgeber verlaufen. Die Weite der öffentlichen Finanzmaterie weist neben dem freien Spiel der politischen Kräfte auch auf die Schwierigkeit hin, die betroffenen Belange zu identifizieren und sachgerecht in Ausgleich zu bringen. Dementsprechend kann nicht jeder Kompromiss mit den verfassungsrechtlichen Vorgaben des Art. 107 Abs. 2 GG vereinbar sein, auch wenn die Grenzen für einen solchen Kompromiss angesichts der sprachlichen Weite kaum zu erkennen sein mögen.

---

[328] *Korioth*, Der Finanzausgleich zwischen Bund und Ländern, S. 54; *Voss*, BayVBl. 1986, S. 327.

[329] *Hidien*, Der bundesstaatliche Finanzausgleich in Deutschland, S. 615.

[330] So auch überzeugend bei Hidien dargelegt, *Hidien*, Der bundesstaatliche Finanzausgleich in Deutschland, S. 616.

a) Bezugnahme auf das Ausgabenverhalten der Länder

Mit der Entstehung des modernen Verwaltungsstaates avancierte die Steuer zum zentralen Finanzierungsinstrument der öffentlichen Hand.[331] Ihre Bemessungsgrundlage ist die wirtschaftliche Leistungsfähigkeit des Einzelnen, weshalb sie die Teilhabe des Staates am Erfolg privaten Wirtschaftens vermittelt. Im Gegensatz zu den Kausalabgaben ist der Steuertatbestand von der Ausgabenseite losgelöst und die Einnahmen an die Gewährung von Gegenleistungen nicht gebunden. Die Zahllast des Steuerbürgers gründet daher in einem Schuldverhältnis, das ihn als gewaltunterworfenen Financier hoheitlichen Handelns qualifiziert, nicht als Gläubiger staatlicher Gegenleistungsverpflichtungen.[332] In diesem Vorgehen spielt der Staat seine Souveränität gegenüber dem Steuerschuldner aus, indem er die Erhebung von Steuern an keine anderen Voraussetzungen knüpft, als die Unterwerfung des Einzelnen unter die Gebietshoheit des Steuerstaates. Dennoch ist der Steuerstaat im Abschöpfen von Einnahmenquellen nicht völlig frei. Trotz der grundsätzlichen Voraussetzungslosigkeit seines zentralen Refinanzierungsinstruments bedarf es der verfassungsrechtlichen Rechtfertigung, wenn er, wie im Bereich der Eingriffsverwaltung überhaupt,[333] auf das durch privates Wirtschaften gewonnene Vermögen des Einzelnen zugreift.

Der abstrakte Charakter des Steuerbegriffes macht es erforderlich, den Steuerbürger gegen Überlastung und willkürliches staatliches Refinanzierungsstreben zu schützen.[334] Die Sozialpflichtigkeit[335] von Privateigentum und dessen Einsatz rechtfertigt zwar die Besteuerung durch das Gemeinwesen, bindet dieses aber gleichzeitig an Besteuerungsgrundsätze, die den Steuerbürger gegen eine willkürliche und unverhältnismäßige Besteuerung schützen. Im Gegensatz zu den Staaten der Antike, ist der

---

[331] *Kirchhof, Paul*, Staatliche Einnahmen, in: Isensee, Kirchhof (Hrsg.), HStR IV, § 88, S. 90.

[332] *Kirchhof, Paul*, Staatliche Einnahmen, in: Isensee, Kirchhof (Hrsg.), HStR IV, § 88, S. 110 ff.

[333] *Hettlage*, Die Finanzverfassung im Rahmen der Staatsverfassung, in: VVDStRL 1955, S. 4, stellt noch die damalige Auffassung dar, dass aufgrund des hoheitlichen Steueranspruchs Besteuerung dem grundrechtlichen Abwehrschutz gänzlich entzogen sei, vgl. BVerfGE 4, 7, 17. Im Gegensatz hierzu gilt heute die herrschende Ansicht, dass insbesondere in Art. 14 GG, als Ausfluss des Persönlichkeitsrechts im wirtschaftlichen Schaffen des Einzelnen, die hoheitliche Besteuerung grundrechtliche Grenzen finden muss, vgl. BVerfGE 87, 153, 169; 93, 121.

[334] *Hettlage*, Die Finanzverfassung im Rahmen der Staatsverfassung, in: VVDStRL 1955, S. 4.

[335] vgl. Art. 14 Abs. 1 und 2 GG, *Kirchhof, Paul*, Staatliche Einnahmen, in: Isensee, Kirchhof (Hrsg.), HStR IV, § 88, S. 111.

moderne Steuerstaat an Regularien gebunden, die zum einen eine regelmäßige Einkommensquelle des Staates sichern, auf der anderen Seite aber Ordnungsprinzipien und Maßstäbe bereit halten, die den Schutz des Steuerbürgers organisieren.[336] Der Staatshaushalt steht daher stets unter dem Vorbehalt, dass die Einnahmen nicht unbegrenzt erweiterbar sind und staatliche Refinanzierung ihre natürliche Grenze in der Leistungsfähigkeit der Volkswirtschaft findet, deren Individuen sich gleichzeitig gegenüber staatlichem Zugriff insbesondere auf die Grundrechte, darüber hinaus aber auch auf den Schutz grundlegender Verfassungsprinzipien berufen können.[337]
Die Partizipation des Staates an der Privatwirtschaft vermittelt eine unmittelbare Schicksalsgemeinschaft zwischen der Belastbarkeit und Leistungsfähigkeit des Steuerbürgers und den Staatsfinanzen.[338] Das sozialstaatliche Leistungsangebot darf daher nicht ungeachtet der Staatseinnahmen ausgestaltet werden, sondern ist an der begrenzten Finanzdecke auszurichten, was angesichts dieser Schicksalsverbundenheit von privater Wirtschaftsautonomie und hoheitlicher Handlungsfreiheit unter Abwägung einer Werte- und Interessenkonkurrenz vorzunehmen ist.[339] Innerhalb dieser Abwägung ist die Realisierung subjektiver Wertvorstellungen der politischen Führung möglich, gleichzeitig bilden die realen Grunddaten der Volkswirtschaft einen begrenzenden Rahmen. Dementsprechend ist die Bereitstellung staatlicher Sozialleistungen nicht unbefangen von ihrer Finanzierbarkeit zu bewerten. Die Verknüpfung der Einnahmen, der Ausgaben und der Umverteilung der Einnahmen sowie der Abhängigkeit von objektiven Wirtschaftsdaten und subjektiven Ermessensentscheidungen gebietet vielmehr die stetige Rückkopplung[340] und Abstimmung der Ausgabenseite mit der Einnahmenseite und umgekehrt.
Da die Finanzkraft der Länder, auf die die Finanzausgleichszuweisungen im Länderfinanzausgleich als Bemessungsgrundlage Bezug nimmt, in unmittelbarem Zusammenhang mit dem Ausgabenverhalten der Länder steht, ist die normative Unschärfe des Art. 107 Abs. 2 GG eine Konsequenz, auf diese komplexen Zusammenhänge mit der erforderliche Flexibilität reagieren zu können. Art. 107 Abs. 2 GG eröffnet dem

---

336 *Kirchhof, Paul*, Staatliche Einnahmen, in: Isensee, Kirchhof (Hrsg.), HStR IV, § 88, S. 89.

337 *Vogel*, Grundzüge des Finanzrechts des Grundgesetzes, in: Isensee, Kirchhof (Hrsg.), HStR IV, § 87, S. 46 f.

338 *Kirchhof, Paul*, Mittel staatlichen Handelns, in: Isensee, Kirchhof (Hrsg.), HStR III, § 59, S. 155.

339 *Böckenförde*, NJW 1974, S. 1536.

340 *Ossenbühl*, Verfassungsrechtliche Grundfragen des Länderfinanzausgleichs gem. Art. 107 Abs. 2 GG, S. 88.

Bundesgesetzgeber ausreichend Spielraum, die Folgen der politischen Entscheidungen der jeweiligen Landesregierungen in das System der Ausgleichszahlungen zwischen den Ländern mit einfließen zu lassen. Denn sozialstaatsfreundliches Verhalten bedingt aufgrund der Schicksalsverbundenheit von Staatshaushalt und Privatwirtschaft auch die Notwendigkeit, den einfachgesetzlichen Länderfinanzausgleich nicht ungeachtet der politischen Richtungsentscheidungen der Länder auszugestalten, sondern verlangt Mechanismen, die eine Bezugnahme auf die sozialpolitischen Grundsatzentscheidungen der Länder und deren finanziellen Folgen für den Landeshaushalt erlauben.
Die Verpflichtung des Sozialstaates, im Rahmen seiner finanziellen Möglichkeiten seinem sozialstaatlichen Auftrag nachzukommen auf der einen Seite und die Schicksalsverbundenheit fiskalischer Refinanzierungsinteressen mit privaten Wirtschaftsinteressen unter gleichzeitiger Geltung grundlegender Verfassungsprinzipien auf der anderen Seite, bedingen ein Optimierungs- und Effizienzgebot, bei dem die Zielsetzung staatlichen Agierens und die hierfür eingesetzten Mittel in Relation zu setzen und anhand sachgerechter Argumentation kritisch zu überprüfen sind.[341] Die Grenzen staatlicher Refinanzierung ergeben sich insoweit nicht aus dem faktisch Machbaren, sondern aus der verfassungsrechtlichen Rechtfertigung.
Soweit Art. 107 Abs. 2 S. 1 GG auf den Verhältnismäßigkeitsgrundsatz Bezug nimmt, greift er die Funktion der Finanzverfassung als Ordnungssystem auf, das die mit den Geldmitteln als Blankettinstrument der hoheitlichen Finanzmacht verbundenen Handlungsfreiheit mit dem sozialen Leistungsauftrag verknüpft. Er weist damit auch darauf hin, dass der Verhältnismäßigkeitsgrundsatz, als zentraler Begriff des Rechtsstaatsprinzips (Art. 20 Abs. 1 GG)[342], alle Bereiche staatlichen Handelns und damit auch den horizontalen Länderfinanzausgleich ordnet. Insoweit gebietet der sachbereichsspezifische Bezug, in dem sich der horizontale Finanzausgleich entfaltet, dass der Ausgleich nicht nur an den Nivellierungsinteressen der ausgleichsberechtigten Länder, sondern auch an deren Ausgabenverhalten ausgerichtet wird. Andernfalls stehen die Grenzen der Refinanzierbarkeit unter verfassungsrechtlichem Vorbehalt.

---

[341] Der Staat ist in seiner fiskalischen Tätigkeit umfassend an den Vorbehalt des finanziell Möglichen und Machbaren gebunden, *Kirchhof, Paul*, Mittel staatlichen Handelns, in: Isensee, Kirchhof (Hrsg.), HStR III, § 59, S. 156.

[342] *Hirschberg*, Der Grundsatz der Verhältnismäßigkeit, S. 25; *Ossenbühl*, Verfassungsrechtliche Grundfragen des Länderfinanzausgleichs gem. Art. 107 Abs. 2 GG, S. 84.

b) Föderal-politische Auseinandersetzung im Länderfinanzausgleich

Die Verteilung der Finanzmittel in einem föderalen Gefüge ist stets Gegenstand politischer Interessen. Diese politische Durchdringung der Finanzverfassung wirft aber die Frage auf, in wie weit sie den verfassungsrechtlichen Gehalt der einfachen Finanzgesetzgebung zum horizontalen Länderfinanzausgleich überhaupt vorweggenehmen und den politischen Kräften Grenzen setzen kann.

In der Unbestimmtheit des Art. 107 Abs. 2 GG wird dementsprechend verschiedentlich eine Zuweisung der Letztentscheidungskompetenz an den Bundesgesetzgeber vermutet,[343] bei der er im Rahmen evidenter Willkürgrenzen ein ausgewogenes System der Länderfinanzierung auf der Grundlage politischer Kompromisse erreichen soll.[344] Das lapidar schlichte und konturenlose Gebot eines angemessenen Finanzausgleichs lasse den Auftrag an den Gesetzgeber erkennen, mit einem über das übliche Maß hinausgehenden Gestaltungsspielraum, eine Kompromissformel für die Finanzausgleichsgesetzgebung zu finden.[345] Wegen seiner Bedeutung für das föderale Staatswesen komme dem Finanzausgleich ohnehin der Charakter eines de facto Regierungsabkommens zu, das vom Gesetzgeber im allgemeinen nur noch rechtsförmlich ratifiziert werden müsse.[346] Mangels hinreichender Maßstäbe ließen sich für die einfachgesetzliche Ausgestaltung keine detailgenauen Vorgaben entnehmen, die für die Beurteilung des Finanzausgleichs entscheidend weiterhelfen könnten.[347]

Die Verbindung von Finanzrecht und Finanzpolitik gründet in dem Umstand, dass die finanzpolitische Auseinandersetzung, das politische Tauziehen und Kräftemessen ihre Ursachen nicht nur in den unterschiedlichen Lösungskonzepten ökonomisch effizienter Allokation, Distribution und Stabilisierung haben,[348] sondern sie vor allem auch in

---

[343] *Ossenbühl*, Verfassungsrechtliche Grundfragen des Länderfinanzausgleichs gem. Art. 107 Abs. 2 GG, S. 80.

[344] Vgl. oben Kapitel 1: B) IV.3; *Ossenbühl*, Verfassungsrechtliche Grundfragen des Länderfinanzausgleichs gem. Art. 107 Abs. 2 GG, S. 82, 89 ff.; *Korioth*, Der Finanzausgleich zwischen Bund und Ländern, S. 610.

[345] *Ossenbühl*, Verfassungsrechtliche Grundfragen des Länderfinanzausgleichs gem. Art. 107 Abs. 2 GG, S. 80.

[346] *Fischer-Menshausen*, in: von Münch (Hrsg.), Grundgesetz Kommentar Band 3, Art. 106, Rdnr. 25; *Meyer*, BayVBl 1986, S. 323.

[347] *Meyer*, BayVBl 1986, S. 323.

[348] *Renzsch*, Reform der Finanzverfassung zwischen ökonomischer Effizienz, bundesstaatlicher Funktionalität und politischer Legitimität, in: Thiess, Büttner (Hrsg.), Finanzverfassung und Föderalismus in Deutschland und Europa, S. 39.

traditionellen Verfahrensweisen, Konventionen gründen, bei denen sich nicht zu letzt auch grundlegend unterschiedliche Wertvorstellungen zur Staatsorganisation gegenüberstehen.[349] In diesem Spannungsverhältnis existiert das Bund-Länder-Verhältnis,[350] das daher durch sozial-solidarische Einheitsbestrebungen und kompetitiv-egoistische Eigenständigkeitsinteressen im föderalen Gefüge, in dem die Bemessung und Bewertung der jeweiligen Finanzbedarfe stets auch eine Frage des Ermessens[351] und politischer Interessen ist, zu einem erheblichen Maß mit beeinflusst wird. Der Länderfinanzausgleich wird damit zum Instrument einer föderal Grundsatzargumentation und avanciert damit auch zum Gegenstand einer staatspolitischen Grundsatzfrage.[352]
Die Finanzverfassung verläuft quer durch das gesamte Staatsgefüge.[353] Ihre Zielsetzung gründet nicht in der unmittelbaren Verwaltung materieller Bürgerinteressen. Sie dient nur mittelbar der Daseinsvorsorge, indem sie die Selbstausstattung aller öffentlich-rechtlicher Gebietskörperschaften bezweckt, um akzessorisch[354] deren staatsrechtliche Kompetenz- und Aufgabenzuweisungen mit finanzieller Handlungsfähigkeit zu beleben. Aus dieser Allgegenwärtigkeit resümiert die seit langem beklagte und tendenziell steigende Be- und Überlastung der Länder, die mit den Zentralisierungs- und Unitarisierungstendenzen des sozialen Bundesstaates in Zusammenhang zu sehen ist. Der Bund macht von seinem Zuständigkeitsvorrang im Bereich der konkurrierenden Gesetzgebung Gebrauch und entzieht auf diese Weise den Ländern faktisch Zuständigkeiten ohne dabei große Rücksicht auf die Finanzsituationen der Länder zu nehmen.[355] Da gleichzeitig die Ausführungszuständigkeiten den Ländern zufallen,[356] ohne dass die Divergenz zwischen Rechtssetzungstätigkeit und Aufgabenausführung

---

349 *Renzsch*, Reform der Finanzverfassung zwischen ökonomischer Effizienz, bundesstaatlicher Funktionalität und politischer Legitimität, in: Thiess, Büttner (Hrsg.), Finanzverfassung und Föderalismus in Deutschland und Europa, S. 48.

350 *Renzsch*, Finanzverfassung und Finanzausgleich, S. 17.

351 *Fischer-Menshausen*, DÖV 1956, S. 171.

352 *Pagenkopf*, Der Finanzausgleich im Bundesstaat - Theorie und Praxis, S. 44; *Renzsch*, Finanzverfassung und Finanzausgleich, S. 19.

353 *Hettlage*, Die Finanzverfassung im Rahmen der Staatsverfassung, in: VVDStRL 1955, S. 13.

354 *Korioth*, Der Finanzausgleich zwischen Bund und Ländern, S. 32.

355 *Renzsch*, Reform der Finanzverfassung zwischen ökonomischer Effizienz, bundesstaatlicher Funktionalität und politischer Legitimität, in: Thiess, Büttner (Hrsg.), Finanzverfassung und Föderalismus in Deutschland und Europa, S. 49.

356 *Renzsch*, Reform der Finanzverfassung zwischen ökonomischer Effizienz, bundesstaatlicher Funktionalität und politischer Legitimität, in: Thiess, Büttner (Hrsg.), Finanzverfassung und Föderalismus in Deutschland und Europa, S. 45.

durch ein ausreichendes Maß an Finanztransfer ausgeglichen würde, droht den Ländern eine nachhaltige Unterfinanzierung. Die Kompetenzverteilung des Grundgesetzes erlaubt dem Bund auch weiterhin, seine Zielsetzung auf Kosten der Länder zu verfolgen und bindet diese, wenn auch nicht im Sinne einer Kostgängerschaft nach Weimarer Verhältnissen, an seinen „goldenen Zügel"[357]. Insoweit zeichnet sich hierin eine weitreichende Unitarisierung des deutschen Bundesstaates ab, die sich in der politischen Auseinandersetzung um die Finanzverfassung wiederspiegelt.[358]

Bei konsequenter Fortführung des oben dargestellten Ansatzes ist dieses stetige Schwinden einzelstaatlicher Kompetenzen im föderalen Finanzgefüge der Bundesrepublik Deutschland aber nur logische und legitime Folge der politischen Kräfteverhältnisse zwischen dem Bund und den Ländern, das sich im Finanzausgleich niederschlägt. Tatsächlich spricht einiges für diese Einschätzung, wenn man die administrativen Vereinheitlichungstendenzen als eine natürliche Entwicklung des modernen sozialen Bundesstaates auffassen will, weil seine finanzielle Handlungsfähigkeit letztlich trotz der föderalen Vielfalt aus einer einheitlichen volkswirtschaftlichen Finanzkraft resümiert.[359] Zudem ist der Grad föderaler Eigenständigkeit im Grundgesetz nicht enzyklopädisch festgelegt,[360] so dass sich bei der Frage der Bundesstaatlichkeit zwischen den Extrempositionen eines kompetitiv ausgerichteten Konkurrenzföderalismus und dem zentralisierten Kooperations- und Solidaritätsföderalismus nahezu jeder Standpunkt vertreten lässt.[361] Der Einfluss des Politischen in die Finanzverfassung stellt sich insoweit als systemimmanente Voraussetzung einer natürlichen Fortentwicklung föderaler Strukturen dar.[362]

Trotzdem kann der Verweis auf die politische Durchdringung der Finanzverfassung nicht ohne weiteres und in gleichem Maße auf das horizontale Länderfinanzausgleichsverhältnis übertragen werden. Gerade im Verhältnis der auf gleicher Stufe ge-

---

357 *Hettlage*, Die Finanzverfassung im Rahmen der Staatsverfassung, in: VVDStRL 1955, S. 17; *Lintner*, Die Entwicklung und Bedeutung der Finanzverteilung in Deutschland, in: Blumenwitz, Wehner (Hrsg.), Rechte der Staaten, Volksgruppen und Individuen, S. 16; *Renzsch*, Finanzverfassung und Finanzausgleich, S. 19; *Renzsch*, Der Streit um den Finanzausgleich, in: Wehling (Hrsg.), Die deutschen Länder, S. 356.

358 *Renzsch*, Finanzverfassung und Finanzausgleich, S. 17 f.

359 *Hettlage*, Die Finanzverfassung im Rahmen der Staatsverfassung, in: VVDStRL 1955, S. 20 ff., S. 31; *Korioth*, Der Finanzausgleich zwischen Bund und Ländern, S. 181.

360 *Isensee*, Idee und Gestalt des Föderalismus im Grundgesetz, in: Isensee, Kirchhof (Hrsg.), HStR IV, § 98, S. 523.

361 *Korioth*, Der Finanzausgleich zwischen Bund und Ländern, S. 182.

362 *Ossenbühl*, Verfassungsrechtliche Grundfragen des Länderfinanzausgleichs gem. Art. 107 Abs. 2 GG, S. 80; *Korioth*, Der Finanzausgleich zwischen Bund und Ländern, S. 610.

genüberstehenden Länder kann die politische Durchdringung der Finanzverfassung nicht auf das Spannungsverhältnis zwischen zentralstaatlicher Unitarisierungstendenz und föderaler Eigenständigkeit reduziert werden. Zu beachten ist, dass eine unmittelbare politische Auseinandersetzung zwischen den gleichgestellten Ländern nur mittelbar über die Beteiligung der Länder im Bundesrat existiert, eine unmittelbare demokratische Reflexion durch direkte Wahlen jedoch nicht stattfindet. Gleichzeitig ist die Beteiligung der Länder an der Gesetzgebung der zustimmungsbedürftigen Finanzgesetzgebung im Bundesrat als regulative Kontrolle nur bedingt tauglich.[363] Dabei ist der Status des Bundesrates als Organ des Bundes weniger maßgeblich, als die geübte Abstimmungspraxis bei den Bundesratssitzungen. Die Zustimmung der Vertreter der Länder ist allzu oft nicht Ausdruck der Überzeugung von Sachrichtig- und Sachgerechtigkeit, sondern vielmehr Ausdruck tagespolitischer Interessenpolitik.[364] Hinzukommt, dass eine Zuweisung der politischen Verantwortlichkeiten an die Länderregierungen durch den Wahlbürger schon an der Intransparenz des Finanzausgleichsrechts scheitert und damit Landtagswahlen als Korrektiv nur bedingt tauglich sind.[365]

Von daher stimmt es kritisch, den Ausgleich bestehender Finanzkraftunterschiede in einem Bundesstaat vornehmlich als eine rein politische Aufgabe des Bundes zu sehen,[366] zumal dann Unitarisierungstendenzen zu Lasten der Länder in den Vordergrund treten werden, obwohl das Grundgesetz das Maß föderaler Ausprägung bewusst offen lässt.[367] Eben weil das Maß der Eigenständigkeit der Länder im Verhältnis zueinander außer Frage steht und sie als Mitglieder der gleichen Ebene der föderalen Gemeinschaft absolute Gleichrangigkeit besitzen, kann die sprachliche Offenheit des Art. 107 Abs. 2 GG nicht damit begründet werden, den föderalpolitischen Gestaltungskräften komme hier besonderer Rechtsetzungsspielraum zu. Die politische Durchdringung der Finanzverfassung ist zumindest hinsichtlich des horizontalen Länderfinanzausgleichs nicht geeignet, ein politisches Kräfteverhältnis zwischen Mitgliedern einer Föderalgemeinschaft auszuloten.

---

363 *Renzsch*, Finanzverfassung und Finanzausgleich, S. 283 f.

364 *Renzsch*, Reform der Finanzverfassung zwischen ökonomischer Effizienz, bundesstaatlicher Funktionalität und politischer Legitimität, in: Thiess, Büttner (Hrsg.), Finanzverfassung und Föderalismus in Deutschland und Europa, S. 47.

365 *Donges* u.a., in: Frankfurter Institut (Hrsg.), Die föderative Ordnung in Not, S. 44.

366 Der Bundesgesetzgeber als Schiedsrichter zwischen den Ländern, *Hettlage*, Die Finanzverfassung im Rahmen der Staatsverfassung, in: VVDStRL 1955, S. 29.

367 Eine strukturelle Vorrangstellung des Bundes gegenüber den Ländern ist dem Grundgesetz nicht zu entnehmen, vielmehr bindet das Grundgesetz eine Verlagerung der Kompetenzen auf den Bund an besondere Rechtfertigungstatbestände (vgl. Art. 72 Abs. 2 GG).

c) Hinweis auf eine besondere Abwägungssituation

Die Schwierigkeiten, die die Analyse der normativen Aussagen der Finanzverfassung begleiteten, gründet nicht zuletzt in dem Fehlen eines klaren sachlichen Regelungsfeldes der finanzverfassungsrechtlichen Materie. Auch wenn der Sachbereich des zehnten Abschnittes des Grundgesetzes sich im öffentlichen Finanzwesen erschöpft,[368] umfasst das Finanzwesen jeden sachlichen Themenbereich der Staatsorganisation,[369] nimmt in einer komplexen Wechselwirkung auf eine Vielzahl von Lebensbereichen Einfluss.[370] Die Schwierigkeit einer sachlichen Eingrenzung des normativen Bezugspunktes erschwert denn auch die Suche nach einem angemessenen Finanzausgleich erheblich, weshalb mitunter die Zurückhaltung einer determinierenden Interpretation der finanzverfassungsrechtlichen Normen gefordert[371] sowie ihre eingeschränkte Justiziabilität vertreten, dem politischen Entscheidungsspielraum im Bereich der Länderfinanzausgleichs hingegen eine besondere Bedeutung zugesprochen wird.[372] Die Ausweitung des legislativen Ermessensspielraums bis zu den Grenzen evidenter Willkür mag vor dem Hintergrund der Debatte über das rechte Maß an judicial self-restrainment gerade auch im stark durch Kompromisse geprägten Länderfinanzausgleich nach Art. 107 Abs. 2 GG für die reduzierte Verbindlichkeit der Finanzverfassung sprechen und für ihre fehlende Justiziabilität Partei ergreifen. Hieraus jedoch ihre eingeschränkte Justiziabilität abzuleiten, wie dies unter Hinweis auf die Unzulänglichkeit der normativen Maßstäbe der Verfassung in diesem Bereich und auf die funktionell-rechtlichen Grenzen einer gerichtlichen Kontrolle vertreten wird,[373] würde nicht zuletzt die konstitutive Bedeutung der Finanzverfassung und des Länderfinanzausgleichs für die bundesstaatliche Ordnung verkennen.[374]

---

368 *Henneke*, Öffentliches Finanzwesen, S. 8.

369 *Korioth*, Der Finanzausgleich zwischen Bund und Ländern, S. 54; *Hidien*, Der bundesstaatliche Finanzausgleich in Deutschland, S. 620.

370 *Hidien*, Der bundesstaatliche Finanzausgleich in Deutschland, S. 617; ders. S. 490; *Hettlage*, Die Finanzverfassung im Rahmen der Staatsverfassung, in: VVDStRL 1955, S. 6.

371 *Hettlage*, Die Finanzverfassung im Rahmen der Staatsverfassung, in: VVDStRL 1955, S. 7.

372 *Ossenbühl*, Verfassungsrechtliche Grundfragen des Länderfinanzausgleichs gem. Art. 107 Abs. 2 GG, S. 91; *Ossenbühl*, Zur Justiziabilität der Finanzverfassung, in: Börner u.a.(Hrsg.), Einigkeit und Recht und Freiheit - Festschrift für Karl Carstens II, S. 750, 753.

373 Vgl. oben Kapitel 1: B) IV.3; *Ossenbühl*, Verfassungsrechtliche Grundfragen des Länderfinanzausgleichs gem. Art. 107 Abs. 2 GG, S. 92; *Vogel*, in: Dolzer u.a. (Hrsg.), Kommentar zum Bonner Grundgesetz, Vorbem. Art. 104a-109, Rdnr. 633.

374 Vgl. Gliederungsteil staatsrechtlichen Grenzen; *Vogel*, in: Dolzer u.a. (Hrsg.), Kommentar zum Bonner Grundgesetz, Vorbem. Art. 104a-109, Rdnr. 631 m.w.N.

Mit der Anerkennung der gerichtlichen Kontrolle ergibt sich aber die eigentliche Schwierigkeit dieser Thematik, nämlich eine gerechte Finanzmittelverteilung zu erreichen,[375] die auf alle angesprochenen Sachbereiche, in die die öffentliche Mittelverteilung hineinwirkt, angemessen Rücksicht nimmt. Die These vom minder verbindlichen Finanzausgleichsrechts erfasst aber diese Problematik zumindest insoweit, als der Gestaltungsspielraum bei der einfachgesetzlichen Ausgestaltung des Finanzausgleichsrechts eine Abwägung der sich widerstreitenden Sachbelange ermöglicht.[376] Die Schwierigkeiten, die Verfassungsmäßigkeit des Finanzausgleichsrechts und die Verfassungswirklichkeit in Einklang zu bringen, vermag jedoch kein Ergebnis contra legem zu legitimieren. Auch die Tatsache, dass die Finanzgesetzgebung im Rahmen eines politischen Prozesses in zahlreichen Vorbesprechungen, Absprachen und Abstimmungen zustande kommt, kann über dieses Gebot nicht hinwegführen.[377] Was im Widerspruch zur Verfassung Realität geworden ist, ist verfassungswidrig, nicht verfassungswirklich.[378]

Wenn auch das Bundesverfassungsgericht zur Justiziabilität der finanzverfassungsrechtlichen Vorschriften eindeutig Stellung bezogen hat,[379] so hat sein Hinweis auf die Funktion einer Rahmenordnung, innerhalb derer der politische Prozess sich nach seinen eigenen Regeln und Bedingungen zu entfalten vermag, die selbst aber auch eine Grenze darstellten, die der Gesetzgeber nicht überschreiten dürfe,[380] nicht unbedingt Klarheit gebracht. Der Meinungsstreit wurzelt in der praktischen Schwierigkeit, dass eine Differenzierung zwischen einer relativ weiten Willkürgrenze und der Rahmenordnung des Bundesverfassungsgerichts, auf den konkreten Einzelfall angewandt, kaum Hilfestellung bei der Beurteilung der Rechtmäßigkeit einer finanzrechtlichen Kodifikation bietet. Das Bundesverfassungsgericht hat aber zumindest soweit Klarheit geschaffen, dass, soweit wesentliche Verfassungsprinzipien und Verfassungsdirektiven nicht hinreichend gewahrt werden, die Verfassungswidrigkeit festzustellen ist, sei es wegen des Verstoßes gegen die äußersten Grenzen evidenter Willkür, sei es unter Hinweis auf die grundsätzliche Justiziabilität der Finanzverfassung als Rahmenord-

---

375 *Hidien*, Der bundesstaatliche Finanzausgleich in Deutschland, S. 661, *Maunz*, in: Maunz, Dürig u.a. (Hrsg.), Grundgesetz Kommentar V, Art. 106, Rdnr. 6.

376 *Hidien*, Der bundesstaatliche Finanzausgleich in Deutschland, S. 518.

377 *Ossenbühl*, Zur Justiziabilität der Finanzverfassung, in: Börner u.a.(Hrsg.), Einigkeit und Recht und Freiheit - Festschrift für Karl Carstens II, S. 744.

378 *Maunz*, BayVBl 1969, S. 3.

379 Vgl. *Vogel*, in: Dolzer u.a. (Hrsg.), Kommentar zum Bonner Grundgesetz, Vorbem. Art. 104a-109, Rdnr. 631 m.w.N.

380 BVerfGE 72, 330, 390; BVerfGE 67, 256, 288 f.

nung. Darüber hinaus erschöpft sich die Frage der Verfassungsmäßigkeit der Finanzausgleichsgesetzgebung nicht in der Frage ihrer Justiziabilität, weil dies eine Reduzierung auf die Problematik der Grenzen verfassungsrichterlicher Funktionalität bedeuten und damit die Kompetenzabgrenzung zweier Staatsorgane zur Diskussion stellen würde,[381] obwohl eine umfassende Beurteilung des Finanzausgleichs an den Maßstäben des Art. 107 Abs. 2 GG zur Beurteilung angebracht ist. Die Bindung der Gesetzgebung soll nicht auf die Perspektive eines einzigen Organs reduziert werden,[382] sondern Gegenstand der zugrundeliegenden Thematik ist die Perspektive der Verfassung, die über die Perspektive der Prüfungskompetenz des Bundesverfassungsgerichts hinausgeht. Damit verweist die sachthematische Weite des Regelungskomplexes, die sich im Begriff der normativen Unbestimmtheit wiederspiegelt, schwerpunktmäßig weniger auf die prozessuale Problematik der Justiziabilität, als auf die Schwierigkeit einer materiellen Abwägung der durch das Finanzverfassungsrecht berührten Belange.

2. Semantischer Kontext der Angemessenheit

Nach der Analyse der Besonderheiten des zehnten Abschnitts des Grundgesetzes hinsichtlich seines thematischen Bezugspunktes, ist zu untersuchen, in wie weit die Finanzverfassung, insbesondere Art. 107 Abs. 2 GG, sich in seiner charakteristischen Rechtssprache gegenüber den sonstigen Teilbereich des Grundgesetzes abhebt und welche Rückschlüsse hieraus zu ziehen sind. In diesem Zusammenhang rückt der Begriff der Angemessenheit als unbestimmter Verfassungsbegriff in seinem semantischen Kontext in den Mittelpunkt des Interesses.

Aufgabe der Gesetzgebung ist es, Lebenssachbereiche normativ zu erfassen, indem sie sich konditionaler Rechtsnormen bedient,[383] die idealer Weise einfach, knapp, klar und eindeutig bestimmt sind. Der Rechtsanwender soll hierdurch in seiner Interpretationsbeliebigkeit eingeschränkt, aber auch geführt werden, er soll den Inhalt des Rechtssatzes im Sinne des Gesetzgebers verstehen und sich an dessen Willen orientieren können.[384] Dem Gebot hinreichender Bestimmtheit folgend gestaltet sich die Rechtsordnung berechenbar und stärkt das Vertrauen in die Rechtssicherheit.[385]

---

[381] *Ossenbühl*, Zur Justiziabilität der Finanzverfassung, in: Börner u.a.(Hrsg.), Einigkeit und Recht und Freiheit - Festschrift für Karl Carstens II, S. 751.

[382] *Ossenbühl*, Zur Justiziabilität der Finanzverfassung, in: Börner u.a.(Hrsg.), Einigkeit und Recht und Freiheit - Festschrift für Karl Carstens II, S. 751.

[383] *Maurer*, Allgemeines Verwaltungsrecht, S. 118.

[384] *Stern*, Das Staatsrecht der Bundesrepublik Deutschland I, S. 829.

[385] *Hidien*, Der bundesstaatliche Finanzausgleich in Deutschland, S. 627; *Herzog*, in: Maunz, Dürig u.a. (Hrsg.), Grundgesetz Kommentar II, Art. 20, VII, 57;

Diesen Idealfall vor Augen scheitert die Gesetzestechnik aber oft an der Vielfalt zu erfassender Sachverhalte, am Verbot von Einzelfallgesetzgebung in Art. 19 Abs. 1 S. 1 GG in Verbindung mit dem Grundsatz der Verhältnismäßigkeit. Einzel- und Härtefälle verlangen hinreichend Ermessensspielraum bei der Rechtsanwendung.[386] Das gesetzestechnische Mittel hierzu sind Formulierungen wie „kann", „darf", „soll"[387], aber auch sog. unbestimmte Rechtsbegriffe, über deren tatbestandliche Verwirklichung der Rechtsanwender im Einzelfall entscheiden muss. Unbestimmte Rechtsbegriffe setzen auf der Tatbestandsseite einer Norm, Kann-Formulierungen dagegen auf der Rechtsfolgenseite an.[388] Letzten Endes eröffnen beide Alternativen dem Rechtsanwender Spielraum bei der Rechtsanwendung.
Die Verwaltungsrechtslehre sieht in der Auslegungsbedürftigkeit unbestimmter Begriffe einen Beurteilungsspielraum der Exekutive,[389] weil sich die Rechtsnorm thematisch auf einen Sachbereich bezieht, der sinnvoll und sachgerecht nur durch die administrative Sachnähe erschlossen werden kann.[390] Oft existieren nicht nur einzelne richtige Lösungen, sondern eine angemessene Einzelfallentscheidung kann oftmals durch mehrere unterschiedliche Lösungsansätze bedungen werden. Die Rechtssprechung von Bundesverwaltungsgericht und Bundesverfassungsgericht vertritt demgegenüber die Ansicht, dass die Verwaltungstätigkeit auch hinsichtlich der Auslegung von unbestimmten Begriffen der vollständigen gerichtlichen Kontrolle unterliegt.[391] Es erkennt aber eine eingeschränkte Justiziabilität der Verwaltungstätigkeit dann an, wenn aufgrund der hohen Komplexität und der besonderen Dynamik der geregelten Materie ein Nachvollzug administrativer Verwaltungsentscheidungen so schwierig werden kann, dass die gerichtliche Kontrolle an ihre Funktionsgrenzen stößt.[392] Dies ist etwa der Fall, wenn es um Prognoseentscheidung oder um Faktoren mit verwaltungspolitischen Charakter geht, oder diese Resultat der Beratung von mehrköpfigen Fachgremien

---

[386] *Dürig*, in: Maunz, Dürig u.a. (Hrsg.), Grundgesetz Kommentar II, Art. 19 Abs. 1, 8; *Maurer*, Allgemeines Verwaltungsrecht, S. 123.

[387] *Maurer*, Allgemeines Verwaltungsrecht, S. 122.

[388] *Maurer*, Allgemeines Verwaltungsrecht, S. 128; *Stern*, Das Staatsrecht der Bundesrepublik Deutschland I, S. 830.

[389] *Maurer*, Allgemeines Verwaltungsrecht, S. 130 f.

[390] *Bachof*, JZ 1972, S. 209.

[391] Zur Rechtsprechung des Bundesverwaltungsgerichts vgl. BVerwGE 15, 207; BVerwGE 24, 60, 63 f.; BVerwGE 45, 162, 164 ff.; zur Rechtsprechung des Bundesverfassungsgerichts vgl. etwa BVerfGE 84, 34; BVerfGE 39, 334, 359.

[392] BVerfGE 84, 34, 50.

ist.[393] In einem solchem Falle kann eine richtige Entscheidung nicht durch eine andere ersetzt und damit der gerichtlichen Sachverstand über den des administrativen Entscheidungsträgers gestellt werden.[394]

Der Vergleich der unbestimmten Verfassungsbegriffe mit der Problematik der unbestimmten Rechtsbegriffe im Verwaltungsrecht ist geboten,[395] birgt aber auch Gefahren dahingehend, dass die Besonderheiten des Verfassungsrechts nicht in ausreichendem Maße gewürdigt werden und zu einer Fehlinterpretation des verfassungsrechtlichen Auftrages beitragen.[396] Die Verfassung regelt im Gegensatz zu einer einfachgesetzlichen Kodifikation nicht einzelne Lebenssachbereiche, sondern erfasst die gesamte administrative, judikative und vor allem auch legislative Staatsorganisation und richtet sich damit nicht nur an die Exekutive oder Judikative als vornehmlichen Adressaten einfacher Gesetzgebung, sondern es regelt darüber hinaus auch das politische Wirken und die politische Willensbildung im Staat. Von daher ist der politische Charakter der Verfassung nicht zu vernachlässigen.[397] Eine generalklausel- und blankettartig formulierte Normgebung, die sich an die Legislative richtet, kann die Verwirklichung von Zielen nicht nur durch interpretatorische Rechtsanwendung, sondern auch durch politische Auseinandersetzung verfolgen[398] und einen Auftrag zur politischen Kompromissfindung, d.h. eine Überantwortung der Materie an die politischen Gestaltungskräfte enthalten.[399]

Schon auch wegen dieser politischen Komponente der Regelungstechnik anhand unbestimmter Verfassungsbegriffe bedarf es einer weiteren Ausdifferenzierung, um zu ermitteln, welche Konsequenzen für die Ermittlung des normativen Gehalts des Begriffs der Angemessenheit in Art. 107 Abs. 2 S. 1 GG abgeleitet werden können.

a) Kein Ausdruck rein subjektiver Intention

Der Ausdruck der Angemessenheit in Art. 107 Abs. 2 GG verlangt dem Rechtsanwender eine Stellungnahme darüber ab, was als angemessen angesehen werden muss

---

393 *Maurer*, Allgemeines Verwaltungsrecht, S. 134 f.

394 *Bachof*, JZ 1972, S. 208 f.

395 *Lerche*, Das Bundesverfassungsgericht und die Verfassungsdirektiven, in: AÖR 90, S. 343 f.

396 *Lerche*, Das Bundesverfassungsgericht und die Verfassungsdirektiven, in: AÖR 90, S: 345 f.; *Hidien*, Der bundesstaatliche Finanzausgleich in Deutschland, S. 628.

397 *Stern*, Das Staatsrecht der Bundesrepublik Deutschland I, S. 129.

398 *Stern*, Das Staatsrecht der Bundesrepublik Deutschland I, S. 128.

399 *Ossenbühl*, Verfassungsrechtliche Grundfragen des Länderfinanzausgleichs gem. Art. 107 Abs. 2 GG, S. 91; *Stern*, Das Staatsrecht der Bundesrepublik Deutschland I, S. 128, 129.

und was nicht. Er ist nicht auf eine strikte Subsumtion beschränkt, sondern hat hinsichtlich Ausgestaltung und Umsetzung des Länderfinanzausgleichs eine Wertung abzugeben und diese in die Gesetzgebung zum Länderfinanzausgleichsgesetz einfließen zu lassen. Art. 107 Abs. 2 GG scheint daher einen immanenten Auftrag an den Normadressaten zu enthalten, nicht nur die Rechtsnorm anzuwenden, sondern zuerst zu bestimmen, was das Ziel eines angemessenen Finanzausgleichs ist.[400]
Diese Eigenschaft von Wertungsbegriffen deutet allerdings nicht zwingend auf ein besonderes Ermessensmaß des Normadressaten hin.[401] Die analytische Auseinandersetzung mit unbestimmten Begriffen, die eine normative Wertung verlangen, zeigt, dass sich wertungsbedürftige Begriffe nach ihrer mehr oder weniger objektiv beschreibenden oder persönlich wertenden Komponente differenzieren lassen,[402] je nach dem, in welchem Zusammenhang sie stehen. Unter einer angemessenen Gesetzesnormierung kann demnach ein Zustand verstanden werden, der nach einhelliger Auffassung hinreichend alle betroffenen Interessen berücksichtigt und in für alle Seiten akzeptablen Ausgleich bringt, während angemessen auch nur das persönliche Werturteil eines Betroffenen wiedergeben kann, in dem dieser durch eine Fehlgewichtung von Belangen zu Lasten anderer Interessen bestimmte Interessen bevorzugt. Beide Verständnisse von einer angemessenen Regelung unterscheiden sich dahingehend, dass sich im ersten Fall die Zustandsbeschreibung auf vorgegebene Konventionen bezieht und den Sachverhalt diesen zuordnet,[403] im letzteren Falle dagegen die subjektive Stellungnahme eines Interpreten zum Ausdruck kommt, dessen Urteil von seiner persönlichen Betroffenheit beeinflusst wird.
Gilt es einen wertungsbedürftigen Rechtsbegriff zu interpretieren, ist die Ermittlung seines Bedeutungsinhalts nur dann eindeutig und letztgültig, wenn die deskriptive Komponente des Wertungsbegriffs durch gesellschaftliche Konventionen und institu-

---

[400] Alexy nennt dies eine evaluative Offenheit, *Alexy*, Theorie der juristischen Argumentation, S. 190 f; *Fischer-Menshausen*, Unbestimmte Rechtsbegriffe in der bundesstaatlichen Finanzverfassung, in: Dreißig (Hrsg.), Probleme des Finanzausgleichs I, S. 135; vgl. zu Art. 107 Abs. 2 GG *Ossenbühl*, Verfassungsrechtliche Grundfragen des Länderfinanzausgleichs gem. Art. 107 Abs. 2 GG, S. 80, 82.

[401] Feststellungen in dieser Art in Bezug auf die normative Konturenlosigkeit unbestimmter Rechtsbegriffe lassen regelmäßig offen, welche Kriterien der Wertebegriffe diesen Rückschluss zulassen.

[402] *Koch* u.a., Juristische Begründungslehre, S. 203.

[403] Insoweit wird auf die fiktive Größe der „einhelligen Auffassung“ (ebenso auf die „Ansicht aller gerecht und billig Denkender“) Bezug genommen, mit denen nicht eindeutig identifizierbaren gesellschaftliche Konventionen repräsentiert werden sollen.

tionalisierte Wertprädikate ausreichend definiert ist.[404] Fehlt es an objektiven Vergleichsparametern für die beschreibende Komponente, dann dominiert der subjektiv-wertende Kontext und beschreibt lediglich eine positive oder negative Stellungnahme des Sprechers zum erfassten Regelungsgegenstand.[405]

In der Judikatur sind Wertbegriffe letzterer Art vor allem dort anzutreffen, wo eine subjektive Haltung rechtlich relevante Sanktionen zeitigen soll, wie etwa im Strafrecht, wo der persönliche Schuldvorwurf Gegenstand der Spezial- und Generalprävention ist.[406] Im Allgemeinen ist ein solch subjektiver Beurteilungsmaßstab als Bezugspunkt abstrakt-genereller Kodifikationen nicht sachgerecht, sondern sind objektive Kriterien zu bevorzugen. Im Staatsrecht spielen zudem subjektive Haltungen kaum eine Rolle. Die Wertungsoffenheit der Rechtssprache darf daher nicht als Beleg für die Beachtlichkeit der subjektiven Einstellung und Auffassung des Rechtsanwenders fehlgedeutet werden, weil die zugrundeliegende Materie sich für eine solche Wertung nur wenig eignet. Dies gilt insbesondere für das öffentliche Finanzwesen, auch wenn wertungsbedürftige Formulierungen in Art. 106 Abs. 3 und Art. 107 Abs. 2 GG einer gewissen Subjektivität anmuten. Gleichwohl strebt die diesen Begriffen zugrundeliegende Beschreibung von Zuständen aber möglichst große Objektivität an, auf deren Grundlage der Finanzausgleich geregelt werden können soll. Das Auftreten von Wertungsbegriffen in Zusammenhang mit Zustandsbeschreibungen können vielmehr auch Ausdruck einer schwierigen deskriptiven Ausgangslage sein, wobei die Affinität des horizontalen Finanzausgleichs zur objektiven Zustandsbeschreibung der Finanzkraft der Länder die deskriptive Komponente in den Vordergrund stellt. Vor einem Rückschluss auf die subjektive Intention des Rechtsbegriffs der Angemessenheit ist daher eine möglichst berechenbare und nachvollziehbare Auslegung und Konkretisierung des Art. 107 Abs. 2 GG angezeigt.[407]

Da die finanzpolitische Auseinandersetzung, das politische Tauziehen und Kräftemessens ihre Ursachen nicht nur in den unterschiedlichen Lösungskonzepten haben,[408] sondern auch Ausdruck unterschiedlicher föderalpolitischer Grundeinstellungen ist, bei denen sich nicht zu letzt auch grundlegende unterschiedliche Wertvorstellungen

---

[404] *Koch* u.a., Juristische Begründungslehre, S. 205.

[405] *Koch* u.a., Juristische Begründungslehre, S. 203.

[406] *Wessels*, Beulke, Strafrecht Allgemeiner Teil, S. 4.

[407] Anhand der gängigen und sonstiger juristischer Auslegungsmethoden, vgl. *Bachof*, JZ 1972, S. 205.

[408] *Renzsch*, Reform der Finanzverfassung zwischen ökonomischer Effizienz, bundesstaatlicher Funktionalität und politischer Legitimität, in: Thiess, Büttner (Hrsg.), Finanzverfassung und Föderalismus in Deutschland und Europa, S. 39.

der am Finanzausgleich betroffenen Personen gegenüberstehen,[409] enthält die politische Auseinandersetzung immer auch eine subjektive Komponente, die durch den Begriff der Angemessenheit in Art. 107 Abs. 2 S. 1 GG angesprochen wird. Gleichwohl lassen die zentrale Bedeutung des Finanzausgleichs für das föderale Staatswesen und die Schwierigkeiten, die Vielzahl der Einflussfaktoren und Interessen auf Verfassungsebene technisch und sprachlich zu erfassen, eine rein subjektive Intention von Art. 107 Abs. 2 S. 1 GG fraglich erscheinen, weil es trotz aller politischer Interessen zunächst lediglich um die Beschreibung der Finanzsituationen der Länder als Grundlage für den Finanzausgleich geht.[410] Sachgerecht und naheliegend ist es insofern, über den politischen Prozess die schwierige Ermittlung des deskriptiven Inhalts des Art. 107 Abs. 2 S. 1 GG unter Rücksichtnahme auf die Grundaussagen und Grundwerte der Verfassung vorzunehmen und damit den Auftrag zum Länderfinanzausgleich an einem objektiven Beurteilungsmaßstab auszurichten. Der politische Prozess trägt dem insoweit bei, als er den Einfluss aller im Finanzausgleich berührten föderalen Interessen durch die Beteiligung derer Repräsentanten garantiert. Er stellt das am besten geeignete Mittel hierfür dar. Er reduziert aber nicht die Bindung des Finanzausgleichsgesetzes an eine lediglich evidente Willkürgrenze und eröffnet keine politische Beliebigkeit.

b) Zukunftsoffene Ausrichtung

Die den Wertungsbegriffen zugrundeliegende Schwierigkeit der Erfassung ihrer deskriptiven Eigenschaften leitet zu einem weiteren Merkmal wertungsbedürftiger Rechtsbegriffe über. Eine Rechtsnorm ist, ob als einfachgesetzliche Kodifikation oder als Verfassungsartikel, als abstrakt-generelle Regelung immer auch eine Regelung unbestimmter Fälle in der Zukunft,[411] bei der der Gesetzgeber als Normadressat auf Grundlage empirischer Erfahrungswerte eine Einschätzung gegenwärtiger und künftiger Entwicklungen zu treffen hat. Gerade wenn die Interpretation eines Rechtstextes nicht ausschließlich auf der Erforschung seiner semantischen Begriffstypologie beruhen kann, sondern der kodifizierte Regelungskomplex von einer Vielzahl von realen Vorgaben abhängt und die Berücksichtigung mannigfacher Interessen verlangt, ist die

---

409 *Renzsch*, Reform der Finanzverfassung zwischen ökonomischer Effizienz, bundesstaatlicher Funktionalität und politischer Legitimität, in: Thiess, Büttner (Hrsg.), Finanzverfassung und Föderalismus in Deutschland und Europa, S. 48.

410 Vgl. dazu *Maunz*, in: Maunz, Dürig u.a. (Hrsg.), Grundgesetz Kommentar V, Art. 107, Rdnr. 49 ff.

411 *Dürig*, in: Maunz, Dürig u.a. (Hrsg.), Grundgesetz Kommentar II, Art. 19 Abs. 1, Rdnr. 29.

Verwendung unbestimmter Rechtsbegriffe unter anderem auch eine Konsequenz gesetzestechnischer Unzulänglichkeiten.[412] Die hierauf gründende Unbestimmtheit von wertungsbedürftigen Rechtsbegriffen kann aber nicht durch eine Ergänzung semantischer Begriffsregeln beseitigt werden, da ihr Bezugspunkt noch unbekannte Phänomene und nicht nur die unbekannten Eigenschaften bereits bekannter Phänomene sind.[413] Die aus dem Mangel potentieller Erfahrungen folgende Unbestimmtheit lässt sich strenggenommen nur durch künftige Erfahrungswerte beheben.
Der politische Prozess bietet sich auch für die Prognose der interregionalen Finanzbeziehungen zwischen den Ländern an, weil durch die Verweisung an die politischen Gestaltungskräfte der Sachverstand und die Erfahrung der unterschiedlichsten Interessengruppen zum Tragen kommt. Wenn Art. 107 Abs. 2 S. 1 GG vom Bundesgesetzgeber die Konkretisierung des Begriffs der Angemessenheit verlangt, macht er diese Einschätzung zur Grundlage der Länderfinanzausgleichsregelung, die trotz der Ungewissheit künftiger Entwicklungen, ein relatives hohes Maß an Wahrscheinlichkeit besitzt. Die sprachliche Offenheit des Rechtstextes deutet dann aber wiederum auf eine nach Objektivität strebende Eigenschaft des Finanzausgleichsrechts hin.

c) Kein Ausdruck gesellschaftspolitischer Wandlungsfähigkeit

Neben der Unmöglichkeit einer normativen Einfassung potentieller empirischer Erfahrungen deutet sich in Art. 107 Abs. 2 S. 1 GG ein weiteres Problemfeld an, wenn im Zusammenhang mit der Interpretation der Verfassung auf ihre Offenheit und Wandelbarkeit hingedeutet wird. Während der Hinweis auf das Fehlen empirischer Erfahrungswerte vor allem den Gesichtspunkt der aktuellen Präsenz anspricht,[414] bezieht sich eine andere Diskussion auf die Frage des Einflusses geistiger Strömungen.[415] Für

---

412 Vgl. *Hidien*, Der bundesstaatliche Finanzausgleich in Deutschland, S. 628.

413 *Koch*, Über Grenzen von Verfassungs- und Gesetzesbindung, in: Über Grenzen von Verfassungs- und Gesetzesbindung, in: Seminar: Die juristische Methode im Staatsrecht, S. 45.

414 *Hidien*, Der bundesstaatliche Finanzausgleich in Deutschland, S. 629.

415 Dies entspricht einer demokratischen Verfassungstheorie, wie sie in der Integrationslehre Smends anklingt (*Koch*, Über Grenzen von Verfassungs- und Gesetzesbindung, in: Seminar: Die juristische Methode im Staatsrecht, S. 333; *Böckenförde*, NJW 1976, S. 2094) und von Häberle auf Grundlage des kritischen Rationalismus zum Konzept einer pluralistischen Verfassung weiterentwickelt worden ist. Hiernach vermittelt Verfassungsinterpretation lediglich die pluralistische Öffentlichkeit und Wirklichkeit, weshalb sich auch die konkrete Handhabung verfassungsrechtlicher Kontrolle je nach materiell-rechtlicher Fragestellung und sachlicher Beteiligung unterscheiden muss, vgl. *Häberle*, JZ 1975, S. 303 f.; *Vocke*, Verfassungsinterpretation und Normbegründung, in: Blumenwitz (Hrsg.), Schriften zum Staats- und Völkerrecht, S. 87.

die hier anstehende Fragestellung interessieren die Konsequenzen aus diesem Verfassungsverständnis.

Die Angemessenheit als Bezugspunkt der verfassungsrechtlichen Anordnung eines Länderfinanzausgleichs in Art. 107 Abs. 2 GG lässt die Möglichkeit des politischen Gesetzgebers erkennen, auch weiche Faktoren in die Finanzausgleichsgesetzgebung einfließen zu lassen. Insoweit scheint die Bezugnahme auf den demokratischen Zeitgeist, der sich in Form einer zunehmenden Solidarisierung innerhalb des Bundesstaates niederschlägt, nicht völlig aus der Luft gegriffen. Der politische Prozess stellt sich damit als Instrument der Einflussnahme nicht nur eines empirischen Sachverstandes dar, sondern ist auch Mittel zur Einflussnahme der pluralistischen Gesellschaft, bei dem unterschiedliche Ansätze ihre Chance haben sollen.[416] Damit stellt sich etwa auch die Frage, ob und inwieweit Zentralisierungsbestrebungen nicht nur reaktionärer Pragmatismus, sondern grundlegende Veränderungen in der Natur des sozialen Bundesstaates sind[417] und ob und inwieweit dies von Verfassungswegen hinzunehmen ist. Ohne dies ausdrücklich auszusprechen wird letztlich die grundlegende Frage gestellt, ob bei der Auslegung von Art. 107 Abs. 2 GG nicht die staatsorganisatorische Fortsetzung eines ausgeprägten sozialsolidarischen Gesellschaftsverständnisses zugrunde zu legen ist, dem sich die Verfassung nicht verschließen darf. Der Wandel zum unitarischen Solidar-Föderalismus ist damit nur die natürliche Fortentwicklung und Spiegelbild der demokratischen pluralistischen Gesellschaft.[418]

Nach den bisherigen Ausführungen lässt sich die normative Konturenlosigkeit in Art. 107 Abs. 2 S. 1 GG aus seinem semantischen Kontext nur dem Inhalte nach, nicht aber dem Grunde nach herleiten.[419] Soweit die Zuweisung der Letztentscheidungskompetenz an den Bundesgesetzgeber ihm einen politischen Gestaltungsspielraum schafft, kann er sowohl subjektive Elemente hinsichtlich nicht antizipierbarer Erfahrungen und Entwicklungen als auch gesellschaftliche und sozialpolitische Ver-

---

416 *Häberle*, JZ 1975, S. 305.

417 Nach Hettlage liegt es in der Natur des sozialen Bundesstaates, seine Verwaltung zu zentralisieren, vgl. *Hettlage*, Die Finanzverfassung im Rahmen der Staatsverfassung, in: VVDStRL 1955, S. 20.

418 Diese Thematik war bereits Gegenstand der Diskussion zur Finanzverfassungsreform 1969, in der auch die Frage erörtert wurde, ob das Trennsystem angesichts der Entwicklung eines kooperativen Föderalismus überhaupt noch zeitgemäß sei, vgl. oben Kapitel 1: C) I.1.

419 *Hidien*, Der bundesstaatliche Finanzausgleich in Deutschland, S. 637.

änderungen in die Gesetzgebung einfließen lassen.[420] Allerdings ist er hierbei weit aus weniger frei, als dies die gegenwärtige Diskussion zum Länderfinanzausgleich vermuten ließe. Die unitarisierenden Tendenzen im Bundesstaat als Gegenstand eines gewandelten Föderalverständnisses und damit zum Bestandteil des Begriffs der Angemessenheit in Art. 107 Abs. 2 GG zu erklären, erklärte die Wandlungsfähigkeit zu einem strukturellen Moment des Grundgesetzes. Neben schon grundsätzlichen Bedenken[421] ginge eine solche Funktionsweise des Art. 107 Abs. 2 S. 1 GG weit über bloße Flexibilisierungsbestrebungen hinaus. Zudem kann bezweifelt werden, ob die Wandelbarkeit gesellschaftspolitischer Realitäten überhaupt von Art. 107 Abs. 2 GG angesprochen wird. Tendenzen im sozialen Bundesstaat beruhen nicht einfach nur auf der unbekannten Größe künftiger Erkenntnisse. Vielmehr werden diese erst aus einer ex-ante Perspektive offensichtlich. Nimmt man bereits bei der Interpretation wertungsbedürftiger Verfassungsbegriffe auf diesen Wandlungsprozess Bezug und verbindet diese mit Grundsatzentscheidungen, wie sie im Finanzausgleichsrecht angesprochen sind, dann unterwirft man diese einer spekulativen Fiktion.

3. Verfassungstheoretischer Kontext

Soweit Art. 107 Abs. 2 S. 1 GG Besonderheiten gegenüber den übrigen Teilen des Grundgesetzes aufweist und diese auf der Natur der zugrundeliegenden Finanzmaterie sowie dem Begriff der Angemessenheit in seinem sprachwissenschaftlichen Kontext beruht, wurden die hieraus folgenden Rückschlüsse bereits gezogen. Abschließend soll an dieser Stelle die Einbindung von Art. 107 Abs. 2 GG in die Finanzverfassung und das Grundgesetz zum Anlass weiter Interpretationsrückschlüsse genommen werden.

---

[420] Häberle beruft sich insofern mit Recht auf eine demokratisches Verständnis, als die politische Auseinandersetzung stets auch gesellschaftliche Auseinandersetzungen in sich aufnimmt, *Häberle*, JZ 1975, S. 305.

[421] Das Konzept der pluralistischen Verfassung stößt auch insoweit auf deutliche Kritik, als es mit dem liberalen Verständnis subjektiv-öffentlicher Abwehrrechte nicht in Einklang zu bringen ist. Rechte sind Trümpfe des Individuums gegenüber der institutionellen Obrigkeit, vgl. allgemein *Wellmer*, Freiheitsmodelle in der modernen Welt; *Vocke*, Verfassungsinterpretation und Normbegründung, in: Blumenwitz (Hrsg.), Schriften zum Staats- und Völkerrecht, S. 90. Die individuelle Freiheit gewinnt aber unter Zugrundelegung des hier dargestellten Ansatzes nur soweit an Bedeutung, soweit sie für die öffentliche Freiheit unerlässlich ist. Letzten Endes hat sie aber dieser gegenüber zurückzustehen und der grundsätzliche Widerspruch zwischen Individualität und Institution ist zugunsten der Institution aufzulösen, *Stelzer*, Freiheit und Institution, S. 384 ff., 406 ff; *Vocke*, Verfassungsinterpretation und Normbegründung, in: Blumenwitz (Hrsg.), Schriften zum Staats- und Völkerrecht, S. 91.

a) Rigidität der Finanzverfassung

Unter dem Begriff einer flexiblen Verfassung versteht die Staatswissenschaft eine Verfassung, die nach Art und Weise ihrer Änderbarkeit überwiegend zur Disposition des einfachen Gesetzgebers gestellt ist.[422] Im Gegensatz dazu knüpft eine rigide Verfassung Inhaltsänderungen an erschwerende Voraussetzungen. Das Grundgesetz der Bundesrepublik Deutschland ist zur letzteren Gruppe zuzuordnen, was sich weniger in dem in Art. 79 Abs. 1 und 2 GG enthaltenem Textänderungserfordernis zeigt und sich auch nicht zwingend aus dem Zwei-Drittel-Quorum schließen lässt, weil die Vielzahl der Grundgesetzänderungen dies in Frage stellen würde. Vielmehr drückt sich die Rigidität des Grundgesetzes in der Ewigkeitsklausel des Art. 79 Abs. 3 GG aus.[423] Die Gliederung in Bund und Länder, deren Mitwirkung bei der Gesetzgebung sowie die in den Artikeln 1 bis 20 niedergelegten Grundsätze sind jeglicher Modifikation entzogen. Unter diesem Eindruck stellt sich die Frage, ob sich der Abschnitt über das Finanzwesen, der sich trotz seiner Eigenarten und Besonderheiten gegenüber den sonstigen Teilen des Grundgesetzes als integrierter Bestandteil der Verfassung ausweist,[424] diese rigide Struktur übernimmt.[425]

Das in Art. 79 Abs. 3 GG einer Modifikation entzogene föderale Prinzip verlangt zunächst nur eine Aufgliederung des Staatswesens in eine zentrale Instanz und in weitere Glieder, wobei die Art und Weise der Aufteilung oder das Maß der Beteiligung der einzelnen Instanzen den Föderalstaaten stets eine individuelle Identität verleiht.[426] Angesichts der offenen Frage des Maßes der Bundesstaatlichkeit in der Bundesrepublik Deutschland lässt sich auch aus dem zehnten Abschnitt des Grundgesetzes kein weiterer Anhaltspunkt hierüber gewinnen. Das Grundgesetz bekennt sich in zentralen Normen zwar ausdrücklich zum Föderalismus.[427] Seine konkrete Ausgestaltung reduziert sich aber nicht auf die bloße Niederschrift in einzelnen Artikeln des Grundgeset-

---

[422] *Bryce*, Flexible and rigid constitutions, S. 145 ff.; *Hidien*, Der bundesstaatliche Finanzausgleich in Deutschland, S. 644; ebenso *Vogel*, Finanzverfassung und politisches Ermessen, S. 8.

[423] *Hidien*, Der bundesstaatliche Finanzausgleich in Deutschland, S. 645.

[424] *Kirchhof, Ferdinand*, Grundsätze der Finanzverfassung des vereinten Deutschlands, in: VVDStRL 1992, S. 78.

[425] *Maunz*, in: Maunz, Dürig u.a. (Hrsg.), Grundgesetz Kommentar V, Art. 104a GG, Rdnr. 2.

[426] *Isensee*, Idee und Gestalt des Föderalismus im Grundgesetz, in: Isensee, Kirchhof (Hrsg.), HStR IV, § 98, S. 519.

[427] Vgl. Art. 20 Abs. 1 GG, Art. 79 Abs. 3 GG.

zes, sondern realisiert sich gerade erst in einer Gesamtschau der Verfassung.[428] Dementsprechend lässt sich die Finanzverfassung weder als charakteristisches Merkmal eines ausgeprägten Kooperationsföderalismus beschreiben, noch spricht sie sich eindeutig zugunsten eines kompetitiven Modells des Föderalismus aus,[429] wenngleich die derzeitige Ausgestaltung des einfachen Finanzausgleichsrechts stark zugunsten eines Ausgleichsmodells ausgebildet sein mag.[430] Ihre sprachlichen Auslegungsspielräume sind für eine derartige Deutung zu vielfältig und offen, als dass sich allein aus dem Wortlaut der Art. 104a ff. GG eine eindeutige Stellungnahme des Verfassungsgebers zugunsten des einen oder anderen Modells entnehmen ließe. Gleichwohl beeinflusst das Finanzwesen das föderative Verhältnis zwischen dem Bund und den Ländern sowie das zwischen den Ländern,[431] was nach einer methodisch kontrollierbaren Interpretation des Finanzverfassungsrechts verlangt.[432] Der rigide Grundcharakter der gesamten Verfassung und ihrer Teile weckt Zweifel, die Frage des Föderalismus außerhalb einer verfassungsrechtlichen Grundsatzdebatte dem einfachen Gesetzgeber zur Disposition zu stellen, indem über den finanziellen Ausgleich zwischen dem Bund und den Ländern sowie zwischen den Ländern Fakten geschaffen werden. Der in den unbestimmten Verfassungsbegriffen anklingende politische Auftrag würde hierdurch überstrapaziert, was die dezidierte Ausgestaltung des Bund-Länder-Verhältnisses in Art. 106 GG bestätigt.[433] Die sensible Abhängigkeit föderaler Strukturen von der Beteiligung am Finanzaufkommen wurde durch die detaillierte Regelung des Art. 106 GG dem freien Spiel der politischen Kräfte explizit entzogen. Die formelle Zuweisung finanzpolitischer Sachfragen an den einfachen Gesetzgeber bedingt darüber hinaus, dass Fragen mit starker föderaler Prägung materiell vom Träger des Sachverstandes in den Finanzverwaltungen entschieden wird,[434] ohne dass dabei de-

---

[428] *Kimminich*, Der Bundesstaat, in: Isensee, Kirchhof (Hrsg.), HStR I, § 26, S. 1116; *Herzog*, in: Maunz, Dürig u.a. (Hrsg.), Grundgesetz Kommentar II, Art. 20 Abs. 1, Rdnr. 29.

[429] Vgl. *Huber*, Föderale, ökonomische und verfassungsrechtliche Aspekte, in: Bayerisches Staatsministerium der Finanzen (Hrsg.), Die Reform des Finanzausgleichs, S. 8; *Benda*, Handbuch des Verfassungsrechts, S. 810.

[430] Föderale, ökonomische und verfassungsrechtliche Aspekte, in: Bayerisches Staatsministerium der Finanzen (Hrsg.), Die Reform des Finanzausgleichs, S. 8.

[431] BVerfGE 72, 330, 383.

[432] *Vogel*, Finanzverfassung und politisches Ermessen, S. 9.

[433] Vgl. *Maunz*, in: Maunz, Dürig u.a. (Hrsg.), Grundgesetz Kommentar V, Art. 106, Rdnr. 13.

[434] *Vogel*, Finanzverfassung und politisches Ermessen, S. 9; *Hidien*, Der bundesstaatliche Finanzausgleich in Deutschland, S. 646.

ren grundsätzliche Bedeutung für das föderale System in Deutschland ausdrücklich hervorgehoben würde und ohne dass eine breite parlamentarische Debatte explizit stattfände. Damit droht die Trägerschaft über grundlegende Strukturfragen der deutschen Staatsorganisation den parlamentarischen Gremien entzogen zu werden.

b) Begrenzte Delegationsfreundlichkeit

Die im vorherigen Abschnitt bereits besprochenen unbestimmten Rechtsbegriffe bedingen neben ihrer semantischen Offenheit und Auslegungsbedürftigkeit auch einen systematischen Charakterzug der sie enthaltenden Rechtsnorm. Diese weisen in ihrer systematischen Struktur eine fragmentarische Bestimmtheit auf, die dem Gesetzgeber den Auftrag zuweist, die in der Verfassung nur bruchstückhaft zum Ausdruck kommenden Inhalte zu vollzugsfähigen Rechtssätzen zu konkretisieren.[435] Hierüber besteht keine Uneinigkeit, allein das Maß dieser Befugnisdelegation ist im Einzelnen fraglich.

In diesen Fällen ist allerdings zu beachten, dass der Gesetzgeber selbst Verfassungsinterpreten ist und mit anderen originären Verfassungsinterpreten konkurriert und sich daher in gleicher Weise an den Verfassungsdirektiven und den Verfassungsvorgaben messen lassen muss. Die Auslegungsbedürftigkeit des Art. 107 Abs. 2 S. 1 GG erlaubt es, den Sachverstand der Legislative in die Finanzausgleichsregelung einfließen zu lassen, soweit dies für eine entwicklungsoffene und zeitgemäße Gesetzgebung unerlässlich ist. Der Verfassungsgeber degradiert sie nicht zum bloßen Vollzieher verfassungsrechtlicher Prämissen.[436] Die universale, nicht nur auf einzelne Sachbereiche begrenzte Geltung formaler Verfassungsdirektiven schränkt aber die Delegationsfreudigkeit grundsätzlich auch ein, indem der Gesetzgeber sich Kriterien der Berechenbarkeit, der Verhältnismäßigkeit, der Erforderlichkeit und Sachdienlichkeit sowie föderalen Direktiven nicht verschließen darf.[437] Die Unbestimmtheit des Art. 107 Abs. 2 GG trägt damit dem Umstand Rechnung, dass der finanzwirtschaftlichen Rechtsmaterie stets nur eine Momentaufnahme fiskalischer Gegebenheiten zugrunde liegt und sich die Frage der Vereinbarkeit mit den formalen, nicht auf einzelne Sachbereiche beschränkten Verfassungsdirektiven, regelmäßig neu stellt, weil die Finanz-

---

[435] *Hidien*, Der bundesstaatliche Finanzausgleich in Deutschland, S. 657; *Alexy*, Theorie der juristischen Argumentation, S. 190, *Koch* u.a., Juristische Begründungslehre, S. 204.

[436] *Lerche*, Das Bundesverfassungsgericht und die Verfassungsdirektiven, in: AÖR 90, S. 371.

[437] *Lerche*, Das Bundesverfassungsgericht und die Verfassungsdirektiven, in: AÖR 90, S. 369, speziell zu Art. 107 Abs. 2 GG *Kirchhof, Ferdinand*, Grundsätze der Finanzverfassung des vereinten Deutschlands, in: VVDStRL 1992, S. 50, 52.

gesetzgebung eine mehr als anderen Rechtsbereichen zukommende zeitliche Begrenztheit besitzt.[438] Die legislative Befugnis, einfaches Recht zu setzen, unterliegt dieser zeitlichen Bindung, was dem Gesetzgeber die Pflicht auferlegt, die Vereinbarkeit der Finanzgesetzgebung mit seinen Direktiven stetig zu überprüfen. Die sprachliche Offenheit deutet deshalb nicht auf eine Grenze der evidenten Willkür hin, sondern schafft Spielräume, den Finanzausgleich dem Prüfungsergebnis anzupassen.[439]

4. Stellungnahme

Die sprachwissenschaftliche Untersuchung unbestimmter Rechts- und Verfassungsbegriffe zeigt, dass sich deren inhaltliche Offenheit und Konturenlosigkeit in unterschiedlicher Weise darstellt und auf verschiedene Ursachen zurückführen lässt. Die wesentliche Feststellung, die sich hieraus ergibt, ist, dass zumindest der pauschale Verweis von der Offenheit des Rechtstextes auf seine normative Unbestimmtheit nicht ohne weiteres gerechtfertigt ist. Vielmehr ist zunächst der Versuch zu unternehmen, die Konturenlosigkeit des Textes durch Rückgriff auf sonstige Anhaltspunkte im Grundgesetz aufzuhellen, bevor diese als systemimmanentes Strukturprinzip der Finanzverfassung in Kauf genommen wird.

Dementsprechend enthält Art. 107 Abs. 2 GG eine normative Bestimmung, die den Adressaten in seiner Interpretationstätigkeit leitet und führt. Der Gesetzgeber erhält in Art. 107 Abs. 2 S. 1 GG einen Auftrag, im Zuge einer politischen Auseinandersetzung, die Detailfragen finanzieller Bedarfe einer einfachgesetzlichen Verrechtlichung zuzuführen. Eine exaktere Formulierung dieses Auftrags ist allerdings schon aufgrund der Komplexität des zugrundeliegenden Regelungssachbereichs nicht möglich. Damit gewinnt ein staatstheoretischer Kontext an Gewicht. Es kommt für die Interpretation der unbestimmten Verfassungsbegriffe auch auf die Verteilung, Abgrenzung und Legitimation von Staatsfunktionen und Staatsgewalten an,[440] für die die sprachwissenschaftliche Analyse ohne Ansehung des staatstheoretischen Kontextes zunächst eine wichtige Hilfestellung birgt. Aber erst aus dem staatsorganisatorischen Gesamtzusammenhang lässt sich der letztgültige Norminhalt abschließend ermitteln. Der unbestimmte Rechtsbegriff der Angemessenheit in Art. 107 Abs. 2 S. 1 GG ist somit als Tribut an die Wandelbarkeit der Voraussetzungen und Grundlagen des Finanzverteilungssystems zu sehen und die Erkenntnis, dass ein nicht hinreichend entwicklungsof-

---

[438] *Kirchhof, Ferdinand*, Grundsätze der Finanzverfassung des vereinten Deutschlands, in: VVDStRL 1992, S. 78.

[439] *Hidien*, Der bundesstaatliche Finanzausgleich in Deutschland, S. 659.

[440] *Hidien*, Der bundesstaatliche Finanzausgleich in Deutschland, S. 629.

fener Rechtssatz früher oder später veraltet.[441] Der Grundsatz der Verhältnismäßigkeit bindet dabei den Gesetzgeber, die Vielzahl der betroffenen Belange sachgerecht in Ausgleich zu bringen, bei dessen Abwägungsvorgang letztlich die in der Finanzverfassung nicht hinreichend bestimmbaren Grundsätze und Verfassungsdirektiven, die aber an anderer Stelle zu Tage treten, zu beachten sind. Die Besonderheit der Finanzverfassung beruht insoweit auf dem materiellen Sachbereich einer finanzstaatlichen Materie, der eine gewisse sprachliche Offenheit verlangt. Aus dieser Eigenschaft auf eine gegenüber den sonstigen Verfassungsteilen hinausgehende normative Unbestimmtheit rückzuschließen, ließe die Gründe für die Eigenheiten der Finanzverfassung außer Betracht.

Insoweit lässt sich festhalten, dass die Finanzverfassung, insbesondere Art. 107 Abs. 2 GG, in gleicher Weise verbindlich und unverbindlich ist, wie andere Teile des Grundgesetzes auch. Eine besondere Problematik besteht aber darin, dass die zu berücksichtigenden Belange mannigfach und sehr vielgestaltig sind, was deren Ermittlung und Identifizierung erheblich erschwert. Interpretation hat sich daher vor allem mit der Ermittlung der durch Art. 107 Abs. 2 GG berührten Belange auseinander zusetzen, worauf die Sachthematik des Art. 107 Abs. 2 GG und sein semantischer Niederschlag hindeutet. Der Bundesgesetzeber ist aber bezüglich der Abwägung der ermittelten Belange im Gesetzgebungsprozess gebunden und hat sie, ihrer finanzverfassungsrechtlichen Spezifizierung entsprechend abgewogen, einer einfachgesetzlichen Finanzausgleichsregelung zuzuführen.

B) Finanzspezifizierte Verteilungskriterien

Art. 107 Abs. 2 GG steht in unmittelbaren Zusammenhang mit den Zielen des Finanzausgleichssystems nach Art. 106 ff. GG. Der bundesstaatlichen Finanzverfassung kommt die Aufgabe zu, die finanzwirtschaftliche Autonomie von Bund und Ländern zu gewährleisten. Der Verfassungsgeber hat sich dabei gegen die Möglichkeit einer autonomen Steuererhebung durch die Länder entschieden und in Art. 105 GG dem Bund hinsichtlich der ertragreichen Steuerarten die Gesetzgebungskompetenzen zugesprochen.[442] Die föderale Finanzautonomie der Länder beschränkt sich auf das Fi-

---

[441] Das Bestimmtheitserfordernis ist demnach kein Indiz für den Mangel an Auslegungsbedürftigkeit und Auslegungsfähigkeit, sondern Notwendigkeit zur Anpassung an eine Vielfalt von Lebenssachverhalten und Wertungen, *Kirchhof, Paul*, Die Bestimmtheit und Offenheit der Rechtssprache, S. 23; *Hidien*, Der bundesstaatliche Finanzausgleich in Deutschland, S. 629.

[442] Bundespolitische „Präponderanz im Bereich der Steuergesetzgebung“, *Hidien*, Der bundesstaatliche Finanzausgleich in Deutschland, S. 689; zur nahezu umfassenden Gesetzgebungszuständigkeit nicht nur bei den ausschließlichen Steuerkompetenzen des Art. 105

nanzausgleichssystem der Art. 106 und 107 GG und die Haushaltsautonomie in Art. 109 Abs. 1 GG, als Kernbereich, der das Gleichgewicht zwischen bundesstaatlicher Einheit und bundesstaatlicher Eigenständigkeit finanziell absichern soll. Die Finanzverfassung und der Länderfinanzausgleich ist dabei, wie kaum ein anderer Themenkomplex des Verfassungsrechts, politisch vorbelastet. Ein Grund hierfür mag darin liegen, dass bei der Vergabe von Geldmitteln alle Beteiligten vor allem Eigeninteressen in den Vordergrund stellen, so dass die überwiegend durch Kompromisse geprägte Finanzausgleichsgesetzgebung der durch die Verfassung gesetzten Maßstabsbindung entbehrt. Treffend kommentiert Paul Kirchhof hierzu: „Wo es um die Verteilung von Geld geht, gibt es so viele Kompromisse, wie eine Summe durch DM-Beträge teilbar ist.“[443]. Die Argumentation unterscheidet sich dabei zwischen den im horizontalen Länderfinanzausgleich verpflichteten Zahlländern und den berechtigten Empfangsländern.[444] Hinzu kommt, dass der zehnte Abschnitt des Grundgesetzes trotz seiner pragmatischen Relevanz in Teilen relativ offen und unbestimmt formuliert ist und damit Raum für unsachgemäße Argumentation lässt.

Das Konfliktfeld zwischen Solidarität und Eigenstaatlichkeit konkretisiert sich in Art. 107 Abs. 2 GG auf die Ausgangsfrage, ob sein Streben nach angemessenem Ausgleich der Finanzkräfte zwischen den Ländern zugunsten des föderalen Grundsatzes der solidarischen Einheit oder zugunsten der föderalen Eigenstaatlichkeit vorgewichtet ist. Die für die Beantwortung dieser Frage maßgeblichen Kriterien sollen folgend herausgearbeitet werden, um im Anschluss daran, für das konkrete Ausgleichsverhältnis Erkenntnisse darüber zu gewinnen, wie weit eine Angleichung der Finanzausstattungen der Länder über den horizontalen Länderfinanzausgleich hergestellt werden muss oder wie weit die Nivellierung äußerstenfalls gehen darf.

Zur Methodik der Interpretation des Art. 107 Abs. 2 GG lässt sich für den weiteren Fortgang der Untersuchung folgendes feststellen:

Abs. 1 GG, sondern auch bei den konkurrierenden Kompetenzen nach Art. 105 Abs. 2 GG trägt auch die weite Auslegung der Tatbestandsvoraussetzungen des Art. 105 GG sowie die großzügige Auslegung zu Art. 72 Abs. 2 GG des Bundesverfassungsgerichts bei, das wegen des Prinzips der gleichmäßigen Besteuerung die Erforderlichkeit einer bundeseinheitlichen Besteuerung in aller Regel gegeben sieht, vgl. *Henneke*, Öffentliches Finanzwesen, S. 236; Zur Bezugnahme der umfassenden Steuerkompetenz des Bundes auf Art. 72 Abs. 2 GG vgl. *Pagenkopf*, Der Finanzausgleich im Bundesstaat - Theorie und Praxis, S. 252, 317.

443 *Kirchhof, Paul* in: Der Spiegel 50/1999, S. 70.

444 Zur generellen Meinungsverschiedenheit zwischen Geber- und Empfängerländern in FAZ vom 10.03.1998, S. 4; zur Frage eines größeren Selbstbehaltes in Mainpost vom 21.06.2001, S. A3.

In der begrifflichen Unbestimmtheit des Art. 107 Abs. 2 S. 1 GG drückt sich das bundesstaatliche Wertesystem des Grundgesetzes aus. Da sich dieses als gemeinsamer Bezugspunkt für das Finanzausgleichsverhältnis nicht in der Niederschrift in Art. 20 und 79 Abs. 3 GG erschöpft, sondern auch und vor allem erst in den ungeschriebenen Verfassungsprinzipien konkret zum Ausdruck kommt, hilft der Verweis auf die Bundesstaatlichkeit als solches bei der Konkretisierung von Art. 107 Abs.2 S. 1 GG kaum weiter. Systematisch nachvollziehbar und dogmatisch legitim vollzieht sich die Normenkonkretisierung erst, indem auf den Ursprung der Norm zurückgeschlossen wird, um hiervon ausgehend weitere Ausprägungen der sie leitenden Prinzipien zu suchen und diese zum Vergleich heranzuziehen. Der Rückschluss auf die Bundesstaatlichkeit bildet dabei nicht die eigentliche Schwierigkeit, vielmehr ist die Relativierung seiner verschiedenen föderalen Ausprägungen im Grundgesetz mit Art. 107 Abs. 2 S. 1 GG aufgrund der Komplexität des Finanzwesens stets ein Akt, der Pro und Kontra akzeptiert. Demnach unzulässig ist es, allgemeines bundesstaatliches Gedankengut unvermittelt finanzrechtlich zu verwerten. Dennoch lassen sich gerade auch unter Bezugnahme auf das Verhältnismäßigkeitsprinzip konkrete Verteilungskriterien ermitteln, die für die einfachgesetzliche Umsetzung des horizontalen Finanzausgleichs maßgeblich werden. Entsprechend der klassischen juristischen Hermeneutik ist Art. 107 Abs. 2 S. 1 GG zunächst hinsichtlich seines Wortlautes und seiner Systematik, anschließend hinsichtlich teleologischer Kriterien zu untersuchen.[445]

I. Wortlaut und Systematik

Das Bundesverfassungsgericht entnimmt dem Art. 107 Abs. 2 S. 1 GG ein klares Verbot der Nivellierung der Finanzkräfte der Länder. Es gebietet die solidarische Hilfeleistung untereinander einerseits, verbietet aber eine völlige Vereinheitlichung der Länder in finanzieller Hinsicht andererseits und unterstreicht insoweit auch die Eigenverantwortlichkeit der Länder gegenüber der bündischen Gemeinschaft. Des weiteren nimmt das Bundesverfassungsgericht auf Art. 106 und 107 Abs. 1 GG Bezug,[446] um den Rechtfertigungsdruck im horizontalen Finanzausgleich zu steigern und weist darauf hin, dass die originäre Finanzkraft nach dem primären Ausgleich zu beurteilen ist und über den sekundären Ausgleich nicht neu geordnet werden darf. Art. 107 Abs. 2 GG zeichnet insofern ein Regel-Ausnahme-Verhältnis nach, das sich in den vorangehenden Stufen des Finanzausgleichs[447] abzeichnet.

---

[445] Zur Anwendbarkeit der klassischen Hermeneutik auf den Bereich der Verfassungsinterpretation vgl. oben Kapitel 2: A) I.5.

[446] BVerfGE 72, 330, 385 f.

[447] Vgl. hier oben Kapitel 1: C) II.

Daran anknüpfend ist zunächst der Wortlaut von Art. 107 Abs. 2 S. 1 GG und seine systematische Einbindung in die Finanzverfassung dahingehend zu untersuchen, ob sich einige Rückschlüsse ziehen lassen, die entweder für die Eigenständigkeit und Eigenverantwortlichkeit der Länder sprechen und damit gegen einen umfangreichen Länderfinanzausgleich mit weitgehender Nivellierung der Finanzkräfte herangezogen werden können oder aber Anhaltspunkte erkennbar werden, die die föderale Solidargemeinschaft in der Vordergrund rücken, was für eine eher weitreichende Vereinheitlichung auch der Finanzkräfte der Länder sprechen würde. Da aus der Systematik der Finanzausgleichsregelungen der Art. 106 und 107 GG die Subsidiarität der sekundären Umverteilung hervorgeht, ist zunächst zu unterstellen, dass das dargestellte Regel-Ausnahme-Verhältnis den angesprochene Zielkonflikt zugunsten der Eigenständigkeit der Länder vorgewichtet und ein Ausgleichsvolumen, das bis an die Grenze einer nahezu vollständigen Nivellierung der Finanzkräfte der Länder heranreicht, einer besonderen Rechtfertigung und einer hinreichenden Stütze durch finanzspezifizierte Ausprägungen der föderalen Solidargemeinschaft bedarf.

1. Angemessener Ausgleich

Art. 107 Abs. 2 S. 1 GG verlangt zunächst ganz allgemein, die nach der Primärverteilung noch bestehenden Finanzkraftunterschiede der Länder, angemessenen in Ausgleich zu bringen, wobei - für die hier anstehende Frage eher unbedeutend - die Gemeinden zu berücksichtigen sind. Bezogen auf die Ausgangsfrage nach dem finanzwirtschaftlichen Zielkonflikt ist der Wortlaut insoweit nach beiden Seiten hin offen, da er den Ausgleich einerseits, die Beschränkung dieses Ausgleichs aber auf ein angemessenes Maß andererseits in gleicher Weise fordert. Trotz der sehr allgemeinen Formulierung lässt sich zumindest ein Gebot zum Ausgleich bestehender Unterschiede zwischen den Ländern entnehmen. Als Ausdruck des bündischen Prinzip gebietet Art. 107 Abs. 2 S. 1 GG eine solidarische Hilfestellung innerhalb der bundesstaatlichen Gemeinschaft nicht nur zwischen dem Bund und den Ländern, sondern er führt die Pflicht zum Einstehen füreinander auch zwischen den Ländern fort.[448] Allerdings ist dieses Gebot keineswegs dahingehend auszudehnen, dass ein Finanzausgleich in horizontaler Richtung zwingend geboten ist. Eine Pflicht, den horizontalen Finanzausgleich vorzunehmen, besteht nur dann, wenn entsprechende Vorgaben diesen einfordern. Wann dies der Fall ist, obliegt dem politischen Ermessen des Bundesgesetzgebers im Rahmen der Beurteilung, inwieweit Finanzkraftunterschiede mit der Bundesstaatlichkeit nicht mehr zu vereinbaren oder schon durch die Zuweisungen der Er-

[448] BVerfGE 72, 330, 386.

träge aus der Einkommens-, Körperschaftssteuer und der Umsatzsteuer nach Art. 106 und Art. 107 Abs. 1 GG bereits ausreichend angemessen ausgeglichen worden sind.[449] Demgegenüber formuliert Art. 107 Abs. 2 S. 1 GG auch die Grenzen der Ausgleichspflicht. Grundlage bundesstaatlichen Zusammenlebens ist neben der Solidargemeinschaft auch die Wahrung der Eigenstaatlichkeit und die damit verbundene Eigenverantwortlichkeit in finanziellen Belangen. Um die Fähigkeit zu Initiative und Selbsthilfe nicht zum Erliegen zu bringen, dürfen bestehende Unterschiede nicht völlig egalisiert, sondern lediglich aneinander angenähert werden.[450] So wie das Bundesstaatsprinzip die Pflicht zum gegenseitigen Einstehen füreinander rechtfertigt, so schützt es vor vollständiger Nivellierung.[451] Die Grenzen allerdings sind fließend und stets auch im Zusammenhang mit sozialstaatlichen Aspekten zu beurteilen.[452] Die Beurteilung, wann der Nivellierungsgrad mit der Eigenstaatlichkeit der Länder nicht mehr zu vereinbaren ist, und welches Maß an Vereinheitlichung der Föderalstaat einfordert, fällt ebenfalls in das politische Ermessen des Bundesgesetzgebers. Für den horizontalen Länderfinanzausgleich kommen beide Aspekte der sozialstaatlichen Bundesstaatlichkeit (Art. 20 Abs. 1 GG) im Wortlaut des Art. 107 Abs. 2 S. 1 GG zum Ausdruck.[453] Konkrete Ober- bzw. Untergrenzen lassen sich dem Wortlaut ohne Bezugnahme auf seine angesprochenen Interessensrichtungen allerdings nicht entnehmen.

2. Finanzkraft

Zentraler Schlüsselbegriff des Art. 107 Abs. 2 S. 1 GG ist der der Finanzkraft. In Relation zu Art. 106 und Art. 107 Abs. 1 GG liegt der Schluss nahe, in der Bezugnahme auf die Finanzkraft mache Art. 107 Abs. 2 GG die Beistandspflichten der Länder von

---

[449] *Maunz*, in: Maunz, Dürig u.a. (Hrsg.), Grundgesetz Kommentar V, Art. 107, 47; anders *Stern*, Das Staatsrecht der Bundesrepublik Deutschland II, S. 1171; Stern leitet das verfassungsrechtliche Durchführungsgebot vor allem aus dem Wortlaut des Art. 107 Abs. 2 S. 1 GG ("ist sicherzustellen") ab.

[450] *Henneke*, Öffentliches Finanzwesen, S. 280; BVerfGE 1, 131 f.

[451] *Korioth*, Der Finanzausgleich zwischen Bund und Ländern, S. 612; BVerfGE 1, 131; BVerfGE 72, 330, 398; *Grawert*, Die Kommunen im Länderfinanzausgleich, S. 148, 215, 278; *Schmidt-Bleibtreu-Klein*, Kommentar zum Grundgesetz, Art. 107, Rdnr. 2; *Maunz*, in: Maunz, Dürig u.a. (Hrsg.), Grundgesetz Kommentar V, Art. 107, 64; *Prokisch*, Die Justiziabilität der Finanzverfassung, S. 236.

[452] *Stern*, Das Staatsrecht der Bundesrepublik Deutschland II, S. 1166.

[453] Die sozialstaatliche Komponente drückt sich in dem auf Einheitlichkeit der Lebensverhältnisse drängenden Prinzip des Art. 107 Abs. 2 GG aus, das allerdings nicht überbewertet werden darf, *Maunz*, in: Maunz, Dürig u.a. (Hrsg.), Grundgesetz Kommentar V, Art. 107, Rdnr. 9; *Kirchhof, Paul*, Der Verfassungsauftrag zum Länderfinanzausgleich als Ergänzung fehlender und Garant vorhandener Finanzautonomie.

deren Steuererträgen abhängig. Gleichwohl betont das Bundesverfassungsgericht, dass der Begriff ernst zu nehmen sei und die vom Verfassungsgeber bewusst gewählte Wortwahl nicht mit der Steuerkraft gleichzusetzen ist.[454] Der Begriff der Finanzkraft hielt mit der Finanzverfassungsreform 1969 Einzug in den Verfassungstext und ersetzte die Begriffe der „leistungsfähigen und leistungsschwachen" Länder[455] und macht damit deutlich, dass es für die Leistungsfähigkeit nicht nur auf eine proportionale Gegenüberstellung der Steuermassen aus den Gemeinschaftssteuern ankommt, sondern auch solche Erträge erfasst werden sollen, die aus einer produktiven oder unproduktiven Wahrnehmung der Länderkompetenzen resultieren.[456] Finanzkraft nach Art. 107 Abs. 2 GG nimmt insoweit Bezug auf die Eigenständigkeit und politische Eigenverantwortlichkeit der Länder, stützt insoweit auch das Nivellierungsverbot.

3. Systematischer Vergleich

a) Berücksichtigung von Sonderbedarfen

Die Frage, ob sog. Sonderbedarfe im Rahmen des horizontalen Länderfinanzausgleichs zu berücksichtigen sind, hat für die Ausgangsfrage, wie der angesprochene Zielkonflikt föderaler Ausgleichszahlungen aufzulösen ist, keine überragende Bedeutung und kann den Streit nicht letztgültig auflösen. Gleichwohl lässt sich ein Indiz für die Präponderanz bundesstaatlicher Finanzautonomie erkennen und deutet damit auf ein reduziertes Maß an Ausgleich zwischen den Länder hin.

Der Begriff der Sonderbedarfe erfasst solche kostenverursachenden Faktoren, die zumeist ihre Ursache in besonderen realen Gegebenheiten haben und der individuellen Typik einzelner Länder entsprechen. Beispiele hierfür sind Ausgaben für den Küstenschutz, Seehafenlasten, höhere Personal- und Infrastrukturkosten in Großstädten und Ballungsgebieten.[457] Das Bundesverfassungsgericht nimmt zu dieser Frage eine ablehnende Haltung ein und stützt diese vor allem auf das Argument, dass der 2. Halbsatz von Art. 107 Abs. 2 S. 1 GG den Begriff des Finanzbedarfs dem der Finanzkraft im 1. Halbsatz gegenüberstellt und damit die fehlende Identität beider Begrifflichkei-

---

[454] BVerfGE 72, 330, 397; *Prokisch*, Die Justiziabilität der Finanzverfassung, S. 238.

[455] Vgl. oben Kapitel 1: C) I.1.

[456] Die geübte Praxis eines reinen Steuerausgleichs eignet sich dabei nicht als Argument gegen eine weite Auslegung im Sinne eines umfassenden Finanzkraftbegriffs, weil das Steueraufkommen lediglich als Indikator für die Finanzkraftsituation herangezogen wurde, *Prokisch*, Die Justiziabilität der Finanzverfassung, S. 239.

[457] *Prokisch*, Die Justiziabilität der Finanzverfassung, S. 240.

ten verdeutlicht.[458] Theodor Maunz hält dem entgegen, der 2. Halbsatz habe lediglich klarstellende und ergänzende Funktion, weshalb eine Bezugnahme dieses Begriffs auf den gesamten Normabsatz seine Bedeutung überbewerte. Dem Gesetzgeber stehe es vielmehr zu, im Rahmen seiner Entscheidungsfreiheit zur Beurteilung der Finanzkraft auch Positionen der Ausgabenseite mit einzubeziehen. Nach diesem Verständnis von Finanzkraft drückt sich in ihr das Verhältnis der Ausgabenseite eines Landes zu seiner Einnahmenseite aus.[459]

Für den Standpunkt des Bundesverfassungsgerichts sprechen allerdings einige Aspekte. Föderale Autonomie steht unter der grundlegenden Bedingung, für die Aufgaben und deren angemessenen Erfüllung die erforderliche Finanzausstattung zur Verfügung zu haben. Was die Aufgaben der einzelnen Gebietskörperschaften sind, ergibt sich aus der Verteilung der Kompetenzen zwischen Bund und Ländern in Art. 70 ff. GG. Die legislative Kompetenzzuordnung ist nach Art. 70 ff. GG nach Sachbereichen untergliedert, während die administrative Zuständigkeit nach Art. 83 ff. GG funktionell zwischen Bund und Ländern untergliedert ist und hauptsächlich die Länder für zuständig erklärt. Die Zuweisung der Aufgabenausführung differenziert also zwischen der Zuständigkeit des Bundes und der Länder, nicht aber zwischen den Ländern, womit deutlich wird, dass eine unterschiedliche Wertung der Länderverantwortlichkeiten nach der grundgesetzlichen Kompetenzordnung nicht vorgesehen ist. Das Bundesstaatsprinzip sowie der Gleichheitsgrundsatz verpflichten den Bundesgesetzgeber, grundsätzlich von der Annahme auszugehen, dass die Aufgaben der Länder annähernd gleich sind, diesen deshalb auch hinsichtlich ihres verfassungsrechtlichen Aufgabenbestandes ein gleichmäßiger Finanzmittelbedarf zugestanden werden muss. Da die Berücksichtigung von Sonderbedarfen einiger Länder diesem Konzept widerspricht, sind diese nach dem System der Finanzmittelzuweisung und –umverteilung nicht ohne weiteres zulässig und eine Gleichbehandlung aller Länder durch den Bundesgesetzgeber im Rahmen der Finanzausgleichsgesetzgebung angezeigt.[460]

In diesem Zusammenhang ist auch die Wertung des Art. 104a Abs. 1 GG zu sehen. Das Konnexitätsprinzip bindet als zentraler Grundsatz jedes fiskalische Staatshandeln und verpflichtet dazu, den Träger der Aufgabenverantwortung auch die Verantwortung der Finanzierung zuzuweisen. Da die Ausführungsverantwortung nach Art. 83 ff. GG überwiegend bei den Länder liegt, hat dieser vor allem für deren Interesse an der Bewahrung ihrer Finanzautonomie besondere Bedeutung. Eine Unter-

---

458 BVerfGE 72, 330, 401.

459 *Maunz*, in: Maunz, Dürig u.a. (Hrsg.), Grundgesetz Kommentar V, Art. 107, Rdnr. 54.

460 *Vogel*, in: Dolzer u.a. (Hrsg.), Kommentar zum Bonner Grundgesetz, Art. 107, Rdnr. 154.

wanderung bundesstaatlicher Autonomie über ein finanzielles Mitspracherecht Dritter soll hierdurch unterbunden werden,[461] indem die auf die Eigenstaatlichkeit der bundesstaatlichen Mitglieder ausgerichtete Kompetenzzuweisung in Art. 70 ff. GG auch in fiskalischer Hinsicht gewahrt bleibt und die Eigenstaatlichkeit und Eigenverantwortlichkeit der Länder nicht mangels Finanzausstattung zum Erliegen kommt. Damit weist Art. 104a GG auf die Finanzautonomie der Länder hin. Bestandteil dieser ist aber nicht nur die hinreichende quantitative Ausstattung mit finanziellen Spielraum, sondern auch die qualitative Möglichkeit, über den zugewiesenen Finanzstatus eigenverantwortlich verfügen zu können, ohne Gefahr zu laufen, in erheblichem Umfang, diesen wieder an die Bundesstaatsgemeinschaft abtreten zu müssen, wenn Finanzkraftunterschiede unter Berücksichtigung der Sonderbedarfe aufgewertet werden.

Auch der Rückgriff auf Aspekte des Solidaritätsprinzips vermag keine anderweitige Einschätzung dieser Frage. Der Finanzausgleich nach Art. 107 Abs. 2 S. 1 GG bedeutet einen erheblichen Eingriff in die Autonomie der ausgleichspflichtigen Länder, da diese die Finanzzuweisungen im Rahmen des horizontalen Länderfinanzausgleichs aus deren originär zugewiesenen Finanzmitteln zu bestreiten haben. Dieser Umstand gestattet es dem Bund nicht, den horizontalen Finanzausgleich durch die Berücksichtigung abstrakter Sonderbedarfe einiger Länder den Charakter eines Spitzenausgleichs zu nehmen und das Volumen der Ausgleichszahlungen von vornherein aufzuwerten.

Gleichwohl ist eine gemeinschaftliche Finanzierung bestimmter Aufgaben möglich und Ausdruck des solidarischer Zusammenhalts der föderalen Gemeinschaft. Wegen der Gefahr, durch die finanzielle Teilhabe Dritter, die autonome Aufgabenverantwortlichkeit fremder Mitbestimmung zu öffnen, steht die Fremdfinanzierung stets unter dem gesteigerten Rechtfertigungsdruck einer besonderen Veranlassung und verlangt eine gesonderte verfassungsrechtliche Legitimation.[462] Als Grundnormen bundesstaatlicher Finanzautonomie vermögen Art. 106, 107 Abs. 1 und Abs. 2 GG diese Legitimation nicht zu vermitteln.[463]

Die Berücksichtigung von Sonderbedarfen führte letztlich nur dazu, dass besondere Belastungen auf der einen Seite durch besondere Belastungen auf der anderen Seite

---

[461] Die Metapher vom „goldenen Zügel" nimmt insoweit auf dieses Problem Bezug, vgl. *Renzsch*, Der Streit um den Finanzausgleich, in: Wehling (Hrsg.), Die deutschen Länder, S. 356.

[462] Vgl. Art. 109 Abs. 4 GG, wonach eine gegenseitige Haushaltseinflussnahme nur unter der Ausnahmesituation der Störung des gesamtwirtschaftlichen Gleichgewichts zulässig ist. Ähnliches gilt bei Art. 91a Abs. 1 GG. Der Themenkatalog macht deutlich, dass eine uneingeschränkte Verflechtung der finanziellen Beziehungen der föderalen Glieder nicht zulässig ist.

[463] *Prokisch*, Die Justiziabilität der Finanzverfassung, S. 242.

aufgewogen werden müssten, obwohl die Vergleichbarkeit dieser Sonderlasten angesichts ihrer ursächlichen Individualität abstrakte Vergleichsparameter vermissen lassen.[464] Das Gebot einer sachgerechten Einschätzung der Gleichheit bzw. Ungleichheit lässt diesen Vergleich dann aber nicht zu.[465] Die Rücksichtnahme von Sonderlasten ist nur dort zu rechtfertigen, wo die Ausgangslage einzelner Länder hinsichtlich der für die Einnahmenseite maßgeblichen Faktoren von vornherein hinter der der Ländermehrheit zurückbleibt, wie etwa bei der Einwohnerzahl von Stadtstaaten gegenüber der von Flächenstaaten. Eine Modifikation des Finanzausgleichs nach abstrakten Kriterien ist dann verfassungsrechtlich nicht zu beanstanden.[466]

Zudem spricht gegen die Berücksichtigung von Sonderbedarfen weiterhin, dass Art. 107 Abs. 2 GG überwiegend auf die Einnahmeseite der Finanzausstattung der Länder Bezug nimmt, die Ausgabenseite hingegen nur beiläufig durch die Einbeziehung der Finanzbedarfe der Gemeinden erwähnt. Dies ist angesichts der Selbstverwaltungsgarantie des Art. 28 Abs. 2 GG nur konsequent, da deren Finanzgebaren nicht Teil der Finanzverantwortung der Länder ist und sich aus ihrer Perspektive als eine vorgegebene Größe darstellt, die ihrem Einfluss weitgehend entzogen ist. Insoweit bedarf es einer ausdrücklichen Einbeziehung der Gemeindefinanzen in das System des horizontalen Länderfinanzausgleichs. Damit macht Art. 107 Abs. 2 S. 1 GG deutlich, dass es im Rahmen des Finanzausgleichssystems um die grundlegende Finanzausstattung der Länder geht und individuelle Faktoren nur soweit Berücksichtigung finden, soweit sie einem abstrakten Vergleichsmaßstab zugänglich sind. Die grundsätzliche Gleichsetzung aller im Bund zusammengeschlossenen Länder hinsichtlich ihres Finanzmittelbedarfs und die Außerachtlassung von spezifischen Sonderlasten betont deren Individualität und Eigenverantwortlichkeit hinsichtlich ihrer finanziellen Verpflichtungen und tritt somit im Zielkonflikt zwischen bundesstaatlicher Solidarität und Eigenstaatlichkeit zugunsten der Autonomie der Länder ein. Das bündische Prinzip gebietet zwar die solidarische Hilfeleistung auch im Bereich der besonderen Lasten einzelner Länder. Insofern verbietet sich aus Art. 107 Abs. 2 GG nicht die Möglichkeit zur Hilfeleistung. Es selbst bietet die hierfür erforderliche Legitimation allerdings nicht. Föderale Hilfestellung bezüglich besonderer Lasten einzelner Gliedstaaten ist daher im Rahmen der Bundesergänzungszuweisungen nach Art. 107 Abs. 2 S. 3 GG,

---

[464] Darauf hat das Bundesverfassungsgericht ausdrücklich hingewiesen, vgl. BVerfGE 101, 158, 228.

[465] Vgl. Kapitel 2: B) III.1.b).

[466] Die Problematik der Einwohnerveredelung ist Ausdruck dessen, ist gleichwohl als wenig sachgemäßes Kriterium im Rahmen des horizontalen Länderfinanzausgleich zu kritisieren; BVerfGE 72, 330, 401; vgl. hierzu auch weiter unten Kapitel 3: C)

bei den Gemeinschaftsaufgaben nach Art. 91a GG oder bei den besonderen Investitionshilfen nach Art. 104a Abs. 4 GG richtig verortet.[467] Der horizontale Länderfinanzausgleich dagegen bleibt hiervon unbeeindruckt. Die Nichtberücksichtigung von Sonderbedarfen bei der Finanzkraft der Länder spricht somit für eine stärkere Gewichtung der Eigenbehaltsinteressen der ausgleichsverpflichteten Länder.

b) Vergleich von Art. 107 Abs. 2 GG und Art. 106 GG bis Art. 107 Abs. 1 GG

Das Nivellierungsverbot folgt auch aus einem Vergleich der in Art. 106 und 107 Abs. 1 GG enthaltenen primären mit der sekundären Finanzverteilung[468] nach Art. 107 Abs. 2 GG. Die Berechnung der Ertragszuweisungen der Umsatzsteuer macht Art. 106 Abs. 3 S. 4 GG von den notwendigen Ausgaben von Bund und Ländern abhängig und verlangt deren Deckungsbedürfnisse billig in Ausgleich zu bringen, ohne dabei eine Überbelastung der Steuerpflichtigen zu riskieren. Nach Art. 106 Abs. 4 GG sind die diesbezüglich getroffenen Einschätzungen neu anzustellen, wenn sich auf der Einnahmen- oder Ausgabenseite der Betroffenen wesentliche Veränderungen ergeben. Auf Grundlage der Steuerverteilung zwischen dem Bund und den Ländern nimmt Art. 107 Abs. 1 S. 1 GG dann eine Verteilung des Gesamtländeranteils zwischen den Ländern vor, wobei im Vordergrund die örtliche Vereinnahmung steht. Die Berechnung der Ertragszuweisungen nach Art. 106 und 107 Abs. 1 GG (Primärzuweisungen) ist insoweit vor allem von der Größe des Landes, seiner Einwohnerzahl und von der Zahl der angesiedelten Arbeitsplätze und deren Qualität abhängig. Da der Ort der Steuervereinnahmung aber oft nicht dem Wohnort der Steuerpflichtigen und damit die Finanzzuweisung nicht unbedingt in Relation zur Einwohnerzahl der Länder zu setzen ist, zerlegt Art. 107 Abs. 1 S. 2 GG das Aufkommen und weist die Anteile den Ländern entsprechend zu. Gerade die Zerlegung der Steuererträge der drei großen Steuerarten und die Zuweisung der Umsatzsteuer nach Einwohnerzahl gemäß Art. 107 Abs. 1 GG macht deutlich, dass nach dem verfassungsrechtlichen Verständnis von Finanzkraft, diese die Einwohnerzahl und Ansiedlung von Unternehmen reflektieren soll.

Die primäre Finanzzuweisung nach Art. 106, 107 Abs. 1 GG wird also von Faktoren maßgeblich beeinflusst, die sich aus der originären Strukturrealität der Gebietskörperschaften ableiten. Ihr gegenüber steht die sekundäre Finanzzuweisung nach Art. 107 Abs. 2 GG. Sie unterscheidet sich qualitativ. Sie ist nicht nur das Abbild der strukturellen Kräfteverhältnisse der bündischen Gemeinschaft, das sich in finanzieller Hin-

---

[467] *Prokisch*, Die Justiziabilität der Finanzverfassung, S. 242.

[468] Vgl. hierzu oben Kapitel 1: C) II.

sicht im Länderfinanzausgleichsrecht wiederspiegelt. Sie verfolgt vielmehr eigenständig das Ziel, eine existenzgefährdende finanzielle Distanz zwischen den Ländern zu verhindern. Aus dem Wortlaut von Art. 107 Abs. 2 S. 1 GG wird hierzu deutlich, dass die sekundäre Finanzmittelverteilung die Finanzkraft als gegebene Größe voraussetzt, diese selbst aber nicht mehr beeinflussen soll. Der Grund hierfür liegt darin, dass Sekundärverteilung im übergeordneten Zusammenhang zu sehen ist, innerhalb der bündischen Gemeinschaft die Unterschiede zwischen den Bundesgenossen nicht zu groß werden zu lassen.[469] Die Funktionen des Finanzkraftbegriffs und die Funktion des Länderfinanzausgleichs als Sicherung gegen zu große Unterschiede der finanziellen Möglichkeiten innerhalb der föderalen Gemeinschaft können einen Ausgleich, der nicht nur mäßigen Umfang einnimmt, dann aber nicht rechtfertigen.

Aus dem Verhältnis zwischen den Primär- und den Sekundärzuweisungen, wie es sich in Art. 106, 107 Abs. 1 GG und Art. 107 Abs. 2 GG darstellt, wird damit sowohl in quantitativer als auch in qualitativer Hinsicht ein Schwergewicht der Primärverteilung erkennbar, dass die sekundäre Finanzverteilung nicht nur als bloße Fortsetzung der Primärverteilung qualifiziert,[470] sondern als nachgeschaltete Finanzierungsstruktur, die gesteigerten Rechtfertigungserfordernissen unterliegt. Länder, die im horizontalen Länderfinanzausgleich Zahlungen erhalten, erhalten diese nicht als originäres Korrelat ihrer jeweiligen Finanzkraft, sondern als Konsequenz bundesstaatlicher Solidarität. Länder, die Zahlungen erbringen, geben einen Teil ihrer originären Finanzkraft an Bündnispartner ab. Damit ist die Qualität der Zahlungen bestimmt. Die Zahlungen des horizontalen Länderfinanzausgleichs greifen im Gegensatz zur primären Verteilung der Steuererträge direkt in die originäre Finanzausstattung der Geberländer ein und charakterisieren sie insoweit als Abgabe aus Eigenem.[471]

Der Begriff der Finanzkraft in Art. 107 Abs. 2 GG ist auf den ersten Blick entsprechend der Formulierung des „angemessenen Ausgleichs" nach beiden Seiten hin offen. Bei näherer Betrachtung allerdings wird deutlich, dass er Ausdruck der individuellen Finanzausstattung der Länder ist, die ihrerseits überwiegend durch individuelle Strukturfaktoren beeinflusst wird, auf die der horizontale Länderfinanzausgleich keinen Einfluss mehr hat. Von daher lässt sich bislang eine Obergrenze für den Grad fis-

---

[469] Kirchhof sieht hierin lediglich eine Garantie des Gemeinschaftsexistenzminimums. Das Tatbestandsmerkmal der „Erforderlichkeit" erlaubt Ausgleichszahlungen, die keinen Bezug auf autonom bedingte Bedarfsgesichtspunkte nehmen, nur unter besonderer Rechtfertigungslage, wenn die Gemeinschaftsexistenz berührt ist, *Kirchhof, Paul*, Der Verfassungsauftrag zum Länderfinanzausgleich als Ergänzung fehlender und Garant vorhandener Finanzautonomie, S. 33, 135.

[470] BVerfGE 72, 330, 385.

[471] BVerfGE 72, 330, 386.

kalischer Nivellierung nicht entnehmen. Auf der anderen Seite betont er aber die Unterschiedlichkeit und damit die bundesstaatliche Eigenständigkeit der Länder und steigert den Rechtfertigungsdruck umfassender Ausgleichsströme im horizontalen Länderverhältnis.

II. Bundesstaatliche Finanzautonomie

Das Finanzausgleichsrecht steht in engem Kontakt mit der Finanzautonomie der Länder, die ihrerseits Ausfluss des Bundesstaatsprinzips ist. Bei der Interpretation des Art. 107 Abs. 2 GG sind daher Bezüge zur Bundesstaatlichkeit unumgänglich, wenngleich ihre Einflussnahme auf den Länderfinanzausgleich nicht pauschal, sondern über ihre finanzverfassungsrechtlichen Spezifikationen erfolgt. Die Frage der Bundesstaatlichkeit ist Gegenstand einer Vielzahl von theoretischen Erklärungsversuchen. Über den Begriff des Bundesstaats und seiner exakten Definition besteht keine Einigkeit.[472] Wenngleich einzelne Definitionsversuche nicht auf allgemeine Akzeptanz stoßen und bezüglich spezifischer Elemente kritisiert werden, so lassen sich aus dem Vergleich mit anderen Erklärungsversuchen zum Bundesstaatsbegriff zumindest seine wesentlichen Eigenschaften erkennen.[473] Neben seiner territorialen Untergliederung ist ihm vor allem die Staatsähnlichkeit der Gliedstaaten eigen. Die Unbestimmtheit der Begriffserläuterung hinsichtlich der Frage, welche Aufgaben den Gliedstaaten verbleiben und wie ihre Beteiligung an der Zentralgewalt beschaffen sein muss, zeigt aber, dass Bundesstaatlichkeit diesbezüglich offen ist und Föderalismus kein Konfektionsmodell staatsorganisatorischer Theorien, sondern individueller Spiegel der kulturhistorischen und politischen Tradition eines Landes ist.[474] Entsprechend viele Facetten zwischen zentralstaatlichem Unitarismus und föderaler Eigenständigkeit sind denkbar. An diesem Spannungsverhältnis nimmt auch der Grundsatz der Finanzautonomie teil.

Föderalismus ist nicht nur die Untergliederung der administrativen Staatsstrukturen, sondern die Verteilung der zentralen Staatsgewalt auf mehrere selbstverantwortliche Gliedstaaten, die nicht nur Selbstverwaltungskörperschaften sind, sondern eigene,

---

[472] Eine der gängigen Definitionen besagt, dass der Bundesstaat sich dadurch auszeichnet, dass sein Gebiet in staatsähnliche Länder aufgeteilt ist, die in irgendeiner Weise maßgebenden Anteil an der obersten Gesetzgebung haben und irgendwelche, im typischen Einheitsstaat vom Staatsapparat wahrgenommenen Betätigungen in Selbstverwaltung erfüllen, *Kimminich*, Der Bundesstaat, in: Isensee, Kirchhof (Hrsg.), HStR I, § 26, S. 1116.

[473] Zum Versuch das Verhältnis zwischen Bund und Ländern im Bundesstaat zu charakterisieren, vgl. *Herzog*, Allgemeine Staatslehre, S. 89, m.w.N.

[474] *Henneke*, Öffentliches Finanzwesen, S. 43.

nicht vom Gesamtstaat abgeleitete Identität und Eigenverantwortung innehaben.[475] Die Elemente der Autonomie blieben allerdings reine Theorie, würden sie nicht durch finanzielle Unabhängigkeit belegt.[476] Erst im Innehaben von finanziellem Entscheidungsspielraum realisiert sich Eigenverantwortlichkeit. Finanzautonomie ist somit eine grundlegende Voraussetzung für die Eigenstaatlichkeit der föderalen Gliedstaaten.[477]

Als verfassungsrechtliches Prinzip erschöpft sie sich allerdings nicht in der garantierten Zuweisung finanzieller Mittel, sondern sie verfolgt die Optimierung der Eigenständigkeit der Gebietskörperschaften. Ein optimiertes Maß an Individualität ist durch Bereitstellung von Finanzen allein aber noch nicht erreicht, sondern verlangt die systematische Einbindung des Grundgedankens der Bundesstaatlichkeit in das System der Finanzverfassung. Erst die Zuweisung von Finanzhoheitsrechten schließt die Lücke zwischen der Finanzautonomie als abstraktem Verfassungsprinzip und realisierter Bundesstaatlichkeit. Um hieraus einen Erkenntniswert für das konkrete Finanzausgleichsverhältnis zwischen den Ländern zu gewinnen, sind Rückschlüsse für den horizontalen Länderfinanzausgleich erst aus dem Vergleich mit ihren ausdifferenzierten Niederschlägen innerhalb des Finanzverfassungsrechts möglich.

1. Art. 109 Abs. 1 GG

Wesentlicher Bestandteil eigenverantwortlicher Selbständigkeit ist die Trennung der Haushalte von Bund und Ländern. Art. 109 Abs. 1 GG erklärt Bund und Länder haushaltswirtschaftlich für autark, indem er ihnen die Selbständigkeit und Unabhängigkeit ihrer Haushaltswirtschaft garantiert. Dass damit nicht nur das formale Bekenntnis zu Selbständigkeit gemeint ist, sondern hierin ein echtes Verbot von auch nur mittelbar faktischer Einflussnahme von dritter Seite zum Ausdruck kommt, wird durch die nahezu synonym wiederholte Bestätigung der Haushaltseigenständigkeit mit den Begriffen der Selbständigkeit und Unabhängigkeit herausgestellt.[478] Die Einflussnahme durch Antragstellungen, Anhörungen sowie Benehmen oder Einvernehmen als Aus-

---

475 *Degenhart*, Staatsrecht I Staatsorganisationsrecht, S. 45; BVerfGE 34, 9, 19.

476 *Korioth*, Der Finanzausgleich zwischen Bund und Ländern, S. 100.

477 *Kirchhof, Ferdinand*, Grundsätze der Finanzverfassung des vereinten Deutschlands, in: VVDStRL 1992, S. 81.

478 Maunz versteht dies nicht nur als das grammatikalische Stilmittel des Pleonasmus oder der Verstärkung, sondern sieht hierin einen Hinweis auf das Verbot des mittelbaren Hinüberwirkens, etwa durch Selbstbeteiligungsklauseln oder Dotationsauflagen, *Maunz*, in: Maunz, Dürig u.a. (Hrsg.), Grundgesetz Kommentar V, Art. 109, Rndr. 5.

druck der gegenseitigen Zustimmung scheidet hiernach aus.[479] In der Stringenz dieses Verbotes der Einflussnahme[480] zeigt sich, dass Finanzautonomie nicht nur auf die Notwendigkeit der zur Verfügungsstellung von finanziellen Mitteln als solches, sondern auf die dahinter stehende Selbstbestimmtheit bundesstaatlicher Gliedstaaten verweist.[481]

Gleichwohl ignoriert Art. 109 Abs. 1 GG das Bedürfnis nach Solidarität zwischen den Bundesgenossen nicht. Nach Art. 109 Abs. 3 GG können der Bund und die Länder ihre Finanzplanung aufeinander ausrichten und gemeinsame Haushaltsgrundsätze aufstellen, womit auf die Abhängigkeit von einer gemeinsamen volkswirtschaftlichen Grundlage Rücksicht genommen wird. Eine Kooperation im Haushaltsrecht über eine grundlegende Ausrichtung der Haushalte zwischen den Bundesgenossen ist aber nicht vorgesehen, wenn auch nicht ausgeschlossen, sofern besondere Umstände eine weitergehende Zusammenarbeit erfordern. Art. 109 Abs. 4 GG erlaubt detaillierte Vereinbarungen über Höchstbeträge, Bedingungen und Zeitfolge von Krediten oder die Bildung von Konjunkturausgleichsrücklagen nur unter dem Zustand der Störung des gesamtwirtschaftlichen Gleichgewichts. Er schließt damit Kooperationen nicht aus, jedoch setzt er die Voraussetzungen an eine mehr als nur grundsätzliche Zusammenarbeit in fiskalischen Beziehungen sehr hoch.[482]

Aus diesen Überlegungen lassen sich spezifische Anhaltspunkte für Art. 107 Abs. 2 GG gewinnen. Art. 107 Abs. 2 GG ist Teil eines geschlossenen Systems.[483] Er ergänzt lediglich das primäre Verteilungssystem originärer Finanzen, was schon von daher quantitative Schranken im horizontalen Länderfinanzausgleich andeutet, weil eine Fehlgewichtung zwischen der Zuweisung originärer Finanzmittel nach Art. 106 und 107 Abs. 1 GG und derivativer Ausgleichszahlungen nach Art. 107 Abs. 2 GG im Widerspruch zur Regelhaftigkeit und Grundsätzlichkeit der verfassungsrechtlich normierten Finanzautonomie stünde, die sich in Art. 109 GG abzeichnet und im Verteilungsmechanismus der Art. 106, 107 Abs. 1 GG fortsetzt.[484] Das Risiko, die Eigen-

---

[479] *Maunz*, in: Maunz, Dürig u.a. (Hrsg.), Grundgesetz Kommentar V, Art. 109, 4; *Korioth*, Der Finanzausgleich zwischen Bund und Ländern, S. 100.

[480] *Korioth*, Der Finanzausgleich zwischen Bund und Ländern, S. 100.

[481] Hierdurch stärkt die Finanzverfassung das Bundesstaatsprinzip, *Kirchhof, Ferdinand*, Grundsätze der Finanzverfassung des vereinten Deutschlands, in: VVDStRL 1992, S. 82.

[482] Dies leitet sich aus der enumerativen Aufzählung der Ausnahmen zu Art. 109 Abs. 1 GG, *Kirchhof, Ferdinand*, Grundsätze der Finanzverfassung des vereinten Deutschlands, in: VVDStRL 1992, S. 82.

[483] *Maunz*, in: Maunz, Dürig u.a. (Hrsg.), Grundgesetz Kommentar V, Art. 109, Rdnr. 6.

[484] Vgl. Kapitel 2: B) I.2.

ständigkeit der Gebietskörperschaften durch eine Verflechtung der finanziellen Beziehungen zu unterwandern, soll nur dann eingegangen werden dürfen, wenn hierfür besonderer Anlass besteht. Solche Finanzbeziehungen stellen dann aber auch eine Ausnahme zur Regel dar und bedürfen als solche einer ausdrücklichen verfassungsrechtlichen Anordnung.[485] Finanzmittelverschiebungen zwischen den verschiedenen Gebietskörperschaften ohne eine besonders geartete Rechtfertigungssituation sind daher lediglich in Form globaler Zuweisungen zulässig,[486] um einer unmittelbaren oder mittelbaren Einflussnahme durch Dritte in die Haushaltsautonomie der Empfänger entgegenzuwirken.[487] Hierzu ist auch der Länderfinanzausgleich zu zählen, der als Teil des Steuerzuweisungs- und Finanzumverteilungssystems lediglich die grundlegende Finanzausstattung verfolgt, nicht aber einzelne Sonderposten abdecken soll.
Gleichwohl lassen sich aus Art. 109 GG keine konkreten Höchstgrenzen für den Länderfinanzausgleich bestimmen. Dies würde seine Bedeutung für den Länderfinanzausgleich angesichts der Spezialität des Art. 107 Abs. 2 S. 1 GG überstrapazieren. Erkenntniswert gewinnt Art. 109 GG aber dadurch, dass wegen der verfassungsrechtlich festgeschriebenen Haushaltsautonomie, Finanzierungsformen stets nur grundsätzlicher Natur sein dürfen. Diese Eigenschaft staatlicher Mittelzuweisungen bedingt aber, dass individuell disponierte Mittelbedarfe, oder solche, die individuell gesetzte Ursachen hierfür haben, diese Grundsätzlichkeit nicht teilen.[488] Je stärker sich die Ausgleichszahlungen im Rahmen des horizontalen Länderfinanzausgleichs auf individuelle Ursachen zurückführen lassen, desto weniger sind diese mit dem Finanzsystem des Grundgesetzes in Einklang zu bringen. Solchen Ursachen sind auch haushaltswirksame Entscheidungen der Länder zuzuordnen, soweit sie Ausdruck einer politisch motivierten Entscheidung sind. Ein verfassungsrechtliches Gebot ist es daher, den horizontalen Länderfinanzausgleich an Faktoren auszurichten, die eine Beurteilung der Ursachen von Finanzkraftschwächen der Länder danach erlauben, ob diese der Eigenverantwortlichkeit der politischen Landesregierung zuzurechnen oder unvermeidbare Folge abstrakt-strukturell begründeter Finanzkraftunterschiede sind. Die Korrelation nach Art. 106, 107 Abs. 1 GG zwischen Einwohnerzahl, Unternehmenszahl und ihrer Finanzkraft im Sinne des Art. 107 Abs. 2 S. 1 GG trägt dieser Forde-

[485] Vgl. Etwa Art. 91a, 107 Abs. 2 S. 3 und Art. 109 Abs. 4 GG.

[486] Dieser Schluss folgt bei *Maunz*, in: Maunz, Dürig u.a. (Hrsg.), Grundgesetz Kommentar V, Art. 109, Rdnr. 6: Eine Zuweisung allgemeiner Art sind demnach nur durch Art. 106 Abs. 4 S. 2 GG oder Art. 107 Abs. 2 S. 3 GG gerechtfertigt werden.

[487] *Hidien*, Der bundesstaatliche Finanzausgleich in Deutschland, S. 693.

[488] *Ossenbühl*, Verfassungsrechtliche Grundfragen des Länderfinanzausgleichs gem. Art. 107 Abs. 2 GG, S. 57.

rung grundsätzlich Rechnung. Damit eine weiterführende Angleichung der Finanzkraftsituationen der Länder, d.h. ein Angleichung, die weitere als die genannten Bedarfsfaktoren zur Ermittlung der Finanzkraftrelation berücksichtigen will, nicht dem Regel-Ausnahme-Verhältnis widerspricht, sind diese nur beachtlich, wenn diese ebenfalls einem objektiven Vergleich der abstrakten Bedarfssituationen der Länder zugänglich sind.[489] Besteht an dieser Eigenschaft Zweifel, unterliegt nicht das Eigenbehaltinteresse der finanzstarken Länder einem gesteigerten Rechtfertigungsinteresse, sondern das Zuweisungsverlangen der finanzschwachen Länder.

2. Ausgabenverantwortung

Ein zentraler Gesichtspunkt finanzieller Selbstverantwortlichkeit gründet in der Ausgabenseite fiskalischen Tätigwerdens. Sie unterscheidet sich hinsichtlich ihrer funktionellen Bedeutung von dem bisher behandelten Aspekt der Haushaltsautonomie[490] und den Aspekten der Steuerkompetenzen nach Art. 105 GG und der Einnahmenverteilung nach Art. 106, 107 GG.[491] Diese bilden die Grundlage bundesstaatlicher Eigenständigkeit, d.h. sie vermitteln in erster Linie die finanzielle Grundversorgung aller Bundesstaatsmitglieder. Sie verfolgen die gemeinsame Aufgabe, föderale Strukturen vor einem tendenziellen Bedeutungsverlust zu bewahren, indem sie Grundsätze föderaler Finanzverhältnisse in institutionalisierte Mechanismen einbinden und modifizierenden Zugriffen entziehen.[492] Finanzielle Eigenverantwortlichkeit zieht aber auch die Konsequenz nach sich, die Folgen eigenverantwortlicher Politik in positiver als auch in negativer Hinsicht zu tragen. Dieser Aspekt föderaler Finanzautonomie ist in den bislang besprochenen Bereichen der Einnahmenseite und des Haushaltsrechts kaum tangiert, sondern konkretisiert sich vornehmlich in dem folgenden Bereich der Ausgabenseite, als zentraler Gegenstand politischer Gestaltungsmöglichkeiten.[493]

---

[489] Sachgerecht erscheinen in diesem Zusammenhang denn auch solche Argumente, die die politische Eigenverantwortlichkeit der Gliedstaaten mit einbeziehen, *Hidien*, Der bundesstaatliche Finanzausgleich in Deutschland, S. 691; BVerfGE 72, 330, 401.

[490] Oben Kapitel 2: B) II.1.

[491] Oben Kapitel 2: B) I.3.b).

[492] Diese Grundsätze zeigen sich insbesondere in dem in Art. 106 Ab. 3 festgeschriebenen Länderanteil an der Einkommens- und Körperschafts- sowie der Umsatzsteuer. Darüber hinaus garantiert Art. 109 Abs. 1 GG die Haushaltsautarkie von Bund und Ländern.

[493] Das absolute Übergewicht des Bundes im Bereich der Steuerkompetenzen entzieht den Ländern jeglichen Einfluss auf die zufließenden Steuereinnahmen und beschränkt ihre Gestaltungsmöglichkeiten auf den Bereich der Einnahmenverwendung, was weitreichende negative Folgen auch für die Kommunen zeitigt, wenn die Länder die finanzielle Belas-

Bundesstaatliche Vielfalt schlägt sich vor allem in den unterschiedlichen politischen Konzepten nieder. Die gleichmäßige Teilhabe am volkswirtschaftlichen Ertrag aller föderalen Instanzen verlagert gleichzeitig den Schwerpunkt föderaler Eigenständigkeit auf die Frage, wie die originär zugewiesenen Staatsfinanzen der Föderalpartner zur Verwendung kommen. Damit gerät die Ausgabenseite fiskalischen Handelns zum Mittelpunkt föderalen Wettbewerbs und bundesstaatlicher Individualität. Den zentralen Grundsatz der Ausgabenseite enthält Art. 104a Abs. 1 GG. Der Konnexitätsgrundsatz verbindet die Aufgabenverantwortung mit der Ausgabenzuständigkeit. Die Stelle, die die Kosten der Ausführung einer Aufgabe zu tragen hat ist de lege lata auch die Stelle, die über die Ausführung der Aufgabe entscheidet. Er ist vom Leitgedanken des Verantwortungsprinzips getragen. Erst die Ausgabendurchführung bedingt den maßgeblichen Kostenfaktor, Konsolidierungspolitik muss also primär bei der Aufgabenausführung ansetzen. Auch wenn das Verantwortungsprinzip zunächst lediglich unmittelbar den Bereich der Ausgabenseite betrifft, so zeigt doch seine exponierte Stellung an der Spitze des Abschnittes über das Finanzwesen, dass er maßgebliche Bedeutung auch für die nachfolgenden Vorschriften der Finanzverfassung haben muss.[494] Das Länderfinanzausgleichsverhältnis ist daher auch an diesem grundlegenden Prinzip finanzwirtschaftlicher Staatsorganisation auszurichten.

Mit dieser systematischen Überlegung lässt es sich aber nicht vereinbaren, wenn über die Einnahmeseite die Konsequenzen politischer Entscheidungen positiver wie negativer Art auf die Allgemeinheit verlagert werden und damit Anreize zum effizienten Einsatz der originär zugewiesenen Haushaltsmittel schwinden. Damit leitet sich aus dem Konnexitätsprinzip die Notwendigkeit ab, Finanztransfers nur unter Wahrung der Selbstverantwortlichkeit vorzunehmen. Diese Erkenntnis weist erneut auf das Bedürfnis hin, den Länderfinanzausgleich als Transfersystem, das geeignet ist, die politischen Verantwortlichkeiten zu verzerren, im gesamtstaatlichen Interesse an objektiv nachvollziehbaren und sachgerechten Kriterien auszurichten, die eine Differenzierung der Finanzkraftunterschiede im Rahmen des Art. 107 Abs. 2 S. 1 GG nach Gesichtspunkten des Eigenverschuldens zulassen.[495] Fehlen Argumente solcher Art, rechtfertigt sich ein Finanztransfer allenfalls in zurückhaltendem Umfang.

---

tung an die Kommunen weiterreichen, *Henneke*, in: Konrad-Adenauer-Stiftung (Hrsg.), Föderalismusreform: Die deutsche Finanzordnung auf dem Prüfstand, S. 50.

[494] *Henneke*, Öffentliches Finanzwesen, S. 61; *Maunz*, in: Maunz, Dürig u.a. (Hrsg.), Grundgesetz Kommentar V, Art. 104a, Rdnr. 9.

[495] Vgl. oben Kapitel 2: B) II.1; *Hidien*, Der bundesstaatliche Finanzausgleich in Deutschland, S. 693; *Maunz*, in: Maunz, Dürig u.a. (Hrsg.), Grundgesetz Kommentar V, Art. 109, Rdnr. 6.

3. Halbteilungsgrundsatz

Einen neuen und bislang noch wenig diskutierten Aspekt zum Länderfinanzausgleichsverhältnis vertritt Hans-Wolfgang Arndt in seinem Rechtsgutachten zum Normenkontrollantrag der Länder Bayern und Baden-Württemberg.[496] Er greift den Solidaritätsgedanken der bündischen Gemeinschaft zwischen Bund und den Ländern sowie zwischen den Ländern untereinander auf und vergleicht deren Situation im Länderfinanzausgleich mit der Situation des Steuerbürgers im Steuerstaat unter Bezugnahme auf die Entscheidung des Bundesverfassungsgerichts vom 22. Juni 1995[497] zur Verfassungsmäßigkeit der Vermögenssteuer.

a) Exkurs zu BVerfGE 93, 121

Das Bundesverfassungsgericht urteilte, dass die Vermögenssteuer zu den übrigen Steuern auf den Ertrag nur dann hinzutreten dürfe, soweit die steuerliche Gesamtbelastung des zu erwartenden Ertrages (Sollertrag) bei typisierender Betrachtung von Einnahmen, abziehbaren Aufwendungen und sonstigen Entlastungen in der Nähe einer hälftigen Teilung zwischen privater und öffentlicher Hand verbleibt. Das Bundesverfassungsgericht leitet dies aus dem Wortlaut „zugleich“ in Art. 14 Abs. 2 S. 2 GG ab.

Ausgangspunkt der Entscheidung war, dass die Zugrundelegung unterschiedlicher Bemessungsgrundlagen bei Besteuerung verschiedenartiger Vermögenswerte die Abgabenbelastung der Steuerpflichtigen unterschiedliche stark gestaltete. Dies war mit dem Gleichheitssatz und seiner steuerrechtlichen Konkretisierung zum Grundsatz der gleichmäßigen Besteuerung nicht zu vereinbaren. Das Gericht machte deutlich, der Steuerpflichtige habe zunächst einen Anspruch auf die private Nutzung seines Eigentums und die Verfügungsbefugnis über geschaffene Vermögenswerte. Jedenfalls im Kern müssten diese erhalten bleiben.[498] Eine Besteuerung, die aber mehr abschöpfe, als das besteuerte Vermögen an Ertrag abwerfe, führe zu einer schrittweisen Konfiskation des steuerbaren Vermögens.[499]

Ungeachtet des Bestandsschutzes des Vermögensstammes nehme auch der Vermögensertrag am Schutz vermögenswerter Rechtspositionen als Grundlage individueller

---

[496] *Arndt*, Finanzausgleich und Verfassungsrecht, unveröffentlichtes Rechtsgutachten, S. 20 ff.

[497] BVerfGE 93, 121.

[498] BVerfGE 87, 153, 169.

[499] BVerfGE 93, 121, 137.

Freiheit teil,[500] die sozialpflichtige Bindung beider Elemente privaten Vermögens sei aber zu differenzieren. Während der Eigentumsbestand nur einem maßvollem Steuerzugriff ausgesetzt sei, da konfiskatorische Effekte mit der Eigentumsgarantie des Art. 14 Abs. 1 GG nicht zu vereinbaren seien und unterhalb dieser Grenzbelastung ein an Leistungsgesichtspunkten orientiertes Progressionssystem durch den Gleichheitssatz des Art. 3 Abs. 1 GG verfassungsrechtlich geboten sei, diene der Eigentumsgebrauch nach Art. 14 Abs. 2 S. 2 GG zugleich dem privaten Nutzen und dem Wohle der Allgemeinheit. Der Vermögensertrag erschließe sich daher privater Nutzbarkeit einerseits, gleichzeitig aber auch der steuerlichen Gemeinlast andererseits.

Hieraus ergebe sich, dass die Vermögenssteuer[501] nur dann den Ertrag des Vermögens zusätzlich besteuern dürfe, wenn seine Gesamtnettobelastung nach typisierender Betrachtung die Privatnützigkeit und den Gemeingebrauch je zur Hälfte wahrt (Halbteilungsgrundsatz).

Die bundesverfassungsgerichtliche Entscheidung lässt zum einen den Schluss zu, die Sozialpflichtigkeit des Eigentumsertrages komme stärker zum Tragen, soweit der Eigentumsbestand nicht betroffen ist. Soweit ein hoheitlicher Zugriff auf individuelle Vermögenswerte erfolgt, ist daher zu unterscheiden, ob sich die Abgabenlast durch eine Reduzierung bestehender Positionen auswirkt oder lediglich deren Zuwachs reduziert. Zum anderen hat das Bundesverfassungsgericht erstmals eine verfassungsrechtlich verbürgte, quantifizierbare Grenzbelastung von 50 Prozent abgeleitet und damit festgestellt, dass unter Berufung auf den Solidaritätsgedanken hoheitlichem Zugriff nicht nur solche Vermögensbereiche entzogen sind, die der Sicherung des Existenzminimums dienen, sondern darüber hinaus auch der Ertrag, zumindest zur Hälfte freigestellt sein müsse, der aus dem Einsatz von Privatvermögen resultiere. Im Gegensatz zur Verfassungstradition, die anfangs einen Eingriff in individuelle Freiheitsgarantien gänzlich ablehnte,[502] hat die Überzeugung endgültig Einzug gehalten, das Refinanzierungsinteresse des Steuerstaates stoße nicht nur an formelle Grenzen.

b) Übertragung des Halbteilungsgrundsatzes

Arndt greift den Standpunkt des Bundesverfassungsgerichts auf und entwickelt ihn für das Länderfinanzausgleichsrechtsverhältnis weiter.[503] Er erkennt an, dass eine unmittelbare Anwendbarkeit dieses Grundsatzes daran scheitert, dass dieser vornehmlich

---

[500] BVerfGE 93, 121, 138.

[501] Konkrete Streitfrage war die Vereinbarkeit der Vermögenssteuer mit dem Grundgesetz.

[502] Vgl. *Henneke*, Öffentliches Finanzwesen, S. 105 ff.

[503] *Arndt*, Finanzausgleich und Verfassungsrecht, unveröffentlichtes Rechtsgutachten, S. 20 ff.

eine rechtliche Position begründet, die dem Steuerpflichtigen aus verfassungsrechtlich verbürgten Freiheitsrechten zukomme. Da anerkannter Maßen Grundrechte auf das innerstaatliche Rechtsverhältnis keine Anwendung finden, ist eine unmittelbare Übertragung ausgeschlossen.[504]
Arndt stellt allerdings auf die Vergleichbarkeit der Gefahrenlagen ab. Zusammengefasst stellt er dar, in beiden Fällen gehe es um die Gegenüberstellung subjektiver Positionen gegenüber einer übermächtigen Institution, die im horizontalen Finanzausgleich durch die Mehrheit der finanzschwachen Länder repräsentiert werde. Das Bundesverfassungsgericht habe ausdrücklich festgestellt[505], dass die sekundäre Finanzmittelzuweisung nach Art. 107 Abs. 2 GG qualitativ von der primären Finanzmittelzuweisung nach Art. 106, 107 Abs. 1 GG zu unterscheiden sei. Die finanzstärkeren Länder würden mit ihrer eigenen Finanzausstattung in die Ausgleichsregelung mit einbezogen und gegebenenfalls mit Ausgleichspflichten belegt. Dadurch bedingt Art. 107 Abs. 2 S. 1 GG lediglich eine subsidiäre Korrektur der primären Ertragsverteilung, in deren Rahmen die Ausgleichszahlungen an die empfangsberechtigten Länder lediglich als derivativer Zufluss zur eigenen Finanzausstattung erfolgen, sich für die leistungsverpflichteten Länder aber als Abfluss originärer Finanzkraft darstellen.[506]
Das Rechtsgutachten vergleicht beide Vergleichsgruppen anhand des Verhältnismäßigkeitsprinzips.[507] So wie Art. 14 Abs. 2 GG als Ausdruck des Verhältnismäßigen die Wahrung des Existenzminimums und die Freistellung des hälftigen Sollertrages gebiete, so lasse sich auch im innerstaatlichen Finanzausgleichsrechtsverhältnis aus Art. 107 Abs. 2 S. 1 GG eine Begrenzung der Abgabepflichten herleiten. Die Herleitung solcher grundrechtsähnlichen Positionen erlaube sich dabei schon deshalb, weil das Bundesverfassungsgericht ausdrücklich die Zahlungen der finanzstarken Länder im Rahmen des horizontalen Länderfinanzausgleichs als „Abgabe aus Eigenem“[508] qualifiziert habe.
Unterschiede ergäben sich aber vor allem hinsichtlich der Bemessungsgrundlagen. Während im Bürger-Staat-Verhältnis die Grenzen zwischen Existenzminimum und hälftiger Grenzbesteuerung verfassungsrechtlich garantiert würden, ließen sich diese

---

504 Unter Verweis auf das Fehlen einer grundrechtstypischen Gefährdungslage ständige Rspr. des Bundesverfassungsgerichts, vgl. BVerfGE 61, 82, 105; 45, 63, 79.

505 BVerfGE 72, 330, 386.

506 BVerfGE 72, 330, 386.

507 Die umfassende Geltung des Verhältnismäßigkeitsgrundsatzes hat vor allem Kirchhof dargelegt, vgl. *Kirchhof, Paul*, Der Verfassungsauftrag zum Länderfinanzausgleich als Ergänzung fehlender und Garant vorhandener Finanzautonomie.

508 BVerfGE 72, 330, 386.

Grenzen nicht ohne weiteres auf den innerstaatlichen Bereich übertragen. Diese leiteten sich erst aus dem Vergleich des Solidaritätsgedankens im Steuerrecht mit dem Verhältnis innerhalb der Föderalgemeinschaft ab. Anders als Art. 14 Abs. 2 S. 1 GG verpflichte Art. 107 Abs. 2 S. 1 GG die Länder nur zum Ausgleich einer unterschiedlichen Finanzkraft. Die Pflicht zum Einstehen füreinander sei angesichts der Eigenstaatlichkeit föderaler Gliedstaaten und deren Verpflichtung auf deren Eigenverantwortung gegenüber der Länderaufgaben grundsätzlich nur auf das Mehr gegenüber dem Durchschnitt der Ländergemeinschaft begrenzt, mache also die durchschnittliche Finanzkraft aller Länder zur Bemessungsgrundlage der solidarischen Ausgleichspflichten der finanzstarken Länder.

Arndts Standpunkt beschreibt die Ansicht, die Bindung der Eigentumsgarantie an den Verhältnismäßigkeitsgrundsatz zeige deutliche Parallelen mit dem Finanzausgleich. Ein garantierter Selbstbehalt von 50 Prozent schaffe beim Steuerbürger Leistungsanreize zum privaten Wirtschaften. Der Halbteilungsgrundsatz sei insofern Teil des Leistungsprinzips und gewönne deshalb über subjektiv-öffentliche Rechtsverhältnisse hinaus auch Geltung für das innerstaatliche Rechtsverhältnis zwischen den Ländern. Arndt bezieht sich damit auf die Überzeugung, dass die Grundlage fiskalischer Handlungsfähigkeit in der volkswirtschaftlichen Leistungsfähigkeit gründet und wirtschaftspolitische Initiativen, Produktivitätssteigerungen und wirtschaftlicher Fortschritt den finanzverfassungsrechtlichen Prinzipien entspreche. Hieraus lasse sich ein deutlicher Akzent ableiten, die Ausgleichspflichten auch im Länderfinanzausgleich auf maximal 50 Prozent der überdurchschnittlichen Finanzkraft der finanzstarken Länder zu begrenzen.

c) Kritik und Stellungnahme

Das Bundesverfassungsgericht ging auf den hier dargestellten Ansatz in seiner Entscheidung vom 11.11.1999 nicht ein. Arndt selbst stellt diesen in seinem Rechtsgutachten auch nicht in den Mittelpunkt seiner Argumentation, was der Grund dafür sein mag, dass sowohl Rechtswissenschaft und Rechtsprechung diesen Gedanken bislang kaum aufgegriffen und diskutiert haben. Dennoch soll an dieser Stelle die vereinzelt angeführte Kritik aufgegriffen werden.[509]

Arndts These lässt sich nur schwer stützen. Augenscheinlich ist dabei vor allem, dass er die Berechtigung der Übertragung des Halbteilungsgrundsatzes auf das Länderfinanzausgleichsverhältnis aus der Vergleichbarkeit der Gefahrenlangen zwischen dem Steuerbürger und den finanzstarken Ländern zieht. Das Bundesverfassungsgericht hat

---

[509] *Helbig*, vgl. http://www.humboldt-forum-recht.de/6-1998/Text1.html (Stand vom 25.3.2004); BVerfGE 72, 330.

in ständiger Rechtsprechung gegen die Anwendbarkeit grundrechtsspezifischer Positionen auf innerstaatliche Rechtsverhältnisse aber gerade die Vergleichbarkeit zwischen Personen des Privatrechts und juristischen Personen des öffentlichen Rechts mit der Begründung abgelehnt, letzteren fehle es an der grundrechtsspezifischen Gefahrenlage.[510] Die Schutzbedürftigkeit ließe sich auch dann nicht herleiten, wenn im Einzelfall eine Sachmaterie berührt sei, die sich dem klassischen Gleichordnungsverhältnis des Staates entziehe. Ihnen stünden Fiskusprivilegien zu, die sie, wenn auch nicht verfassungsrechtlich verbürgt, gegenüber der Situation der Privatpersonen abhebten.[511] Auch wenn der Autonomiestatus einer staatlichen Stelle als Grundlage grundrechtsähnlicher Positionen in Frage kommt,[512] stehen den Ländern im Rahmen des Art. 107 Abs. 2 GG durch die Beteiligung des Bundesrates bei der Gesetzgebung zum Finanzausgleich hinreichende Mitwirkungsrechte zu, die die grundrechtsspezifische Gefahrenlage fraglich erscheinen lassen. Die allgemeinen Zweifel, dass mit der Teilhabe am Gesetzgebungsverfahren im Bundesrat die legitimen Autonomieinteressen der Länder nicht ausreichend Berücksichtigung fänden, lassen eine anderweitige Einschätzung dieser Streitfrage ebenfalls nicht zu. Die Gefahren einer Vernachlässigung ländereigener Interessen im Rahmen der politischen Auseinandersetzung im Zuge des Gesetzgebungsverfahrens sind nicht mit der subjektiv-öffentlichen Gefahrensituation durch institutionelle Schutzbereichseingriffe gleichzusetzen.[513]

Arndt kann aber zugute gehalten werden, dass er eine Grenze der Ausgleichspflicht im Sinne des Halbteilungsgrundsatzes eigenständig aus dem in Art. 107 Abs. 2 S. 1 GG anklingenden Verhältnismäßigkeitsgrundsatz ableitet und lediglich Parallelen zur Eigentumsgarantie und dem Vermögenssteuerbeschluss des Bundesverfassungsgerichts zieht.

---

[510] vgl. BVerfGE 61, 82, 105; 45, 63, 79.

[511] BVerfGE 61, 82,106; *Dürig*, in: Maunz, Dürig u.a. (Hrsg.), Grundgesetz Kommentar II, Art. 19 Abs. 3, Rdnr. 47. Der Grundrechtsschutz gewährt eine Abwehrposition gegenüber hoheitlicher Gewalt, während Zweifel an der Wahrung der Länderinteressen bei der Beteiligung am Gesetzgebungsverfahren im Bundesrat nicht aus dem Subordinationsverhältnis von Bund und Land resultiert, sondern auf deren, die eigenen Landesinteressen vernachlässigenden Abstimmungsverhalten gründet.

[512] *Dürig*, in: Maunz, Dürig u.a. (Hrsg.), Grundgesetz Kommentar II, Art. 19 Abs. 3, Rdnr. 47.

[513] Vgl. *Donges* u.a., in: Frankfurter Institut (Hrsg.), Die föderative Ordnung in Not, S. 46.

Ob der Verhältnismäßigkeitsgrundsatz als gemeinsamer Bezugspunkt geeignet ist, ist allerdings fraglich, da dieser als formale Verfassungsdirektive[514] zunächst nur operative Wirkung zeigt und selbst nur im Dienste ausgleichsbedürftiger Belange steht.[515] Das Bundesverfassungsgericht hat das bündische Prinzip zur Grundlage der föderalen Solidaritätspflichten erklärt.[516] Wenngleich es nicht nur die Pflicht zum Einstehen für einander begründet, sondern diese gleichermaßen auch begrenze und damit die Garantie der föderalen Eigenstaatlichkeit definiert, so unterscheidet sich das Bündnisprinzip von den subjektiv-öffentlichen Abwehrpositionen des Steuerbürgers in struktureller Hinsicht. Der ausschließlich auf Abwehr ausgerichtete Eigentumsschutz des Art. 14 Abs. 1 und 2 GG gegenüber staatlicher Gewalt ist von daher einem Vergleich mit dem in erster Line auf ein Miteinander ausgerichtetes Bündnisprinzip im Länderverhältnis nur bedingt zugänglich.[517] Für den Steuerbürger ergibt sich die solidarische Sozialpflichtigkeit erst aus der Abwägung der nach unbeschränkter Freiheit strebenden Freiheitsrechte mit der Sozialbindung innerhalb der Gemeinschaft, während das innerstaatliche Verhältnis von vornherein auf allen Ebenen rechtlich gebunden und begrenzt ist[518] und Solidarität bereits immanenter Bestandteil des Bündnisprinzips ist. Von daher lässt sich zumindest in Zweifel ziehen, ob Egoismen und Abwehrverhalten Gegenstand finanzausgleichsrechtlicher Problemlagen sein dürfen oder kollidierende Belange nicht vielmehr durch ein kooperatives Miteinander in Ausgleich zu bringen sind.[519]

Der Unterschied hat seinen dogmatischen Hintergrund darin, dass die in den Grundrechten verbürgten Freiheitsrechte unmittelbarer Bestandteil des Verfassungsliberalismus des Grundgesetzes sind. Die bundesstaatliche Eigenstaatlichkeit indes ist notwendige Konsequenz des liberalen Verfassungssystems und sichert durch Dezentralisation und politische Teilhabe des Volkes die institutionelle Gewaltbalance.[520]

---

514 Diesen Begriff hat Lerche geprägt, *Lerche*, Das Bundesverfassungsgericht und die Verfassungsdirektiven, in: AÖR 90, S. 709, der die formale Geltung von Verfassungsprinzipien anhand des Gleichheitssatzes erläutert.

515 Zur Anwendbarkeit des Verhältnismäßigkeitsgrundsatzes vgl. nach oben Kapitel 2: A) II.

516 BVerfGE 72, 330, 386.

517 *Isensee*, Idee und Gestalt des Föderalismus im Grundgesetz, in: Isensee, Kirchhof (Hrsg.), HStR IV, § 98, S. 581 ff.

518 *Isensee*, Idee und Gestalt des Föderalismus im Grundgesetz, in: Isensee, Kirchhof (Hrsg.), HStR IV, § 98, S. 581.

519 Vgl. *Helbig*, vgl. http://www.humboldt-forum-recht.de/6-1998/Text1.html (Stand vom 25.3.2004).

520 Oben Kapitel 1: B) I.

Gegen die Übertragungsthese spricht aber vor allem, dass der Verhältnismäßigkeitsgrundsatz eine Festlegung der Obergrenze auf 50 Prozent nicht zwingend verlangt. Das Bundesverfassungsgericht hat in seinem Vermögenssteuerbeschluss vom 22.6.1995 die Halbteilung bei typisierender Betrachtung aus dem Wortlaut des Art. 14 Abs. 2 S. 2 GG geschlossen. Arndt begründet, dass die Eigentumsgarantie insofern die Konkretisierung des Verhältnismäßigkeitsgrundsatzes zum Ausdruck bringe, die den Schutz des Steuerbürgers vor hoheitlichem Zugriff auf die Hälfte des Eigentumsertrages ausdehne. Die Festlegung auf die Hälfte des Ertrags ist aber nicht zwingend auf das Länderfinanzausgleichsverhältnis zu übertragen. Gerade die Betonung der Bezugnahme des Halbteilungsgrundsatzes auf den Wortlaut des Art. 14 Abs. 2 S. 2 GG zeigt, dass hierin eine besondere Wertung des Verfassungsgebers zum Ausdruck gekommen ist, die die subjektiv-öffentliche Abwehrpositionen des Steuerbürgers in besonderem Maße herausstellt. Selbst wenn man auch im Rahmen des Art. 107 Abs. 2 S. 1 GG eine Obergrenze der für den Finanzausgleich zur Verfügung stehenden Finanzmittel der Länder aus dem Verhältnismäßigkeitsprinzip ableiten wollte, muss dies nicht bedeuten, dass diese Grenze im Bereich der hälftigen Teilung liegt. Ein Entsprechung zur „zugleich" – Formel des Art. 14 Abs. 2 S. 2 GG bei privater und öffentlicher Hand fehlt.

Wenngleich eine unmittelbare Beziehung zwischen dem vor allem durch die grundrechtlichen Positionen der Eigentumsgarantie geprägten Halbteilungsgrundsatzes im Steuerrecht und der individuellen Rechtsposition der Länder im Länderfinanzausgleichsverhältnis nicht wirklich herzustellen ist, weil die Rechtspositionen des Steuerbürgers und die der bundesstaatlichen Gebietskörperschaften auf unterschiedlichen Fundamenten aufbauen und beide auf das lediglich formelle Gebot der Verhältnismäßigkeit Bezug nehmen, so stellt Arndt dennoch einige Aspekte heraus, die für das Länderfinanzausgleichsverhältnis Beachtung finden müssen.

Der Verhältnismäßigkeitsgrundsatz gebietet es, die Belange der Individualität und der Solidarität mit einander in Ausgleich zu bringen. Der maßgebliche Unterschied zwischen den Bürgerpositionen und den ausgleichsverpflichteten Ländern ist aber, dass die individual-rechtlichen Rechtspositionen nach dem liberalen Verfassungsverständnis dem Einzelnen subjektiv-öffentliche Abwehrrechte gegenüber der institutionalisierten Gewalt zuweisen, die über die Eigenstaatlichkeitsinteressen föderaler Gliedstaaten hinausgehen. Im innerstaatlichen Rechtsverhältnis leitet sich Eigenstaatlichkeit nur soweit ab, soweit Föderalismus in seiner konkreten Verfasstheit neben dem Gebot zum Miteinander auch Individualität normiert. Gründe hierfür finden sich in den dezentralen und kompetitiven Aspekten föderaler Theorien. Kritisch ist aber anzumerken, dass auch dies Aspekte des Bündnisprinzips sind, die neben das Gebot zur Solidarität treten, so dass sich das bündische Prinzip nicht im Gebot zum Miteinander völlig erschöpft, sondern auch kompetitive Elemente kennt. Der Einwand, ein Halbteilungsgrundsatz widerspräche der Flexibilität der Finanzverfassung, die dem solidarischen Ausgleichsgebot zwingenden Vorrang vor den Besitzstandsansprüchen der finanzstarken Länder einräume,[521] ist hingegen grundsätzlicher Natur, die die Problematik des Länderfinanzausgleichs auf die Pflichten zur föderalen Solidarität als Teilaspekt des horizontalen Ländefinanzausgleichs unzulässig reduziert und Aspekte der Eigenverantwortlichkeit und der Finanzautonomie auch der ausgleichsverpflichteten Länder ignoriert.

III. Bundesstaatliche Finanzgleichheit

Die vom Spannungsverhältnis zwischen Finanzautonomie und Finanzgleichheit geprägte Finanzausgleichsdebatte zeitigt zur Begründung gegen verwehrenden Stellungnahmen der ausgleichsverpflichteten Länder immer wieder das Argument des bündischen Prinzips. Ziel ist es dabei, dem Argument der föderalen Autonomie die Einheit des Gesamtstaates gegenüberzustellen. Konkretisiert wird dieser Standpunkt in der Einforderung der Solidargemeinschaft,[522] der Pflicht zum Einstehen füreinander[523] oder ähnlichen Begrifflichkeiten.

Die vielfältigen Bezugnahmen auf die Solidarität der Bundesmitglieder haben ihre gemeinsamen Wurzeln im Bundesstaatsprinzip. Angesichts des hohen Abstraktionsgrades eignet sich dieses aber nicht, Erkenntnisse für das konkrete Länderfinanzausgleichsverhältnis unmittelbar abzuleiten, sondern erst die finanzstaatliche Spezifizierung des Prinzips der bündischen Solidargemeinschaft erlaubt eine Bezugnahme im konkreten Länderfinanzausgleichsverhältnis. Dieser Gesichtspunkt soll im folgenden Abschnitt herausgearbeitet werden.

1. Allgemeiner Gleichheitssatz

Wenn sich die finanzschwächeren Länder auf das bundesstaatliche Gebot der föderalen Solidarität berufen und hiervon ausgehend eine Angleichung der Finanzsituationen zwischen den Ländern einfordern, rechtfertigt sich der Wunsch nach Gleichheit nicht aus einem freischwebenden Gleichheitsprinzip.[524] Als zunächst subjektiv-öffentliche Abwehrposition können sich Bund und Länder aber nicht auf

---

521 vgl. *Helbig*, http://www.humboldt-forum-recht.de/6-1998/Text1.html (Stand vom 25.3.2004).

522 *Maunz*, in: Maunz, Dürig u.a. (Hrsg.), Grundgesetz Kommentar V, Art. 107, Rdnr. 66.

523 BVerfGE 72, 330, 386.

524 *Isensee*, Idee und Gestalt des Föderalismus im Grundgesetz, in: Isensee, Kirchhof (Hrsg.), HStR IV, § 98, S. 590.

Art. 3 Abs. 1 GG unmittelbar berufen, da sie als Träger von Staatsgewalt ihrer Art nach nicht grundrechtsfähig sind. Eine Übertragbarkeit des subjektiv-rechtlichen Grundrechts auf Gleichheit auf das innerstaatliche Verhältnis zwischen dem Bund und den Ländern sowie zwischen den Ländern verbietet sich von daher. Hingegen sind gleichheitsspezifische Argumente zulässig, wenn dem Gleichheitssatz eine formalgültige Wirkungsweise nicht abgesprochen werden kann.[525]

Das Bundesverfassungsgericht nimmt Bezug auf das Wesen des Rechtsstaates und auf das Prinzip der allgemeinen Gerechtigkeit, wodurch es den Gleichheitssatz als selbstverständlichen ungeschriebenen Verfassungsgrundsatz in allen Rechtsbereichen qualifiziert sieht.[526] Es weitet damit seine Bedeutung über die eines subjektiven Abwehrrechts hinaus und weist es als objektiv-rechtliches, allgemeingültiges Willkürverbot aus.[527]

Die Bezugnahme auf die vage Idee der Gerechtigkeit lässt sich zu einem föderativen Gleichbehandlungsgebot kaum plausibel begründen, an dem sich die ausdifferenzierte Regelung des Finanzausgleichs messen ließe.[528] Der Standpunkt des Bundesverfassungsgerichts rechtfertigt sich aber unter Heranziehung einer grundlegenden Betrachtungsweise. Bundesstaatlichkeit unterliegt keinem Selbstzweck, sondern findet ihre Stoßrichtung in einer rational-humanistischen Sichtweise und nimmt Bezug auf das Schutzgut der Menschenwürde,[529] deren originäre Bestandteile Individualismus und Selbstbestimmung sind. Das Bundesverfassungsgericht betont, dass das Grundrecht der Eigentumsfreiheit (Art. 14 GG) nicht nur eine Ausprägung individueller Freiheit, sondern auch Ausprägung der Menschenwürde ist und ihren Schutz in wirtschaftlichen Kontext hervorhebt.[530] Da die Teilnahme des Sozialstaates am Erfolg privaten Wirtschaftens, die Ausgestaltung des Steuerstaates bedingt und die Staatsquote eine wesentliche Bedingung für privates Wirtschaften darstellt, ist die Bezugnahme auf die Menschenwürde im Rahmen der horizontalen Finanzausgleichsdebatte nicht übertrie-

---

[525] *Isensee*, Idee und Gestalt des Föderalismus im Grundgesetz, in: Isensee, Kirchhof (Hrsg.), HStR IV, § 98, S. 589.

[526] BVerfGE 35, 263, 271.

[527] *Isensee*, Idee und Gestalt des Föderalismus im Grundgesetz, in: Isensee, Kirchhof (Hrsg.), HStR IV, § 98, S. 589; *Hanebeck*, KJ 2000 S. 269.

[528] *Hidien*, Der bundesstaatliche Finanzausgleich in Deutschland, S. 700.

[529] *Hidien*, Der bundesstaatliche Finanzausgleich in Deutschland, S. 713.

[530] Neben der Eigentumsgarantie des Art. 14 GG zum Schutze von Eigentum schützt die Berufsfreiheit des Art. 12 GG die Freiheit zur wirtschaftlichen Betätigung als Bestandteil persönlicher Entfaltungsfreiheit im wirtschaftlichen Bereich, BVerfGE 24, 367, 389; 50, 390,239 f. und 348.

ben. Föderale Ideale finden aus diesem Grunde in der Menschenwürde einen subjektiven Niederschlag, weil der Bundesstaat sich aus seiner dezentralen Struktur legitimiert, die dem modernen Menschenbild und seinen Grundfreiheiten im Vergleich zu anderen Staatsmodellen den größtmöglichen Entfaltungsfreiraum belässt.[531] Die sowohl vertikale als auch horizontale Aufteilung institutioneller Macht gewährleistet gleichzeitig Kontrolle und Balance, wodurch die freiheitlich-demokratische Grundordnung gegen totalitäre Tendenzen geschützt wird.[532] Die im subjektiv-rechtlichen Gleichheitssatz angesprochene Individualität des Einzelnen setzt sich im Bundesstaat fort und drückt sich in der Individualität seiner Gliedstaaten aus. Das Gleichbehandlungsgebot basiert daher auf der Individualität seiner Rechtsträger. Dieses verlangt demnach auch nicht die schematische Gleichbehandlung, sondern soll vielmehr eine der Individualität entsprechende Gleichbehandlung durch den Staat garantieren, gleiches gleich, ungleiches aber ungleich zu behandeln. Der Gleichheitssatz ist damit Konsequenz der fehlenden Uniformität der Gliedstaaten, die mit dem Bundesstaatsprinzip aufgrund ihrer unterschiedlichen Tradition weder möglich noch wünschenswert ist.[533] Das so verstandene, relativierte Gebot zur Gleichbehandlung wirft aber das Problem auf, die rechtliche Bewertung von Ähnlichkeit und Verschiedenheit der Länder zu verobjektivieren und in die Abwägung der ausgleichsspezifischen Belange zwischen den finanzstarken und finanzschwachen Ländern einfließen zu lassen.[534] Trotzdem leiten sich aus dem Gleichheitssatz auch formalgültige Direktiven ab, die das konkrete Finanzausgleichsverhältnis unmittelbar binden.

a) Allgemeines Diskriminierungsverbot

Der Gleichheitssatz ist, wie gesehen, kein Verbot jeglicher Differenzierung, sondern umfasst vielmehr die Notwendigkeit, eine unterschiedliche Behandlungsweise entsprechend der Unterschiede der Vergleichsgruppen an den Tag zu legen. Entscheidendes Kriterium ist das Verbot einer Sonderbehandlung, die in der Individualität der Destinatäre keine Entsprechung findet. Eine Ungleichbehandlung, die darauf abzielt, zu diskriminieren oder zu privilegieren, kollidiert mit dem föderativen Gebot der Gleichbehandlung. Gerade aber das Finanzausgleichsverhältnis bedingt auf Seiten der finanzstarken Länder eine Leistungspflicht, auf Seiten der finanzschwachen Länder einen Leistungsanspruch, der die zahlungsverpflichteten Länder in ihrer originären

---

531 Vgl. oben Kapitel 1: B) I.

532 *Stern*, Das Staatsrecht der Bundesrepublik Deutschland I, S. 658.

533 *Hidien*, Der bundesstaatliche Finanzausgleich in Deutschland, S. 706.

534 *Hidien*, Der bundesstaatliche Finanzausgleich in Deutschland, S. 707.

Finanzkraft schwächt. Diese Ungleichbehandlung verlangt einen sachlichen Differenzierungsgrund, der sich zwischen der legitimen Finanzsolidarität gegenüber finanzschwächeren Ländern und der Finanzautonomie der zum Ausgleich verpflichteten Länder im Bundesstaat bewegt. Angesichts der Komplexität der Staatsfinanzmaterie ist eine klare Grenzziehung nicht möglich. Aus dem Gleichbehandlungsgebot leitet sich aber zumindest das Gebot ab, den Finanzausgleich auf offensichtliche Unbilligkeiten (Art. 106 Abs. 3 S. 3 Nr. 2 GG) und Unangemessenheiten (Art. 107 Abs. 2 S. 1 GG) hin zu untersuchen und diese zu unterbinden.

b) Gebot der Sachgerechtigkeit, Vollständigkeit und Realitätsnähe

Wenn auch das Finanzausgleichsrecht unter der Problematik leidet, dass die ihm zugrunde liegende Sachmaterie eine Komplexität aufweist, die die Beurteilung der Finanzsituationen als Grundlage finanzausgleichsrechtlicher Forderungen erheblich erschweren, so ergibt sich ohne größere Schwierigkeit das Gebot, das Wägen und Abwägen der Gleichheit bzw. Ungleichheit anhand sachgerechter Kriterien vorzunehmen. In diesem Zusammenhang leidet allerdings der Verfassungstext an dem Mangel, dass er die Sachgerechtigkeit, auf die das Finanzausgleichsrecht Bezug nehmen soll, nur sehr unbestimmt vorzeichnet.[535] Gleichwohl ergibt sich aus dem Kontext, in dem Art. 107 Abs. 2 GG steht, dass nur sachverwandte Themen in die Beurteilung mit einbezogen werden dürfen und sachfremde Angelegenheiten hingegen auszuklammern sind.

Dies bedingt gleichzeitig einen weiteren Faktor. Die Qualität der, wenn auch sachnahen, Kriterien ist nur dann hinreichend, wenn sie in ihrer Erhebung vollständig den zugrunde liegenden Beurteilungssachverhalt ausschöpft. Nur unter dieser Prämisse ist dann das nötige Maß an Realitätsnähe gewährleistet, die eine angemessene Beurteilung der Vergleichsgruppen zulässt und die Voraussetzungen für einen angemessenen Finanzausgleich nach Art. 107 Abs. 2 GG bietet. Der Vorwurf, der stark kompromissgeprägte Gesetzgebungsprozesses zum Finanzausgleichsgesetz (FAG) lasse den Einfluss unsachgerechter Belange zu,[536] gewinnt unter diesem Hinweis besondere Beachtung.

2. Einheitlichkeit der Lebensverhältnisse

Im Spannungsfeld zwischen bundesstaatlichen Autonomiebestrebungen und föderaler Solidarität stellt sich nicht nur die Frage, wie weit die Angleichung der unterschiedli-

[535] Vgl. Art. 107 Abs. 2 GG spricht insofern lediglich von der „Finanzkraft“ .

[536] *Kirchhof, Paul* in: Der Spiegel, Ausgabe 50/1999, S. 70.

chen Finanzausstattung der Länder gehen darf, sondern auch, wie weit sie gehen muss,[537] was die Belange vor allem der ausgleichsberechtigten Länder in den Vordergrund rückt. In diesem Zusammenhang wird insbesondere darauf hingewiesen, dass es Ziel des Länderfinanzausgleichs sei, die Einheitlichkeit der Lebensbedingungen im gesamten Bundesgebiet dadurch zu wahren, dass ein zu starkes Auseinanderdriften der Finanzlagen der einzelnen Gebietskörperschaften verhindert wird.[538] Die Spielräume, innerhalb derer sich die Diskussion über das angemessene Maß eines horizontalen Länderfinanzausgleichs bewege, seien dementsprechend gering.

An dieser Stelle fällt aber auf, dass die Einheitlichkeit der Lebensverhältnisse im unmittelbaren Zusammenhang mit dem horizontalen Länderfinanzausgleich nicht genannt wird (Art. 107 Abs. 2 GG). Gleichwohl stellt sie einen wesentlichen Gesichtspunkt bundesstaatlicher Ideale dar, die eine abstrakte Interpretation des Art. 107 Abs. 2 S. 1 GG nicht erlaubt.[539]

a) Art. 72 Abs. 2 GG

Eine spezielle Ausprägung hat der Grundsatz im Rahmen der konkurrierenden Kompetenzvorschriften in Art. 72 Abs. 2 GG erhalten. Hiernach hat der Bund das Gesetzgebungsrecht, wenn und soweit die Herstellung gleichwertiger Lebensverhältnisse im Interesse des Gesamtstaates eine bundesgesetzliche Regelung fordern. Der Aussagewert dieses Verfassungsartikels deutet aber augenscheinlich eher in die entgegengesetzte Richtung. Ziel dieser Vorschrift ist, dem üblichen Bundesüberhang an Gesetzgebungskompetenzen entgegenzuwirken und die Rechte der Länder zu stärken. Die Wahrnehmung von Regelungszuständigkeiten in konkurrierenden Angelegenheiten durch den Bund, sind an erhöhte Rechtfertigungsgründe gebunden. Einer solchen Position inliegt aber naturgemäß, dass mit der Stärkung der Länderkompetenzen eine unterschiedliche Entwicklung in den Ländern in Kauf genommen wird. Mit der Neufassung im Jahre 1994 wurde der Begriff der einheitlichen Lebensverhältnisse auf den Begriff der gleichwertigen Lebensverhältnisse relativiert, was den bislang gewonne-

---

[537] *Arndt*, Finanzausgleich und Verfassungsrecht, unveröffentlichtes Rechtsgutachten, S. 16.

[538] *Ossenbühl*, Verfassungsrechtliche Grundfragen des Länderfinanzausgleichs gem. Art. 107 Abs. 2 GG, S. 25 verweist auf *Fischer-Menshausen*, in: von Münch (Hrsg.), Grundgesetz Kommentar, Art. 107, Rdnr. 2.

[539] *Häde*, Finanzausgleich, S. 235.

nen Eindruck bestätigt und den Rechtfertigungsdruck für Zentralisationstendenzen des Bundes noch zusätzlich verstärkt.[540]

Davon abgesehen ist aber der Erkenntniswert des Art. 72 Abs. 2 GG für das Länderfinanzausgleichsverhältnis wohl eher von untergeordneter Bedeutung. Das Grundgesetz enthält abgesehen von einigen wenigen Niederschlägen keinen allgemeinen Verfassungsauftrag zur Herstellung oder Wahrung einheitlicher Lebensverhältnisse,[541] so dass die Bezugnahme auf die Lebensverhältnisse in Art. 72 Abs. 2 GG spezifische Bedeutung für die Kompetenzregelung zwischen Bund und Ländern im Rahmen der konkurrierenden Gesetzgebung einnimmt, darüber hinaus aber nur begrenzte Allgemeinbedeutung gewinnt. Gleichwohl zeigt sich aber hierin, dass dem föderalen Konzept des Grundgesetzes der Gedanke einer unterschiedlichen Entwicklung der Lebensstandards durch differenzierende Rechtssetzung zwischen den Ländern nicht fremd ist.

b) Art. 106 Abs. 3 S. 4 Nr. 2 GG

Eine finanzspezifische Ausprägung des Grundsatzes der Einheitlichkeit der Lebensverhältnisse findet sich in Art. 106 Abs. 3 S. 4 Nr. 2 GG. Hiernach ist diese neben anderen Grundsätzen bei der Aufteilung der Anteile von Bund und Ländern an der Umsatzsteuer zu beachten. Wenngleich der Textbefund eher in die entgegengesetzte Richtung zielt und im Vergleich mit Art. 107 Abs. 2 GG das Einheitlichkeitserfordernis nur im Zusammenhang mit der Primärverteilung nach Art. 106 GG nennt,[542] den horizontalen Finanzausgleich aber gerade ausnimmt,[543] so ist eine abstrakte Betrachtung der Ausgleichsproblematik zwischen den Ländern nicht sachgerecht.[544] Der einheitsbedingte Ausgleich unterschiedlicher Lebensstandards macht allein im Subordinationsverhältnis zwischen dem Bund und der Ländergesamtheit, auf das sich Art. 106 Abs. 3 S. 4 Nr. 2 GG bezieht, keinen Sinn. Einheitlichkeit ist vor allem eine Sache eines Transfersystems zwischen den territorialen Gebietskörperschaften, wes-

---

540 Nach neuester Rechtsprechung des Bundesverfassungsgericht ist das Erforderlichkeitskriterium des Art. 72 Abs. 2 GG nunmehr auch strenger zu interpretieren, vgl. BVerfG, 2 BvF 1/01 vom 24.10.2002.

541 *Ossenbühl*, Verfassungsrechtliche Grundfragen des Länderfinanzausgleichs gem. Art. 107 Abs. 2 GG, S. 25; *Kisker*, Der Staat, S. 183.

542 *Arndt*, Finanzausgleich und Verfassungsrecht, unveröffentlichtes Rechtsgutachten, S. 18.

543 *Fischer-Menshausen*, in: von Münch (Hrsg.), Grundgesetz Kommentar, Art. 106, Rdnr. 26e.

544 *Häde*, Finanzausgleich, S. 236; *Ossenbühl*, Verfassungsrechtliche Grundfragen des Länderfinanzausgleichs gem. Art. 107 Abs. 2 GG, S. 26; *Fischer-Menshausen*, in: von Münch (Hrsg.), Grundgesetz Kommentar, Art. 106, Rdnr. 26e.

halb der horizontale Transfer nicht völlig ohne Bedeutung für diese Frage sein kann. Diese Einschätzung entspricht auch die Regelhaftigkeit und Abgeschlossenheit des Finanzierungssystems der Art. 104a ff. GG. Die Finanzverfassung des Grundgesetzes gewährleistet die finanzielle Handlungsfähigkeit aller im föderalen Verbund vereinten Gebietskörperschaften. Es ist dabei in unterschiedliche Stufen untergliedert, denen unterschiedliche Zwischenziele zugrunde liegen.[545] Trotz ihrer Untergliederung verfolgen sie das gleiche Gesamtziel der finanziellen Grundversorgung aller bundesstaatlichen Glieder, weshalb eine völlig abstrakte Betrachtungsweise der einzelnen Zwischenstufen des Finanzierungssystems nicht sachgerecht ist.

Wenngleich auch die übergeordnete Bedeutung des Vereinheitlichungserfordernisses außer Frage steht, so ist seine Bedeutung allerdings nicht zu überschätzen. Gerade die Tatsache, dass dort, wo sie ihre rechtliche Heimat finden sollte, die Einheit der Lebensverhältnisse nicht erwähnt wird (Art. 107 Abs. 2 GG), legt den Schluss nahe, dass diese lediglich einen einzelnen Leitgedanken darstellt, der allenfalls neben andere Belange tritt, diese aber nicht überlagert.[546] Die Frage der Einheitlichkeit der Lebensverhältnisse ist damit vor allem eine Frage des Ausgleichs und des Abwägens,[547] die im Bereich des Art. 106 Abs. 4 GG vor allem deswegen genannt werden muss, damit die Zuweisung einer ausreichenden Manövriermasse überhaupt erst sichergestellt ist, die es den Ländern erst ermöglicht, ausgleichende Tendenzen einzuschlagen.[548] Hieraus strikte Auslegungsprinzipien für den Finanztransfer zwischen den Ländern abzuleiten, würde ihre Bedeutung allerdings überstrapazieren, vielmehr vermittelt dies den Eindruck, dass das Argument der einheitlichen Lebensverhältnisse eine weniger nachhaltige Stütze findet, als dies in der Finanzausgleichsdebatte bislang zugegeben wird.

3. Sozialstaatsprinzip

Im Kriterium der Einheitlichkeit der Lebensverhältnisse schimmert auch der Sozialstaatsgedanke durch. Mehr als eine Verpflichtung auf ein Mindestmaß an Vereinheitlichung sozialer Standards vermag sich hieraus aber nicht ableiten zu lassen. Art. 20 Abs. 1 GG bestimmt das Staatsziel der Sozialstaatlichkeit, das aufgrund seiner Abstraktionshöhe allerdings kaum einen konkreten Anwendungsbereich aufweist. Der

---

[545] *Henneke*, Öffentliches Finanzwesen, S. 247.

[546] *Häde*, Finanzausgleich, S. 237.

[547] *Ossenbühl*, Verfassungsrechtliche Grundfragen des Länderfinanzausgleichs gem. Art. 107 Abs. 2 GG, S. 26.

[548] *Kirchhof, Paul*, Der Verfassungsauftrag zum Länderfinanzausgleich als Ergänzung fehlender und Garant vorhandener Finanzautonomie, S. 25; *Fischer-Menshausen*, in: von Münch (Hrsg.), Grundgesetz Kommentar, Art. 106, Rdnr. 26e.

Gesetzgeber ist vielmehr gehalten, im Rahmen seines politischen Ermessensspielraums soziale Grundlagen zu schaffen. Soweit sich dieser Auftrag an die Landesgesetzgeber richtet, sind Unterschiede bei sozialen Initiativen denkbar. Ein unmittelbarer Interpretationsansatz für den Ausgleich finanzieller Unterschiede zwischen den Ländern lässt sich hieraus aber nicht ableiten.

Diesen Befund trübt auch nicht die Einbeziehung grundrechtlicher Überlegungen. Das Bundesverfassungsgericht hat Teilhaberechte aus den Grundrechten nur sehr restriktiv angenommen, da unmittelbare individualrechtliche Ansprüche aufgrund der Knappheit der finanziellen Mittel, die ständige Gefahr heraufbeschwören würden, die finanzielle Handlungsfähigkeit des Staates in Frage zu stellen. Lediglich dort, wo es um die existenzielle Sicherung menschenwürdigen Daseins geht, kann ein solcher Anspruch den Grundrechten entnommen werden.[549] Konsequenzen für den Länderfinanzausgleich nach Art. 107 Abs. 2 GG leiten sich aus dem Sozialstaatsprinzip jedenfalls nicht ab.

Einen Zusammenhang zwischen der bereits dargelegten Haushaltsautonomie der Länder (Art. 109 Abs. 1 GG) und dem Gleichheitssatz (Art. 3 Abs. 1 GG) stellt Paul Kirchhof her.[550] Das Sozialstaatsprinzip verpflichtet die staatlich institutionalisierten Gewalten auf die Menschenwürde[551] und konkretisiert diese ungeachtet seiner inhaltlichen Ausdifferenzierung[552] zu einem Anspruch auf menschenwürdiges Dasein[553] und dem Verbot einer deutlich unsozialen Politik[554]. Soweit Finanzkraftunterschiede die soziale Leistungsvielfalt zwischen den Ländern variieren lässt, scheint dies im Widerspruch zum Gleichheitssatz des Art. 3 Abs. 1 GG zu stehen.[555] Das Bundesverfassungsgericht hat verschiedentlich aus Art. 3 Abs. 1 GG abgeleitet, dass zwischen der Leistungsgewährung und ihrer Refinanzierung keine Unterschiede zwischen den Adressaten staatlicher Leistungsvielfalt und staatlicher Besteuerung zu machen ist. Konkret bedeutet dies, dass die Bezugnahme von Sonderpflichten nur dann verfassungsrechtlich legitimierbar ist, wenn hierfür ein besonderer Anknüpfungsgrund existiert.

---

549 BVerfGE 1, 97, 194 f.; 40, 121, 133.

550 *Kirchhof, Paul*, Der Verfassungsauftrag zum Länderfinanzausgleich als Ergänzung fehlender und Garant vorhandener Finanzautonomie, S. 22.

551 *Herzog*, in: Maunz, Dürig u.a. (Hrsg.), Grundgesetz Kommentar II, Art. 20, I, Rdnr. 6.

552 *Stern*, Das Staatsrecht der Bundesrepublik Deutschland I, S. 891.

553 *Stern*, Das Staatsrecht der Bundesrepublik Deutschland I, S. 893 ff.

554 *Herzog*, in: Maunz, Dürig u.a. (Hrsg.), Grundgesetz Kommentar II, Art. 20, I, Rdnr. 26.

555 *Dürig*, in: Maunz, Dürig u.a. (Hrsg.), Grundgesetz Kommentar I, Art. 3 Abs. 1, Rdnr. 3.

Wenngleich sich hieraus die solidarische Verpflichtung der Länder erblicken ließe, ihre Finanzkräfte gleichzusetzen, so relativiert Kirchhof diesen Grundsatz unter Bezugnahme auf die Haushaltsautonomie der Länder. Die Garantie der Haushaltsautonomie in Art. 109 Abs. 1 GG habe zur Konsequenz, dass zum einen die Grundlage staatlicher Refinanzierung nicht die anonyme Größe der einheitlichen Lebensverhältnisse ist,[556] sondern der Einwohner, und zum anderen, dass der Vergleich des sozialstaatlichen Leistungsangebotes auf diejenigen Einwohner beschränkt ist, die einem durch die Verfassung legitimierten Haushaltsträger und dessen Leistungsvolumen unterworfen sind.[557] Unterschiede im sozialstaatlichen Leistungsangebot zwischen den Ländern sind eine Konsequenz der Haushaltsautonomie der Länder. Eine unterschiedliche Bereitstellungsmöglichkeit von Leistungen an den Staatsbürger rechtfertigt somit keine signifikanten Ausgleichszahlungen, solange sich das Leistungsangebot innerhalb eines Landes gleichmäßig darstellt. Diese Auffassung folge auch aus der Gesamtkonzeption des Finanzsystems des Grundgesetzes. Wenn die bundesstaatliche Finanzverfassung die finanzstaatliche Leistungskompetenz dezentralisiere und die Besteuerungskompetenz im wesentlichen zentralisierte, sei das rechtspolitische Anliegen finanzstaatlicher Gleichstellung aller Bürger ungeachtet der Landesgrenzen auf der Einnahmeseite über die gleichmäßige Besteuerung bereits erfüllt und triffe dann nur noch das staatliche Ausgabegebaren. Weiter stellt Kirchhof fest, dass das Postulat finanzstaatlicher Leistungsgleichheit sich an den Haushaltsgesetzgeber wende und deshalb bei bundesstaatlicher Dezentralisierung dieser Gesetzgebung in den Kompetenzgrenzen eine Vorgabe enthalte. Das verfassungsrechtliche Gleichheitsgebot Gleiches gleich, Ungleiches aber ungleich zu behandeln, beziehe sich damit auf die Unterschiede der Finanzausstattungen der Länder und der damit verbundenen variierenden Leistungskräfte, was einen Transfer finanzieller Mittel unter Bezugnahme auf den Gleichheitssatz nach Art. 3 Abs. 1 GG grundsätzlich in Frage stelle. Der Gleichheitssatz bedeute insoweit nicht, allen Staatsbürgern das gleiche Leistungsangebot zukommen zu lassen, sondern nur soweit diese der Verantwortung eines einheitlichen Haushaltsträgers unterstehen. Zwischen diesen seien aber Unterschiede ohne weiteres mit Art. 3 Abs. 1 GG zu vereinbaren. Eine Einschränkung erfahre diese Aussage allerdings durch das Ausgleichsgebot des Art. 107 Abs. 2 S. 1 GG, die unterschiedliche Finanzkraft der Länder angemessen auszugleichen. Nach dem zuvor dargestellten Ge-

---

556 *Kirchhof, Paul*, Der Verfassungsauftrag zum Länderfinanzausgleich als Ergänzung fehlender und Garant vorhandener Finanzautonomie, S. 23.

557 *Kirchhof, Paul*, Der Verfassungsauftrag zum Länderfinanzausgleich als Ergänzung fehlender und Garant vorhandener Finanzautonomie, S. 22.

sichtspunkt verstehe sich dieser Auftrag aber lediglich als Auftrag, einen Mindeststandard innerhalb der föderalen Gesamtheit sicherzustellen.[558]

Die Rede vom Mindeststandard deckt sich dabei mit der an anderer Stelle bereits abgeleiteten Subsidiarität der sekundären Mittelverteilung.[559] Der horizontale Länderfinanzausgleich nach Art. 107 Abs. 2 GG definiert sich nicht durch die Fortführung der in Art. 106 und 107 Abs. 1 GG gefundenen Primärverteilung, die der Grundversorgung aller föderalen Bundespartner dient, sondern ergänzt diese, soweit unter verfassungsrechtlich gebotenen Aspekten die Finanzkraftunterschiede nicht als angemessen empfunden werden können. Diesem Erfordernis wird allerdings schon ein Mindestmaß an Finanztransfers gerecht.

IV. Ambivalente Aspekte

Neben den jeweils einseitigen Aspekten föderaler Finanztransfers, der Finanzautonomie und der Finanzgleichheit, spielen auch solche Aspekte in die Finanzausgleichsdebatte hinein, die keine einseitige Zuordnung erlauben, sondern ambivalent sind.[560]

1. Demokratische Transparenz

Politische Verantwortung vollzieht sich innerhalb des repräsentativen Regierungssystems der Bundesrepublik Deutschland durch Interaktion der institutionellen Gewalt mit dem Souverän. Das Demokratieprinzip gehört zu den grundlegenden Verfassungsaussagen des Grundgesetzes und steht gleichrangig neben dem Bundesstaatsprinzip. Es vervollständigt und bestätigt die föderale Aufteilung staatlicher Gewalt in vertikaler und horizontaler Richtung, indem es der Identifikation des Einzelnen mit dem Staat beiträgt.[561] Bundesstaatlichkeit und Demokratie fördern politische Mitwirkung und Kontrolle staatlicher Macht durch das Wahlvolk und vermitteln durch ihre institutionalisierten Grundsätze[562] den Repräsentanten politische Verantwortung. Die demokratische Legitimation ist aber in Frage gestellt, wenn die Informationsgrundlagen mangels Transparenz keine objektiven Wahlentscheidungen zulassen. Ein Transfersystem begründet stets die Gefahr, diese Informationsgrundlagen zu verschleiern.

---

558 *Kirchhof, Paul*, Der Verfassungsauftrag zum Länderfinanzausgleich als Ergänzung fehlender und Garant vorhandener Finanzautonomie, S. 23.

559 Vgl. oben Kapitel 1: C) II.2.

560 *Korioth*, Der Finanzausgleich zwischen Bund und Ländern, S. 120.

561 *Kirchhof, Paul*, Der Verfassungsauftrag zum Länderfinanzausgleich als Ergänzung fehlender und Garant vorhandener Finanzautonomie, S. 13.

562 Hierzu gehören etwa die Wahlgrundsätze, alle Formen der Volksentscheide, aber auch das Mehrheitsprinzip.

Es ist geeignet, die finanziellen Konsequenzen politischer Entscheidungen, positiver wie negativer Art, bis zu einem Maße zu kompensieren, bei dem sie sich nicht mehr dort niederschlagen, wo sie getroffen wurden. Ein solches Transfersystem ist grundsätzlich geeignet, Anreize zum effizienten Einsatz finanzieller Mittel sowie zur Umsetzung struktureller Reformerfordernisse zu vermindern, weil es politischen Entscheidungen die fiskalischen Konsequenzen nicht gegenüberstellt.

Das Demokratieprinzip ist als Interpretationsmaßstab aber nur bedingt aussagekräftig und bietet allenfalls eine Argumentationshilfe.[563] Für das konkrete Finanzausgleichsverhältnis zwischen den Ländern lassen sich hieraus aber aufgrund seines hohen Abstraktionsgrades keine unmittelbaren Erkenntnisse ableiten. Bundesstaatlichkeit steht ebenso wie das Demokratieprinzip im Dienste der Menschenwürde als zentrales Schutzgut des deutschen Verfassungsliberalismus. Wegen seines Prinzipiencharakters konkretisiert es sich allerdings nur dann zu unmittelbar verbindlichen Regeln, wenn es einen hinreichenden Niederschlag im finanzverfassungsrechtlichen Rahmen erhalten hat. Ein solcher Bezug auf das Demokratieprinzip ist im Finanzwesen des Grundgesetzes aber nicht augenscheinlich. Hinzukommt, dass der Länderfinanzausgleich in einer Kodifikation höchster Komplexität resultiert und sich naturgemäß dem Allgemeinverständnis entzieht. Finanzverfassungsrechtliche Sachverhalte sind vornehmlich das Betätigungsfeld eines engen Kreises von Sachverständigen und Fachleuten. Darüber hinaus verlangt gerade die finanzwirtschaftliche Materie eine einvernehmliche Behandlung durch die Bundesmitglieder und ist mehr als andere Bereich des Grundgesetzes kompromissgeprägt. Interessenorientierte Kompromissergebnisse sind insoweit verfassungsrechtlich bereits angelegt. Eine Kollision mit demokratischen Prinzipien kann aber nur dann festgestellt werden, wenn dessen Institutionalisierung im Finanzverfassungsrecht ausreichend spezifiziert ist. Das Demokratieprinzip lässt eine solche Konkretisierung im Finanzausgleichsrecht des Grundgesetzes jedoch vermissen.

2. Grundsatz der Bündnistreue

Im Rahmen der juristischen Auseinandersetzung vor dem Bundesverfassungsgericht gegen das Finanzausgleichsgesetz wurde vor allem von Seiten der finanzschwachen Länder beklagt, dass die auf Reduzierung des horizontalen Finanzausgleichs gerichtete Klage den Grundsatz der Bündnistreue unterwandere.

Seine verfassungsrechtliche Heimat ist umstritten. Zumindest scheint seine Grundlegung im Prinzip des sozialen Bundesstaates nicht zwingend und die Begründung finanzrechtlicher Solidaritätspflichten im innerstaatlichen Verhältnis zwischen Bund

---

[563] *Hidien*, Der bundesstaatliche Finanzausgleich in Deutschland, S. 690.

und Ländern sowie zwischen den Ländern mit dem Sozialstaatsprinzip kann angezweifelt werden.[564] Der Sozialstaatgedanke ist ein partikulärer Gesichtspunkt verfassungsrechtlicher Zielbestimmungen, der im rein staatsorganisatorischen Finanzausgleichsverhältnis allenfalls mittelbare Auswirkungen zeitigen kann. Trotzdem ist der Grundsatz der Bündnistreue dem Grunde nach anerkannt und seine verfassungsrechtliche Verankerung im Bundesstaatsprinzip steht außer Frage.[565]

Der Abstraktionsgrad des Bundesstaatsprinzips verhindert allerdings eine unmittelbare Anwendung im konkreten Finanzausgleich. Die Streitfrage in diesem Rahmen bezieht sich denn auch weniger auf seine Akzeptanz als solche, als auf seinen finanzspezifizierten Inhalt. Nachvollziehbar ist, dass die Treuepflicht dabei über den bloßen passiven Respekt der gegenseitigen Kompetenzen hinaus gehen muss und allgemein ein aktives Zusammenwirken[566] und die Wahrung der wohlverstandenen Belange aller Bündnispartner voraussetzt.[567] Allein aus dieser Überlegung lassen sich aber wegen seines konkretisierungsbedürftigen Prinzipiencharakters keine Regelungsermächtigung bzw. Handlungs- oder Eingriffsbefugnisse begründen. Kontur gewinnt er aber durch seine Spezifikationen in Art. 106, 107 Abs. 1 und Art. 107 Abs. 2 GG, weshalb einleitend zumindest festgestellt werden kann, dass der Grundsatz der Bündnistreue auch finanzstaatlich spezifiziert ist und wenigstens auch eine allgemeine Pflicht zur finanzrechtlichen Solidarität besteht.[568]

Der allgemeine Pflichtenkanon des Bündnistreueprinzips untergliedert sich in Unterlassungs- und Handlungspflichten. Im Finanzverfassungsrecht zeigen sich die Unterlassungspflichten vor allem im Rahmen der Haushaltsautonomie (Art. 109 Abs. 1 GG), die die unmittelbare oder mittelbare Einflussnahme auf den jeweiligen Haushaltsträger von dritter Seite untersagt.[569] Die seitens der finanzschwachen Länder eingeforderten Ausgleichspflichten zielen aber vor allem auf aktive Beistandspflichten ab, die deshalb in den Vordergrund treten. Sie sind vornehmlich in Art. 107

---

[564] *Korioth*, Der Finanzausgleich zwischen Bund und Ländern, S. 122; *Hidien*, Der bundesstaatliche Finanzausgleich in Deutschland, S. 748.

[565] *Häde*, Finanzausgleich, S. 367; *Jarass*, in: Jarass u.a. (Hrsg.), Grundgesetz für die Bundesrepublik Deutschland, Art. 20, Rdnr. 12.

[566] *Korioth*, Der Finanzausgleich zwischen Bund und Ländern, S. 119.

[567] *Isensee*, Idee und Gestalt des Föderalismus im Grundgesetz, in: Isensee, Kirchhof (Hrsg.), HStR IV, § 98, S. 600; *Hidien*, Der bundesstaatliche Finanzausgleich in Deutschland, S. 747.

[568] *Hidien*, Der bundesstaatliche Finanzausgleich in Deutschland, S. 750.

[569] *Maunz*, in: Maunz, Dürig u.a. (Hrsg.), Grundgesetz Kommentar V, Art. 109, 4; *Korioth*, Der Finanzausgleich zwischen Bund und Ländern, S. 100.

Abs. 2 GG normiert, klingen daneben aber auch an anderer Stelle immer wieder an.[570] Soweit sie dort für das horizontale Länderfinanzausgleichsverhältnis Bedeutung gewinnen, wurden sie bereits erörtert, weshalb sich nunmehr eine grundsätzliche Betrachtung des Bündnistreueprinzips im Zusammenhang mit dem Länderfinanzausgleich empfiehlt.

Der ambivalente Charakter der Finanzsolidarität bedingt auf Seiten der ausgleichsberechtigten Länder einen Anspruch auf Stärkung der eigenen Finanzkraft, auf Seiten der ausgleichsverpflichteten Länder dagegen ihre Einschränkung und zeigt damit, dass die Autonomie und Abhängigkeit nicht föderaler Selbstzweck ist, sondern im Dienste der Staatsgesamtheit steht. Die Teilung der Staatlichkeit zwischen Gesamtstaat und Gliedstaaten birgt in sich die Gefahr, dass die unterschiedliche Entwicklung der Länder aufgrund deren Eigenstaatlichkeit so weit fortschreitet, dass die gesamtstaatliche Einheit verloren zu gehen droht. Die föderale Kompetenzteilung verlangt daher ein Gegenprinzip, das alle Beteiligten auf die Zugehörigkeit zur Einheit und die Förderung des gesamtstaatlichen Gemeinwohls einschwört.[571]

Die Finanzverfassung spielt hierbei eine entscheidende Rolle. Sie misst die föderale Theorie an der Realität. Finanzkraftunterschiede, die das gesamtstaatliche Allgemeinwohl nicht mehr verkraften würde, sind mit dem Bundesstaatsprinzip nicht mehr in Einklang zu bringen. Das Bundestreueprinzip konkretisiert deshalb die Pflicht zum Einstehen füreinander und gebietet einen finanziellen Ausgleich zwischen den Beteiligten.[572]

a) Herstellung föderaler Chancengleichheit

Die Mitgliedschaft im Bundesstaat vermittelt den Beteiligten bei aller Konkurrenz auch Sicherheit, indem alle über die föderale Solidarität Mitverantwortung für den Fortbestand der gesamtstaatlichen Gemeinschaft tragen. Dies verlangt nach einer grundsätzlich einheitlichen Entwicklung des öffentlichen Leistungsangebotes. Sind Teile der Gemeinschaft nicht in der Lage, die gesamtstaatliche Entwicklung von sich aus mitzutragen, ruft das die Mitverantwortung der anderen Teile auf die Tagesordnung. Da die finanzstaatlichen, aber auch die historischen, demographischen, geographischen, wirtschafts- und finanzpolitischen, Entwicklungen der Länder Diskrepanzen aufweisen, sind Finanzkraftunterschiede eine natürliche Erscheinung des Bundesstaates. Ohne Kompensation verschärfen Strukturunterschiede die Wohlstands- und Ver-

---

[570] Vgl. etwa Art. 106 Abs. 3 S. 4 Nr. 2 GG, Art. 107 Abs. 1 S. 4, Art. 107 Abs. 2 S. 3 GG.

[571] *Isensee*, Idee und Gestalt des Föderalismus im Grundgesetz, in: Isensee, Kirchhof (Hrsg.), HStR IV, § 98, S. 600.

[572] *Häde*, Finanzausgleich, S. 257.

sorgungsdiskrepanzen stetig und bauen innerhalb der Föderalgemeinschaft Spannungen auf. Die bundesstaatliche Gemeinschaft ist daher auf finanziellen Ausgleich angewiesen. Das Transfersystem des Länderfinanzausgleichs stellt den gesamtstaatlichen Leistungsdurchschnitt sicher, indem es die Funktionsfähigkeit aller Bundesstaatmitglieder auf gesamtstaatliches Niveau hebt.
Die aus dem Bundestreueprinzip abgeleitete Finanzsolidarität nimmt daher in erster Linie Bezug auf die Wahrung und Sicherung der gesamtstaatlichen Einheit, was zunächst den Ausgleich struktureller Unterschiede zwischen den Bundespartner bedeutet, um die Chancengleichheit im föderalen Wettbewerb zu gewährleisten.

b) Föderales Schädigungsverbot

Die Verpflichtung der Bundesmitglieder auf die föderale Gemeinschaft setzt neben einer aktiven Funktionshilfe für finanzschwächere Bundesgenossen auch ein Absehen von schädigendem Verhalten gegenüber der Gemeinschaft oder gegenüber einzelnen Bündnispartnern voraus. Die Fokussierung finanzstaatlicher Problemlagen der ausgleichsberechtigten Länder auf die kleine Gruppe der ausgleichsverpflichteten Länder[573] bedeutet in diesem Zusammenhang zunächst noch keinen Verstoß gegen den Bündnistreuegrundsatz, da Finanzsolidarität von sich aus ein Transfersystem bedingt, das Lasten einseitig zuweist. Im Länderfinanzausgleich kommt allerdings ein weiterer Aspekt hinzu. Die nivellierende Wirkung des Finanztransfers bewirkt im Ergebnis, dass die Ländergesamtheit hinter einem optimalen Fiskalergebnis zurückbleibt, wenn er Anreize zur Haushaltskonsolidierung und zu Strukturreformen verhindert, weil er eine Abwälzung finanziell nachteiliger Konsequenzen auf die gesamtstaatliche Gemeinschaft erlaubt. Da der Finanzschwächenausgleich zwangsläufig das gesamtstaatliche Leistungsniveau senkt, verlangt der ambivalente Grundsatz der Bündnistreue eine rechtliche Bewertung des Finanztransfers, in der zwischen Wahrung und Herstellung der föderalen Einheit und der föderalen Eigenstaatlichkeit sowie zwischen Chancengleichheit und föderalem Wettbewerb abgewogen wird.[574] Eine ausgabenintensive Haushaltspolitik, die Resultat eigenstaatlicher Präferenzen ist, d.h. keine strukturelle Ursachen hat, ist gesamtstaatsschädlich und unföderal und mit dem Gebot zur Bünd-

[573] Vgl. Anlage 2: Den ausgleichsverpflichteten Ländern Baden-Württemberg, Bayern, Hessen, Freie Hansestadt Hamburg und Nordrhein-Westfalen standen im Finanzausgleich 2001die übrigen elf ausgleichsberechtigten Länder gegenüber.

[574] Vgl. BVerfGE 86, 148, 262, das Bundesverfassungsgericht weist darauf hin, dass die übermäßig hohe Kreditfinanzierung der Länder Saarland und Bremen nicht auf eine entsprechend hohe Investitionstätigkeit zurückzuführen ist, was den Umkehrschluss zulässt, die Bewertung der Streitfrage stehe mit dem Grund der Haushaltsnotlage in Zusammenhang.

nistreue nicht zu rechtfertigen. Ein Finanztransfer, der auf die individuellen Gründe der Finanzschwäche nicht eingeht, ist in mehrerer Hinsicht für die gesamtstaatliche Entwicklung negativ. Die Aussichten der Verlagerung der finanziell negativen Konsequenzen ausgabenorientierter Haushaltspolitik droht einen Widerspruch zum Gebot der sparsamen Haushaltsführung herzustellen. Je weniger sich finanzielle Konsequenzen einer politischen Entscheidung in dem Haushalt niederschlagen, der dem Träger der politischen Eigenverantwortung zugeordnet ist, desto weniger besteht Bereitschaft, zumeist unpopuläre Konsolidierungs- und Reformpolitik umzusetzen. Der Finanzausgleich unterliegt daher der Gefahr, die strukturellen Unterschiede zwischen den Föderalpartnern zu verfestigen und zu perpetuieren. Die Tatsache, dass das Mehr an Finanzkraft gegenüber dem Durchschnitt der Länder dem Topf des Länderfinanzausgleichs zufließt, reduziert nicht nur die Bereitschaft, die Finanzschwäche nachhaltig zu bekämpfen, sondern vermindert gleichzeitig das Interesse an weiterer Steigerung der eigenen überdurchschnittlichen Finanzkraft auf Seiten der ausgleichsverpflichteten Länder.

c) Sicherung der föderalen Existenzgrundlage

Der Gesichtspunkt der Sicherung der föderalen Existenzgrundlage gewichtet im Gegensatz zur föderalen Chancengleichheit und zum föderalen Schädigungsgebot anders. Sie verfolgt nur mittelbar das Angleichungsziel der Herstellung von Chancengleichheit, vielmehr dient sie der Behebung von extremen Haushaltsnotlagen.[575] Die Staatseinheit unterliegt der zwangsläufigen Bedingung, dass alle ihre Bundesmitglieder existent und lebensfähig sind, um den gesamtstaatlichen Leistungsdurchschnitt zu tragen. Finanzielle Notlagen verhindern dies unabhängig von der Ursache. Ihre faktische Existenz stellt die gesamtstaatliche Einheit von sich aus in Frage, so dass deren Behebung keine Differenzierung nach der Schuldfrage erlaubt. Autonomieinteressen der finanzstarken Länder können kein Argument sein, wenn die Existenz der föderalen Gemeinschaft an sich in Frage gestellt ist.

d) Zusammenfassung

Der Länderfinanzausgleich zeitigt als Finanztransfersystem nicht nur gesamtstaatlich erforderliche Ausgleichseffekte, sondern trägt auch die Gefahren einer Verzerrung und Abwälzung der Verantwortung in sich, die dem gesamtstaatlichen Fortkommen

---

[575] BVerfGE 86, 148; *Korioth*, Der Finanzausgleich zwischen Bund und Ländern, S. 662; *Häde*, Finanzausgleich, S. 289 ff.; *Hidien*, Der bundesstaatliche Finanzausgleich in Deutschland, S. 759.

schaden.[576] Die strukturell unterschiedlichen Ausgangslagen der Länder, bedingen demgegenüber zwar eine nivellierende Dämpfung des gesamtstaatlichen Ergebnisses. Gerade aber die über die Jahre hinweg feststellbare Perpetuierung der Finanzkraftrelationen zwischen den Ländern lässt das derzeitige Finanzausgleichssystem zwar nicht dem Grunde nach, wohl aber der Höhe nach mit der Bündnistreuepflicht in Widerspruch und damit unangemessen erscheinen.[577]
Das Bündnistreueprinzip bestätigt die Einschätzung des Wortlautes des Art. 107 Abs. 2 S. 1 GG. Der horizontale Länderfinanzausgleich setzt den Schwerpunkt auf die bundesstaatliche Staatengemeinschaft und die gesamtstaatliche Entwicklung und nicht auf die Zuweisung originärer Finanzautonomie. Auf die gesamtstaatliche Ausrichtung des Art. 107 Abs. 2 S. 1 GG wurde bereits hingewiesen.[578] Damit stellen die finanzstaatlichen Ausprägungen des Bündnistreueprinzips nochmals das Regel-Ausnahme-Verhältnis im Finanzverteilungssystems der Art. 106 ff. GG heraus, wonach streng zwischen der Zuweisung originärer Finanzautonomie in Art. 106, 107 Abs. 1 GG und der subsidiären Korrektur der Finanzkraftunterschiede im gesamtstaatlichen Interesse nach Art. 107 Abs. 2 GG unterschieden werden muss. Das föderale Solidaritätsprinzip verpflichtet zum Ausgleich, notfalls auch entgegen der Finanzautonomie der Länder. Dies ist angesichts der Schicksalsverbundenheit aller Beteiligten innerhalb der gesamtstaatlichen Gemeinschaft notwendige Konsequenz. Dieser Sinnzusammenhang bedeutet auf der anderen Seite aber auch, dass soweit die föderale Gemeinschaft im Hinblick auf die Funktionsfähigkeit der einzelnen Bundesmitglieder nicht in Gefahr ist, föderale Eigenverantwortlichkeit immer stärkeres Gewicht gewinnt. So wie die bündische Treuepflicht den finanzschwachen Ländern die Garantie der Existenzgrundlage innerhalb der föderalen Gemeinschaft bietet, so untersagt es eine Verlagerung der Verantwortlichkeiten, wenn die Konkurrenz zwischen den Länder verhindert und das gesamtstaatliche Fortkommen damit behindert wird.

V. Stellungnahme

Die Schwierigkeit der Ermittlung der Verteilungskriterien des horizontalen Länderfinanzausgleichs ergibt sich weniger aus der partikulären Eigenartigkeit des Finanzver-

---

[576] Wettbewerb als Gegenstand einer liberalen Wirtschaftstheorie verhindert Schlamperei und Nachlässigkeit im Umgang mit den Ressourcen und trägt damit dem Wohlstand und Fortschritt aller bei, vgl. *Bull*, DÖV 1999, S. 269.

[577] Vgl. BVerfGE 101, 158.

[578] Der Begriff des Finanzbedarfs deutet auf die auch qualitative Andersartigkeit des sekundären Finanzausgleichs hin und belegt damit dessen Ausrichtung auf die föderale Solidarität im Gegensatz zur föderalen Finanzautonomie der Empfängerländer, vgl. Kapitel 2: B) I.

fassungsrechts als solches gegenüber anderen Bereichen des Grundgesetzes. Die in ihrer Pragmatik herausragende Stellung der Finanzverfassung stellt aber Beziehungen und Relationen einer Vielzahl von Belangen her, die eine Herausarbeitung der Verteilungskriterien zu Art. 107 Abs. 2 S. 1 GG erheblich erschweren. Hinzu kommt, dass die finanzstaatliche Materie eine Dynamik aufweist, die eine rechtliche Bewertung der berührten Belange stets zeitlich begrenzt.

Es hat sich allerdings gezeigt, dass die Komplexität der finanzausgleichsrechtlichen Materie schon dadurch etwas relativiert wird, dass nicht jedes berührte Interesse finanzverfassungsrechtlich spezifiziert ist. In Anlehnung an die vorangestellte Ausgangsfrage, wie der Zielkonflikt zwischen der gesamtstaatlichen Einheit und der föderalen Eigenstaatlichkeit der Länder aufzulösen ist, lassen sich folgende Kriterien nennen:

Das Finanzausgleichsrecht nach Art. 107 Abs. 2 GG gliedert sich in das übergeordnete System der Mittelverteilung zwischen Bund, Ländern und Gemeinden ein und verfolgt in diesem System ein eigenes untergeordnetes Zwischenziel. Die Betrachtung der jeweiligen Elemente der Finanzmittelverteilung weist den Schwerpunkt der Finanzautonomie nicht auf den Bereich der Steuerkompetenzen. Hier existiert ein ausgesprochener Überhang an Bundeskompetenzen, wofür es unter gesamtstaatlichen Aspekten hinreichende und gute Rechtfertigungsgründe gibt. Dies verweist seinerseits allerdings auf den Bereich der Ausgabenseite staatlicher Finanzangelegenheiten. Föderale Autonomie schlägt sich in fiskalischer Hinsicht vornehmlich in der Eigenverantwortlichkeit des Haushaltsgebarens nieder. Damit diese nicht nur rein theoretischer Natur bleibt, setzt dies eine möglichst regelhafte Verteilung der Staatserträge voraus, die eine relative Gleichheit aller Bundesmitglieder ermöglicht. Die Haushaltsautonomie verlangt entsprechende Gestaltungsmöglichkeiten bei der Mittelverwendung auf der Ausgabenseite. Diese wird in Art. 104a Abs. 1 GG nochmals explizit und an exponierter Stellung herausgestellt.

Im Mittelpunkt des finanzverfassungsrechtlichen Verteilungssystems steht der Bereich der Mittelverteilung. Dessen Regelhaftigkeit verlangt eine möglichst gleichmäßige Zuweisung von finanzieller Handlungsfreiheit, ohne die eine eigenverantwortliche Gestaltung der Ausgabenpolitik und eine individuelle Landespolitik nicht möglich ist. Diese Funktion kommt der primären Mittelverteilung nach Art. 106 und Art. 107 Abs. 1 GG zu. Die trotz aller föderaler Autonomiebestrebungen existierende föderale Einheit kann dabei aber in Gefahr geraten, wenn die primäre Mittelverteilung die naturgemäßen Unterschiede, die sich auch finanzstaatlich niederschlagen, nicht ausreichend ausgleicht. Der Grund hierfür liegt zum einen in der bedingten Fassbarkeit objektiver Kriterien, zum anderen in der verschuldensunabhängig zu beurteilenden Überlebensnotwendigkeit aller Föderalpartner. Der horizontale Länderfinanzausgleich dient dem gesamtstaatlichen Interesse, indem er eine Korrektur der Finanzkraftverhältnisse vornehmen soll. Eine Neuordnung der bundesstaatlichen Finanzkraftverhältnisse ist aber angesichts der bundesstaatlichen Eigenstaatlichkeit der Föderalpartner nicht zulässig.

Die formalen Verfassungsdirektiven des Verhältnismäßigkeitsgrundsatzes und des Gleichheitssatzes bedeuten im horizontalen Finanzausgleich eine operative Abwägungsanweisung, die dazu verpflichtet, eine nachvollziehbare und an verfassungsrechtlichen Grundsätzen ausgerichtete Abwägung der Finanzkraftunterschiede vorzunehmen. In diesem Zusammenhang hat sich aber gezeigt, dass die Belange der Finanzangleichungsinteressen gerade im horizontalen Länderfinanzausgleich nicht den Schwerpunkt bilden. Von daher ist es geboten, bei der inhaltlichen Ausformulierung des Finanzausgleichsgesetzes beim horizontalen Finanzausgleich zu berücksichtigen, dass nicht nur ein absolutes Nivellierungsverbot existiert, sondern darüber hinaus auch der angesprochene Zielkonflikt zwischen gesamtstaatlicher Einheit und föderaler Eigenstaatlichkeit deutlich zugunsten der föderalen Eigenstaatlichkeit gewichtet ist. Dies schließt eine weitgehende Angleichung der Finanzkräfte zunächst nicht per se aus, erhöht allerdings den Rechtsfertigungsdruck einer weitgehenden Nivellierung enorm. Dieser Gesichtspunkt kommt bislang im derzeitigen Finanzausgleichsrecht nicht zum Tragen.

Der Länderfinanzausgleich ist daher an objektiven Kriterien festzumachen, die eine weitestgehend nachvollziehbare rechtliche Bewertung der Ausgleichsforderungen zur Angleichung der Finanzkraftunterschiede erlauben. Die Dynamik der Staatsfinanzen verlangt darüber hinaus, dass die getroffene Einschätzung stets von neuem zu überprüfen ist. Scheitert dieses Anliegen an der Unzulänglichkeit der Rechtstechnik, dann ist entsprechend der Ausprägung der im Finanzausgleich angesprochenen Belange, der Finanzautonomie, der Finanzgleichheit und der Bundesnistreue, allenfalls ein relativ geringes Maß an Ausgleich zu rechtfertigen.

Kapitel 3: Mögliche Reformansätze

Nach den vorangestellten Abschnitten, die die Grundlagen der Verfassungsinterpretation und die für das Finanzausgleichsverhältnis maßgeblichen Verfassungsprinzipien herausgestellt haben, ist in dem abschließenden Abschnitt nunmehr die Frage nach den Konsequenzen für das horizontale Länderfinanzausgleichsverhältnis zu stellen. Die Notwendigkeit des Umdenkens ergibt sich dabei weniger aus einem dogmatischen Idealismus als aus faktischen Zwängen der klammen öffentlichen Kassenlage. Dies gilt umso mehr, seit mit der deutschen Wiedervereinigung die finanziellen Spielräume drastisch enger geworden sind, gleichzeitig die Bundesrepublik Deutschland sich mit der Ratifizierung des Vertrags von Maastricht und ihrem Beitritt zur europäischen Währungsunion zur Einhaltung der Konvergenzkriterien verpflichtet hat.[579] Absehbar war und ist zudem die Entwicklung der demographischen Bevölkerungsstruktur und deren Folgen für das Sozialwesen sowie die finanziellen Belastungen aus den Pensionsverpflichtungen.[580]

Es ist zu beachten, dass der zehnte Abschnitt des Grundgesetzes über das Finanzwesen ein in sich schlüssiges und abgeschlossenes System der Finanzmittelverteilung und -umverteilung konzipiert. Die dargestellten Grundsätze des horizontalen Finanzausgleichs müssen sich daher zwingend auch auf die gesamte staatliche Finanzdistribution und -allokation auswirken, weshalb sich eine Reform der Staatsfinanzen auf alle Bereiche beziehen muss und sich nicht auf den Finanzausgleich zwischen den Ländern beschränken darf.[581]

Angesichts des geltenden Finanzausgleichsrechts und dessen fehlender Ausrichtung an den verfassungsrechtlichen Vorgaben bedeutet eine Reform der föderalen Finanzbeziehungen unter der geltenden Fassung des Grundgesetzes weniger eine Modifikation als eine strikte Neuausrichtung.[582] Eine umfassende Reform darf aber auch Verfassungsänderungen nicht ausklammern, zumal es augenscheinlich bei den geltenden verfassungsrechtlichen Vorgaben des Grundgesetzes an Mechanismen mangelt, die der Einhaltung der fiskalischen Verteilungskriterien dienen.

---

[579] Vgl. Konvergenzkriterien aus dem Maastrichter Vertrag.

[580] Wenngleich die Planungen des Bundesfinanzministeriums, die Zinslast durch Privatisierungserlöse zu tilgen, mit dem massiven Einbruch der Börsenkurse insbesondere der Deutschen Telekom AG bislang nicht umsetzbar sind, vgl. FAZ vom 16.05.2002, S. 14; Wissenschaftlicher Beirat beim BMF, Einnahmeverteilung zwischen Bund und Ländern, S. 6.

[581] *Henneke*, in: Konrad-Adenauer-Stiftung (Hrsg.), Föderalismusreform: Die deutsche Finanzordnung auf dem Prüfstand, S. 51.

[582] *Henneke*, Öffentliches Finanzwesen, S. 425.

A) Quantitative Ausgleichsgrenzen

Der Länderfinanzausgleich nach Art. 107 Abs. 2 S. 1 GG ließe sich durch Mindest- und Höchstgrenzen für das Ausgleichsvolumen in der Theorie leicht in angemessenen Bahnen halten. Schwierigkeiten ergeben sich allerdings in der realen Auseinandersetzung bei der Suche nach den quantifizierbaren Grenzen. Die unmittelbare Verflechtung der finanzstaatlichen Thematik mit den Egoismen aller Beteiligten hat in der Vergangenheit dazu geführt, dass nicht nur die Höhe potenzieller Höchstgrenzen zu ständigen Auseinandersetzungen geführt hat, sondern die Einführung von quantitativen Grenzdaten in das Finanzausgleichsgesetz schon im Diskussionsstadium stecken blieb.

Das Bundesverfassungsgericht hat erstmals 1999 aus der Eigentumsgarantie des Art. 14 GG eine quantifizierte Grenze der Sozialpflichtigkeit von privatem Vermögen bei überschlagsmäßiger Betrachtung bei 50 Prozent gesehen.[583] Versuche, diesen Halbteilungsgrundsatz auch auf das Länderfinanzausgleichsverhältnis zu übertragen oder eigenständig abzuleiten, konnten sich bislang nicht durchsetzen.[584] In Art. 107 Abs. 2 S. 1 GG ist im Gegensatz zu Art. 14 GG lediglich das Nivellierungsverbot ausdrücklich erkennbar, eine weitergehende Grenzziehung, die sogar an dem Fixum der hälftigen Teilung festzumachen wäre, ist dagegen aus Art. 107 Abs. 2 S. 1 GG nicht unmittelbar abzuleiten. Eine Begrenzung des horizontalen Länderfinanzausgleichs, die dem Angemessenheitsgebot gerecht würde, kann daher allenfalls mittelbar aus Art. 107 Abs. 2 GG abgeleitet werden und kann sich nicht auf die Bestimmung von Mindest- und Höchstgrenzen beschränken.

Auch wenn sich aus Art. 107 Abs. 2 S. 1 GG keine dem Halbteilungsgrundsatz nach Art. 14 Abs. 1 GG ableitbare Ausgleichsobergrenze von 50 Prozent der Finanzkraft eines Landes ableiten lässt, schließt dies nicht aus, auf politischem Wege Ausgleichsobergrenzen zu beschließen. Ihre Vorzüge sind offensichtlich. Sie entziehen dem kompromissgeprägten Ausgleichsergebnis Volatilität. Da das Ausgleichsvolumen und die Ausgleichsintensität sinkt, reduzieren sie auf Seiten der ausgleichsberechtigten Länder die Deckungsquote der Mindereinnahmen und begründen auf diese Weise die Notwendigkeit, Haushaltskonsolidierung verstärkt durch Kreativität auf der Ausgabenseite zu betreiben. Die Aufnahme von quantifizierbaren Ausgleichsgrenzen in den Länderfinanzausgleich stellt sich zumindest als eine weitere Option dar, die Eigenverantwortlichkeit der Länder zu schärfen und damit den Länderfinanzausgleich stärker an die verfassungsrechtlichen Vorgaben des Art. 107 Abs. 2 GG zu binden.

---

583 BVerfGE 93, 121

584 Vgl. Kapitel 2: B) II.3.c)

B) Bezugnahme auf das Konsolidierungsengagement der Länder

Das Finanzausgleichsgesetz regelt in §§ 4 bis 10 den Finanzausgleich zwischen den Ländern und knüpft die Ausgleichspflicht an die Relation von Finanzkraftmesszahl und Ausgleichsmesszahl (§ 5 Abs. 1 FAG). Die Finanzkraftmesszahl definiert § 6 Abs. 1 FAG als die Summe der Steuereinnahmen des Landes (§ 7 FAG) und der Gemeinden (§ 8 FAG) sowie weiteren Einnahmen aus den bergrechtlichen Förderabgaben. Die Ausgleichsmesszahl definiert § 6 Abs. 2 FAG, wonach diese sich aus der Korrelation der Einnahmen mit der Zahl der Einwohner des Landes ergibt. Je nachdem, ob die Finanzkraftmesszahl die Ausgleichsmesszahl übersteigt, ist das Land als finanzstarkes Land zum Ausgleich im horizontalen Länderfinanzausgleich verpflichtet (§ 5 FAG).[585]

Die Regelungen zum Finanzausgleich zwischen den Ländern nehmen für die Bestimmung der konkreten Ausgleichsbeträge Bezug auf Größen, die eine objektive Beurteilung der Einnahmesituation erlauben, weil die Summe der Einnahmen und die Zahl der Einwohner keinem Beurteilungsspielraum unterliegen. Eine gewisse Fehlausrichtung erfährt das Ausgleichsverhältnis zwischen den Ländern allerdings aus dem globalen Zusammenhang zwischen Finanzausgleichsrecht und Zuständigkeitsaufteilung zwischen Bund und Ländern. Das Finanzausgleichsverhältnis resultiert nach §§ 5, 6 FAG aus vorgegebenen Strukturdaten der Länder auf der Einnahmenseite. Die Einnahmen setzen sich dabei im wesentlichen aus den nach Art. 106 und 107 Abs. 1 GG fest zugewiesenen Anteilen an den Gemeinschaftssteuern zusammen. Die Tatsache, dass die Gemeinschaftssteuern nach Art. 105 Abs. 2 GG in die Zuständigkeit des Bundes fallen, hat zur Folge, dass die Einnahmenseite, die wiederum für die Bestimmung der Finanzkraftmesszahl in Verbindung mit der Einwohnerzahl maßgeblich zeichnet, letztlich eine fest vorgegebene Größe ist, bei der allenfalls die Anteile von Bund und Ländern insgesamt nach Art. 106 Abs. 3, 4 GG zur Disposition gestellt werden.[586] Hierin liegt wohl auch der Grund, weshalb eine Reform des Finanzausgleichs bislang nicht realisiert werden konnte. Die Aufteilung der Einnahmen zwischen Bund und Ländern wertet die Frage der Finanzzuweisungen stets zu einer gesamtdeutschen Föderaldebatte auf und belässt sie nicht im ursprünglichen Rahmen der zwischenstaatlichen Beziehungen zwischen den Ländern.[587]

---

[585] Vgl. oben Kapitel 1: C) II.2

[586] BVerfGE 72, 330, 401.

[587] Die Einführung weitreichender Landessteuerkompetenzen könnten die Aufteilung des deutschen Verschuldungskontingents nach dem Maastrichter Vertrag zwischen Bund und Ländern deutlich entschärfen, vgl. Wissenschaftlicher Beirat beim BMF, Einnahmevertei-

Die rudimentären Zuständigkeiten der Länder verlagern die eigenstaatlichen Gestaltungsmöglichkeit aber nahezu ausschließlich auf die Ausgabenseite.
Während das Finanzausgleichsverhältnis, d.h. die Frage ob ein Land eine Ausgleichspflicht trifft oder einen Ausgleichsanspruch hat, in §§ 4 ff. FAG Bezug auf vorgegebene Strukturdaten nimmt, fehlen Kriterien, die eine Beurteilung subjektiver Komponenten, wie Reformbereitschaft, Kreativität bei der Nutzung von Synergieeffekten, Umfang der Bereitschaft zu Eigenanstrengungen in die Finanzausgleichsrechnung mit einfließen lassen. Das FAG läuft daher von vornherein Gefahr, den Finanzausgleich allein hinsichtlich der jeweiligen Einnahmesituation zu beurteilen, ohne das gestalterische Engagement der Länder mit in die Beurteilung einzubeziehen. Optionen der Länder auf der Ausgabenseite ihrer Haushalte, werden völlig ignoriert. Der Finanzausgleich leitet sich daher ausschließlich von Belangen der Finanzsolidarität ab, vernachlässigt aber Aspekte der Länderautonomie und ignoriert deren gestalterische Eigenverantwortlichkeit im föderalen Wettbewerb. Damit setzt es sich mit den verfassungsrechtlichen Ausgleichsdirektiven in Widerspruch.[588]
Fraglich erscheint allerdings, ob die Einbeziehung der Ausgabenseite nicht von vornherein daran scheitern muss, dass sich subjektive Kriterien zur Eigenleistung der ausgleichsberechtigten Länder einer objektiven Bewertung weitestgehend entziehen. Es gilt aber zu bedenken, dass die komplexe Materie, als die sich das Finanzwesen des Grundgesetzes darstellt und die Schwierigkeiten, abstrakte Vergleichskriterien zu ermitteln, nicht dazu führen darf, dass der Grundsatz der finanziellen Eigenverantwortlichkeit der Länder nur nach dem Finanzauskommen berechnet wird und gerade den Bereich ausklammert, in dem sich die eigenverantwortlichen Gestaltungsmöglichkeiten vor allem manifestieren. Eine Alternative hierzu ergibt sich sonst noch aus einer stärkeren Berücksichtigung der Gestaltungsmöglichkeiten der Länder auf der Einnahmenseite, was eine Reform der Steuerkompetenzordnung nach Art. 105 GG zur Voraussetzung hätte.
Die Einbeziehung subjektiver Faktoren in das System des Finanzausgleichs gestaltet sich problematisch, da allenfalls objektiv feststellbare Faktoren Rückschlüsse auf subjektive Intention erlauben. Hinzu kommt, dass bundesstaatliche Länderautonomie den Respekt der Gemeinschaft vor der Entscheidungshoheit der Länder gebietet. Allerdings kann dies aufgrund der Schicksalsverbundenheit aller Länder nicht unbegrenzt Geltung besitzen.

---

lung zwischen Bund und Ländern, S. 57; *Henneke*, in: Konrad-Adenauer-Stiftung (Hrsg.), Föderalismusreform: Die deutsche Finanzordnung auf dem Prüfstand, S. 51.

588 So auch *Kirchhof, Paul*, Der Verfassungsauftrag zum Länderfinanzausgleich als Ergänzung fehlender und Garant vorhandener Finanzautonomie, S. 38.

Im Rahmen einer grundsätzlichen Auseinandersetzung mit dem Finanzausgleich des Art. 107 Abs. 2 GG sind an dieser Stelle keine Detaillösungen, sondern allenfalls Anhaltspunkte für die Richtungsweisung zu nennen. Ein probates Mittel, die subjektive Intention zu bewerten, ist, den Rechtfertigungsdruck der Zahlungsempfänger zu erhöhen, was die Frage der methodischen Umsetzung aufwirft. Das Fehlen subjektiver Elemente im Finanzausgleich gründet vor allem darin, dass die objektiv feststellbaren Mindereinnahmen für sich genommen nur den Rückschluss zulassen, dass die Finanzkraft des betreffenden Landes hinter dem des Bundesdurchschnitts zurückbleibt, die Ursachen hierfür allerdings nicht beleuchtet. Mehr Aufschluss darüber könnte eine obligatorische Analyse struktureller Rahmendaten bringen und die Bindung der Finanzausgleichszahlungen an ein an diese Feststellungen ausgerichtetes Konsolidierungsprogramm, das der Ländergemeinschaft zu berichten ist. Auch wenn hierdurch kurzfristige Erfolge nicht zu erwarten sind, dürfte eine qualifizierte Bericht- und Rechenschaftsverpflichtung der Länder als Voraussetzung für Zahlungen aus dem Länderfinanzausgleich deren Argumentationsgrundlage erschweren, vor allem dann, wenn sie sich über Jahre und Jahrzehnte nicht ändert. Angelehnt an dieses Konzept sollten Staffelsätze und eine zeitliche Befristung der Finanzausgleichszahlungen in das Finanzausgleichssystem aufgenommen werden.

C) Abschaffung der Einwohnerveredelung

Für die Bestimmung der Ausgleichsbeträge werden über ein genormtes Verfahren auf Grundlage der §§ 6 bis 10 FAG die wesentlichen Einnahmen der Länder in Relation zu ihren Einwohnerzahlen gesetzt. Die Berechnung der Pro-Kopf-Einnahmen ist dabei deswegen sinnvoll, da sich über die absoluten Beträge die tatsächliche Finanzkraft eines Landes nicht ermitteln lässt, weil die Höhe des Finanzbedarfs in enger Korrelation zur Zahl der Landesbewohner steht. Über dieses Verfahren wird ein abstrakter Finanzmittelbedarf dem Finanzausgleichsverhältnis zugrunde gelegt.[589]

Als zusätzliches Element der Finanzbedarfsbewertung werden seit 1950 die Gemeinden in Klassen eingeteilt, nach denen der Finanzmittelbedarf unterschiedlich gewertet wird. Dieses Vorgehen beruht auf dem sog. Popitz'schen Gesetz[590], dem die Annahme zugrunde liegt, dass eine Gemeinde mit einer höheren Einwohnerdichte einen überproportionalen Bedarf an öffentlichen Versorgungsleistungen beansprucht. Dieses Verfahren findet dabei nicht nur im Rahmen der Gemeindeeinnahmen statt, die nach Art. 107 Abs. 2 S. 2 GG zu den Ländereinnahmen hinzugerechnet werden und daher die Finanzkraftmesszahl der Länder beeinflussen, sondern auch bei den Stadtstaaten.

---

[589] *Henneke*, Öffentliches Finanzwesen, S. 277.

[590] *Popitz*, Der Finanzausgleich, in: Handbuch der Finanzwissenschaft, S. 348 f.

Die Popitz'sche These wurde nicht nur von Seiten der Rechtswissenschaft, sondern auch seitens der Rechtsprechung in Frage gestellt. Relativierend ist allerdings festzuhalten, dass die Ursprungsthese nicht unreflektiert zur Grundlage der Einwohnerveredelung im FAG gemacht werden darf. Johannes Popitz illustrierte die Notwendigkeit der unterschiedlichen Einwohnerwertung am Beispiel der Kanalisation.[591] So sei der Bedarf an einem gepflegten Straßen- und Wegenetz im ländlichen Raum nicht mit dem in urbanen Gebieten vergleichbar. Im Gegensatz zu dieser Illustration gründet die heutige Einwohnerveredelung nicht mehr nur in dem gesteigerten Interesse der Stadtbevölkerung, gegen die Unbilden der Witterung geschützt zu sein, sondern in der Annahme von Sonderbedarfen dichtbevölkerter Zentren.[592] Oberzentren sähen sich im Gegensatz zu Flächengebieten der Notwendigkeit ausgesetzt, ein weitaus stärker ausdifferenziertes Angebot an öffentlichen Leistungen zu unterhalten, das nicht nur der Stadtbevölkerung, sondern auch dem Umland zuteil wird, da urbane Zentren ihre Funktion als Arbeits- und Versorgungszentren wahrnehmen müssten, ohne hierauf Einfluss nehmen zu können.[593] Hierzu zählen insbesondere auch die kulturellen Einrichtungen, die in aller Regel nicht kostendeckend betrieben werden können.[594]
Die Kritik gegen das System der Einwohnerveredelung bezieht sich denn auch weniger auf die Tatsache, dass Sonderbedarfe von urbanen Zentren gegenüber ländlichen Gebieten berücksichtigt werden, als gegen den Umstand, dass der Finanzausgleich nicht das geeignete Mittel zur Korrektur solcher Belastungsunterschiede ist. Das Bundesverfassungsgericht hat bereits in einer früheren Entscheidung[595] die Handhabung der Einwohnerwertung zwar nicht für verfassungswidrig erklärt, sie zumindest aber in Frage gestellt. Es trug dem Gesetzgeber auf, zu überprüfen, ob eine unterschiedliche Wertung der Einwohner nicht durch andere zeitgemäße Strukturbedarfsmerkmale zu ersetzen oder zumindest zu ergänzen sei. An dieser Einschätzung hat das Bundesverfassungsgericht auch nach wie vor festgehalten. Es beließ es in seiner Entscheidung vom 11.11.1999 aber dennoch bei einem erneuten Hinweis auf die Überprüfungsbedürftigkeit dieser Streitfrage, weil der Bundesgesetzgeber glaubhaft machen konnte, dass sich die finanziellen Auswirkungen der Gemeindegebietsreform in den neuen

---

[591] *Henneke*, Öffentliches Finanzwesen, S. 377.

[592] *Henneke*, Öffentliches Finanzwesen, S. 378.

[593] *Henneke*, Öffentliches Finanzwesen, S. 378.

[594] Sachverständigenrat zur Begutachtung der gesamtwirtschaftlichen Lage, Jahresgutachten 1990/91, S. 214

[595] BVerfGE 84, 148, 233.

Ländern bislang noch nicht abschließend beurteilen ließen.[596] In den ersten Vorlagen zum Entwurf des Finanzausgleichsgesetzes ab 2005 ist eine Faktorisierung der Stadteinwohner jedenfalls noch vorgesehen.[597]
Die klagenden Länder hatten argumentiert, die Einwohnerveredelung setze sich mit dem verfassungsrechtlichen Finanzkraftbegriff nach Art. 107 Abs. 2 GG in Widerspruch, der sich lediglich durch Einnahmekriterien, nicht aber durch Bedarfskriterien der Ausgabenseite definiere.[598] Diese Ansicht lässt sich aber nicht völlig unkommentiert unterstützen. Der für die Ausgleichszahlungen maßgebliche Finanzkraftbegriff folgt aus der Struktur der Finanzverfassung. Die Ausgabenseite ist im Verhältnis zur Einnahmenseite nur deswegen rudimentär berücksichtig, da sich aufgrund des Übergewichts der Bundeskompetenzen bei der Einnahmengestaltung die Eigenstaatlichkeit der Länder vor allem auf der Ausgabengestaltung niederschlägt. Der Finanzkraftbegriff bezieht sich insoweit nur deswegen auf die Einnahmeseite, weil sich nur hier eine relative Einheitlichkeit der Finanzmittelausstattung der Länder herstellen lässt, während die Berücksichtigung der Ausgabenseite durch die Momente der eigenverantwortlichen Ausgabenpolitik der Länder eine gleichmäßige Mittelausstattung verhinderte. Das Argument der klagenden Länder lässt sich aber insoweit stützen, als sich auf der Ausgabenseite zwingend Entwicklungsunterschiede ergeben müssen, deren finanzielle Konsequenzen als Resultat der eigenverantwortlichen Haushaltsgestaltung und Ausgabenpolitik hinzunehmen sind und nicht über die Annahme von Sonderbedarfen kompensiert werden dürfen. Der einnahmeseitig geprägte Finanzkraftbegriff schließt eine Berücksichtigung der Ausgabenseite nicht aus, lässt diese aber nur dann zu, wenn eine Differenzierung zwischen Finanzdefiziten aufgrund eigenverantwortlicher Ausgabenpolitik und echten Sonderbedarfen möglich ist.[599]
Diesbezüglich sind nach geltendem Finanzausgleichsrecht allerdings erhebliche Zweifel anzumelden. Das Bundesverfassungsgericht folgerte seinen Überprüfungsauftrag an den Gesetzgeber gerade aus dem Vorwurf, die popitz'sche Grundthese sei selbst nach moderner Lesart empirisch nicht belegt.[600] Zudem liegt der Verdacht nahe, dass erst durch die Zuweisung überdurchschnittlicher Finanzmittel die Ausgabentätigkeit

---

596 BVerfGE 101, 158, 210.

597 Vgl. Bayerisches Staatsministerium der Finanzen (Hrsg.), Informationen zur Finanzpolitik 2001.

598 BVerfGE 101, 158, 196.

599 *Donges* u.a., in: Frankfurter Institut (Hrsg.), Die föderative Ordnung in Not, S. 65; Sachverständigenrat zur Begutachtung der gesamtwirtschaftlichen Lage, Jahresgutachten 1990/91, S. 213, Nr. 449.

600 BVerfGE 86, 148, 235.

der Stadtgebiete herbeigeführt wird. Diese Einschätzung bestätigt sich durch die Überlegung, dass den Mehrkosten für infrastrukturelle Investitionen auch finanzielle Vorteile gegenüberstehen. Ein gesteigerter Publikumsverkehr erhöht die Attraktivität der urbanen Gebiete, was in aller Regel höhere Steuereinnahmen bei der Gewerbesteuer bedingt.[601] Bedenken, ob dieser Vorteil auch in ausreichendem Maße die wirtschaftlichen Nachteile kompensiert, greift die Kritik der Einwohnerveredelung im Rahmen des Länderfinanzausgleichs nicht an. In diesem Falle ist vielmehr die Gewerbesteuerumlage in Frage zu stellen, weil deren Bemessungsgrundlage unmittelbar aus den örtlichen Wirtschaftsdaten resultiert. Deren Berücksichtigung beim Finanzausgleich aber ist nicht zu rechtfertigen, da der Finanzkraftbegriff eine abstrakte Größe darstellt, die örtliche Wirtschaftsvorteile und -nachteile von Ballungsräumen nicht hinreichend differenziert.[602]

Hinzutreten weitere Bedenken über Doppelbegünstigungen von Einwohnergruppen, die das Bild weiter verzerren[603] und die Frage, ob die Förderung der Oberzentren in unverändertem Maß raumordnungspolitisch überhaupt gerechtfertigt ist.[604] Spätestens seit der Gemeindegebietsreform hat sich die Einwohnerdichte zwischen urbanen und ländlichen Gegenden grundlegend verschoben. Durch die Bildung von Großgemeinden wurde das Verhältnis der ländlichen Einwohnerdichte dem der Stadtstaaten angeglichen.[605]

Nach alledem ist die Einwohnerveredelung keine Sache des Länderfinanzausgleichs. Es ist nicht sinnvoll, Agglomeratsdefizite auszugleichen, denen gleichzeitig Agglomeratsüberschüsse gegenüberstehen. Gerade weil eine praktikable Saldierung beider Positionen kaum möglich ist, ist es ein struktureller Fehler, diese auf Grundlage eines Systems auszugleichen, das eine grundlegende, d.h. von Sonderbedarfen grundsätzlich bereinigte Finanzierung aller föderalen Staatsglieder verfolgt. Ein Ausgleich sollte sich auf solche Bereiche beschränken, die keinen wirtschaftlichen Mehrwert produzieren. Dies sind aller Erfahrung nach vor allem Kultureinrichtungen. Infrastrukturelle Einrichtungen, die aus topographischen Gründen überdurchschnittliche Herstellungs-

---

[601] *Donges* u.a., in: Frankfurter Institut (Hrsg.), Die föderative Ordnung in Not, S. 65.

[602] Vgl. Sachverständigenrat zur Begutachtung der gesamtwirtschaftlichen Lage, Jahresgutachten 1990/91, S. 214, Nr. 449.

[603] Vgl. *Henneke*, Öffentliches Finanzwesen, S. 379, *Henneke*, NdsVBl 1994, S. 56 f.; *Kirchhof, Paul*, Der Verfassungsauftrag zum Länderfinanzausgleich als Ergänzung fehlender und Garant vorhandener Finanzautonomie, S. 116.

[604] *Kirchhof, Paul*, Der Verfassungsauftrag zum Länderfinanzausgleich als Ergänzung fehlender und Garant vorhandener Finanzautonomie, S. 115.

[605] BVerfGE 86, 148, 235.

und Unterhaltungskosten produzieren, sollten durch kostendeckende Gebühren und Beiträge refinanziert werden, damit die Selbstregulierung zwischen Angebot und Nachfrage die raumordnungspolitisch zweifelhafte Konzentration auf Ballungsgebiete nicht noch zusätzlich verstärkt.

Des weiteren ist ein Ausgleich nicht über das gesamtdeutsche Finanzmittelwesen durchzuführen, sondern nur dort, wo Spill-Over-Effekte auch nachvollziehbar auftreten. Spill-Over-Effekte sind die positiven Auswirkungen einer Investition, die sich nicht nur im Hoheitsgebiet des Investitionsträgers niederschlagen, sondern auch dem Umland zugute kommen. Dies ist zwischen den Stadtgebieten und dem unmittelbaren Umland anzunehmen.[606] Es ist nicht einzusehen, warum Flächenländer, die eigene Ballungsgebiete haben und deren Spill-Over-Effekte innerstaatlich zum Tragen kommen auch solche Effekte mit ausgleichen sollen, die zwischen Stadtstaaten und dessen benachbarten Flächenländern auftreten. Eine Lösung dieser Kostenverschiebungen etwa auf der Ebene von Staatsverträgen wird dem tatsächlichen Bedarfsunterschied weitaus besser gerecht, als die Manipulation des Finanzausgleichs durch die Veredelung der Berechnungsgröße der Einwohner. Auf Grundlage räumlich begrenzter Lösungen bietet sich dann eine Einbeziehung sachgerechter Kriterien, wie Menschen, Fläche, zentralörtliche Funktion und fremddeterminierte Aufgaben und Ausgaben an.[607] Diese Daten sind des weiteren anhand wissenschaftlicher Untersuchungen möglichst regelmäßig zu verifizieren.

Der Finanzausgleich zwischen den Ländern ist damit als grundlegende Finanzierungsform des Föderalstaates nicht geeignet, Sonderaspekte zu berücksichtigen, weil dies die Gleichwertigkeit der Einwohner der ausgleichsverpflichteten Länder ignoriert.[608]

D) Reform der Ertragskompetenzen

Finanzielle Autonomie erwächst vor allem aus der Befugnis, sich neue Finanzquellen erschließen zu können. Eine Betrachtung der Steuerkompetenzen von Bund und Ländern zeigt, dass Finanzautonomie gegenwärtig auf der Einnahmeseite vor allem im Bereich der Steuerertragsverteilung stattfindet.

I. Bedenken

Die Kompetenz, Steuern zu erheben, regelt Art. 105 GG. Während dem Bund ausschließliche Zuständigkeit über Zölle und Finanzmonopole zukommt, sind die Länder für die Gesetzgebung bei örtlichen Verbrauchs- und Aufwandssteuern zuständig, so-

---

[606] BVerfGE 101, 158, 197.

[607] *Henneke*, Öffentliches Finanzwesen, S. 379.

[608] *Henneke*, Öffentliches Finanzwesen, S. 377 f.

lange und soweit diese nicht mit Bundessteuern gleichartig sind (Abs. 2a). Hinsichtlich der konkurrierenden Zuständigkeiten sind die Länder zur Steuergesetzgebung nur dann berufen, wenn der Bund seinerseits keinen Gebrauch von seiner Kompetenz gemacht hat, was er darf, wenn ihm die Erträge hieraus ganz oder zum Teil zustehen oder die Voraussetzungen des Art. 72 Abs. 2 GG vorliegen.

Die Länderbefugnisse zur Steuergesetzgebung sind im Ergebnis auf den Bereich der örtlichen Verbrauchs- und Aufwandssteuer beschränkt. Die Eingrenzung der Bundeskompetenzen auf solche Steuerarten, bei denen ihm die Erträge wenigstens teilweise zustehen, schließt die Länder effektiv von den wichtigsten Steuerquellen aus, da Art. 106 Abs. 3 GG die ertragreichen Steuerarten[609] zu Gemeinschaftssteuern erklärt und sie damit bei der konkurrierenden Gesetzgebung einordnet. Der Bund hat in diesem Bereich von seinem Vorrecht erschöpfend Gebrauch gemacht.[610] Das Übergewicht des Bundes wird darüber hinaus noch durch zwei Faktoren verstärkt. Zum einen hat er unabhängig von der Ertragszuständigkeit das Recht zur Gesetzgebung und damit die Möglichkeit, die Länderkompetenzen in den Hintergrund treten zu lassen, wenn nach Art. 72 Abs. 2 GG die Gleichheit der Lebensverhältnisse und die Wahrung der Rechts- oder Wirtschaftseinheit im gesamten Bundesgebiet eine einheitliche Steuergesetzgebung gebietet. Dieses Erfordernis ist gerade dann zu unterstellen, wenn es um Steuerarten geht, die hohe Erträge abwerfen und volkswirtschaftlich bedeutsam sind. Dies bedingt auch den zweiten Faktor. Der Wortlaut des Art. 105 Abs. 2 GG ließe den Schluss zu, die Länder seien zumindest dann zur Gesetzgebung befugt, wenn der Bund einzelne Steuerquellen unberührt gelassen hat. Die Abhängigkeit des gesamtstaatlichen Finanzhaushalts sowie der Schutz des Steuerbürgers vor Überlastung[611] lässt ein Untätigbleiben des Steuergesetzgebers allerdings beredt erscheinen. Soweit er Steuerquellen unberührt lässt, geschieht dies in bewusster Absicht, was nach dem Verfassungstext ein passives Gebrauchmachen darstellt und damit den Ländern ein Ausschöpfen solcher Einnahmequellen untersagt.

Echte Steuerbefugnisse erwachsen den Länder allein aus dem im Jahre 1969 aufgenommenen Art. 105 Abs. 2a GG. Die Rechtslage hierzu ist allerdings keineswegs eindeutig. Die Länder können örtliche Aufwands- und Verbrauchssteuern erheben, solange und soweit sie bundesgesetzlichen Steuern nicht gleichartig sind. Gerade der Begriff der Gleichartigkeit wirft Fragen auf, da bereits zur konkurrierenden Gesetzgebung (Art. 105 Abs. 2 GG) der Begriff des Gebrauchmachens die Gleichartigkeit von

---

609 Einkommens-, Körperschafts- und Umsatzsteuer.

610 *Korioth*, Der Finanzausgleich zwischen Bund und Ländern, S. 159.

611 Dieser leitet sich aus den Grundrechten, insbesondere aus Art. 14 GG ab und ist in Art. 106 Abs. 3 GG ausdrücklich genannt.

Bundes- und Landessteuern impliziert. Gleichwohl geht das Bundesverfassungsgericht von einer unterschiedlichen Bedeutung aus.[612] Die ausdrückliche Klarstellungsfunktion des Art. 105 Abs. 2a GG zugunsten einer ausschließlichen Kompetenzzuweisung an die Länder macht deutlich, dass mit diesem ein fortschreitender Entzug von Länderkompetenzen verhindert werden sollte. Würde man zwischen dem Gebrauchmachen in Abs. 2 und der Gleichartigkeit in Abs. 2a nicht differenzieren, wäre die ausschließliche Kompetenz der Länder effektiv der konkurrierenden Zuständigkeit gleichgestellt. Von diesem klaren Bekenntnis des Bundesverfassungsgerichts abgesehen, unterlässt es eine Definition des Gleichartigkeitsbegriffs.

Unabhängig von der Beantwortung dieser dogmatischen Fragestellung offenbart die kurze Darstellung der Steuergesetzgebungskompetenzen nach Art. 105 GG aber folgenden Befund: Auf der Einnahmeseite sind die Befugnisse der Länder, Steuern zu erheben, rudimentär.[613] Wird die Schwäche der Finanzautonomie der Länder bei der Erhebung von Steuern nach Art. 105 GG nicht durch die Ertragsverteilung nach Art. 106, 107 GG ausgeglichen, besteht die Gefahr, dass die Länder zu bloßen Verwaltungseinheiten denaturieren.[614]

Für eine stärkere Gewichtung der Länderkompetenzen im Bereich der Steuergesetzgebung wurden immer wieder gute Gründe angeführt, die den Wettbewerb zwischen den Ländern betonen. Die mit einem liberalisierten Steuerertragsrecht verbundenen Lenkungsmöglichkeiten, in dem es in die Entscheidungshoheit der Länder fiele, ihre Steuerbürger durch eine Senkung der Steuerbelastung an ihrem wirtschaftlichen Erfolg oder Misserfolg teilhaben zu lassen, ließe eine stärkere Akzentuierung der Landeswirtschaftspolitik zu und könnte die Konkurrenz zwischen den Föderalpartnern positiv beleben. Darüber hinaus bedingten kompetitive Elemente des föderalen Vergleichs den politischen Druck, die Effizienz bei der Nutzung knapper Ressourcen zu steigern. Angesichts der Tatsache, dass die Erhebung einheitlicher Steuern kein föderales Dogma ist, was ein Blick in die USA oder in die Schweiz zeigt, könnte die Liberalisierung der Steuerertragskompetenzen ein Mittel sein, notwendige Strukturreformen durchzusetzen und damit das gesamtstaatliche Ergebnis dauerhaft zu heben.

---

[612] Das Bundesverfassungsgericht hat bislang keine Definition des Begriffs der Gleichartigkeit im Sinne des Art. 105 Abs. 2a GG etabliert, gleichwohl aber seinen Standpunkt bekräftigt, dass dieser Begriff nicht sinngleich mit dem Begriff des Gebrauchmachens im Sinne des Art. 105 Abs. 2 GG sein kann, vgl. BVerfGE 40, 52, 55; 40, 56,61; 65, 325 351.

[613] *Korioth*, Der Finanzausgleich zwischen Bund und Ländern, S. 158; *Renzsch*, Der Streit um den Finanzausgleich, in: Wehling (Hrsg.), Die deutschen Länder, S. 352.

[614] *Schneider*, Staatswissenschaften und Staatspraxis 4, S. 3 ff.; *Korioth*, Der Finanzausgleich zwischen Bund und Ländern, S. 164.

Es stellt sich also die Frage, ob finanzielle Autonomie nicht vor allem eine Frage von Reformen im Rahmen des Art. 105 GG ist und damit von der Fokussierung auf Art. 107 Abs. 2 GG ablenkt. Art. 105 GG normiert allerdings in klarer Weise ein Übergewicht bundesrechtlicher Kompetenzen. Die Tatsache, dass mit der Einführung von Art. 105 Abs. 2a GG lediglich eine ausschließliche Zuständigkeit der Länder für die wirtschaftlich relativ unbedeutenden örtlichen Verbrauchs- und Aufwandssteuern ausdrücklich manifestiert worden ist, die großen Steuerarten aber im Bereich der konkurrierenden Bundeszuständigkeit belassen worden sind, wohlwissend, dass der Bund im Zweifel von seinem Gesetzgebungsrecht erschöpfend Gebrauch machen werde, zeigt, dass das bundesrechtliche Übergewicht wohl überlegt in das geschlossene System der Staatsfinanzen Einzug gehalten hat. Der mit Steuerpolitik mögliche Lenkungseffekt ist, wenn er sich auf das gesamte Bundesgebiet bezieht, weit aus effektiver einsetzbar, als es in regional begrenzen Bereichen möglich wäre. Zudem ist zu hinterfragen, ob es zu einem realen föderalen Wettbewerb kommen kann, oder dieser nur Fiktion und Wunschdenken bleiben muss. Da Wettbewerb auf die Kreativität der Kontrahenten abstellt, ist grundlegende Voraussetzung ein gleiches oder annähernd vergleichbares Maß an Handlungsspielraum, welcher den finanzschwachen Ländern womöglich nicht zukommt.[615] Wettbewerb droht dann unter Umständen kontraproduktiv eine massive Verlagerung finanzieller Solidarität auf den Bereich des vertikalen und horizontalen Finanzausgleichs zur Folge zu haben, wenn die Unterschiede bei den originären Mitteln im Zuge der Primärzuweisungen nach den Art. 106 und Art. 107 Abs. 1 GG die strukturell bedingten Chancenunterschiede weitaus weniger kompensieren, weil ein Teil der eigenen Finanzmittel der Länder von deren eigenständiger Steuererhebung abhinge. Es entstünde ein Teufelskreis, der das Ausgleichsvolumen des horizontalen Finanzausgleichs womöglich ansteigen ließe. Die Forderung nach einer Liberalisierung der Steuerfindungskompetenzen könnte sich in diesem Falle als kontraproduktiv erweisen.

Diese Überlegungen zeigen, dass die Finanzautonomie der Länder, kompetitive Elemente föderaler Strukturen begünstigt. Bundesstaatliche Solidaritätserfordernisse erlauben allerdings keine ausgeprägten Länderkompetenzen im Bereich der Steuergesetzgebung, sondern verlagern diese vor allem auf die sekundäre Verteilung der einheitlichen Erträge. Gleichwohl sind die Argumente zu dieser Diskussion nicht außer Acht zu lassen. Sie tragen durchweg kompetitiven Elementen föderaler Staatsstruktu-

---

[615] Die finanzschwachen Länder müssten allein um der Konkurrenzfähigkeit willen notwendige Infrastrukturinvestitionen unterlassen, um gegenüber den finanzstarken Ländern keinen Steuernachteil zu haben. Dann aber geraten diese mit ihren Erträgen in Rückstand, was das Niveaugefälle zwischen finanzstarken und finanzschwachen Ländern noch verstärkte. Vgl. auch *Kröning*, ZRP 1997, S. 443.

ren Rechnung und stützen insoweit auch das allgemeine Prinzip, staatliches Handeln an den knappen Ressourcen auszurichten und effektiv und sparsam einzusetzen. Diese Aspekte müssen in der Abwägung der in Art. 107 Abs. 2 S. 1 GG berührten Belange Berücksichtigung finden. Umgekehrt folgt aus der Konzeption der Verteilung der Ertragskompetenzen zwischen dem Bund und den Ländern, dass, soweit Föderalismus Konkurrenz zwischen den Ländern einfordert, diese vor allem im Bereich der Ertragsverteilung stattfindet. Hierbei konzentriert sich der Wettbewerb vor allem auf den Bereich der sekundären Mittelverteilung, da es im Rahmen der primären Mittelverteilung zunächst nur um die gleichmäßige Verteilung der nach Art. 105 GG einheitlich erhobenen Steuern geht und damit Wettbewerb nicht stattfindet. Der Länderfinanzausgleich darf in diesem Zusammenhang nicht als primär nivellierendes Instrument der bundesstaatlichen Solidargemeinschaft missinterpretiert werden, sondern muss als Institut der bundesstaatlichen Gemeinschaft verstanden werden, welches den Schwerpunkt föderaler Konkurrenz im Bereich der sekundären Ertragsverteilung anerkennt und respektiert. Von daher ist das Ausgleichsniveau tendenziell eher gering zu halten.[616]

II. Moderates Trennsystem

Die Erfahrungen der Vergangenheit haben gezeigt, dass die Tendenz, den Länderfinanzausgleich entgegen seiner subsidiären Stellung überzubewerten, nach wie vor besteht. Da eine Diskussion um eine grundlegende Reform des Bundesstaates keine Tabus kennen darf, sind die dargestellten Bedenken einer stärkeren Liberalisierung der Steuerkompetenzen zunächst zurückzustellen und die Möglichkeiten einer Rückkehr zum Trennsystem in Betracht zu ziehen.

1. Mangelnde Tradition

Vorschläge zur Reform der Finanzverfassung sind nicht neu.[617] Erstmals nach Einführung des großen Steuerverbundes im Jahre 1955 stand eine Verfassungsänderung im Jahre 1969 an. Im Vordergrund stand die Feststellung, dass in der Bundesrepublik Deutschland ein finanzieller Ausgleich zwischen finanzschwachen und finanzstarken Ländern zu erfolgen habe. Ob das Verbundsystem dem föderalen Wettbewerb zwi-

---

[616] Hinzukommt, dass Wettbewerb zwischen dem Bund und der Ländergesamtheit weniger anbietet, da der kompetitive Vergleich beider Gebietskörperschaften hinkt. Föderaler Wettbewerb ist insoweit vor allem eine Thematik, die im zwischenstaatlichen Verhältnis der Länder zum Tragen kommen muss.

[617] Wissenschaftlicher Beirat beim BMF, Gutachten zum Länderfinanzausgleich in der Bundesrepublik Deutschland; Wissenschaftlicher Beirat beim BMF, Einnahmeverteilung zwischen Bund und Ländern; *Häde*, Finanzausgleich, S. 310.

schen den Ländern zuträglich sei, war nicht Gegenstand der Erörterungen.[618] Die Tröger-Kommission befasste sich dann Ende der 60er Jahre mit der Frage der Wiedereinführung des Trennungssystems. Der Hintergrund dieser Überlegungen war allerdings, ob angesichts der engeren Haushaltsspielräume der kompetitive Föderalismus nicht in Frage gestellt werden müsse.[619] Der Finanzausgleich stand somit allenfalls unter umgekehrten Vorzeichen zur Diskussion. In den 80er Jahren standen lediglich einzelne Detailfragen über Sonderzuweisungen einzelner Länder zur Entscheidung durch das Bundesverfassungsgericht an.[620] Erst mit der deutschen Wiedervereinigung im Jahre 1990 und der durch den Beitritt der fünf neuen Länder massiv verschärften Finanzlage rückte der Reformbedarf wieder in den Mittelpunkt der öffentlichen Diskussion. Eine Lösung jedoch blieb bislang aus. Zwar kam es 1995 zu einer Verfassungsänderung, mit der auf die verschärfte Finanzlage im Zuge der Wiedervereinigung reagiert wurde. Diese führte jedoch keinen tiefgreifenden Systemwechsel herbei, so dass sich die bestehenden Probleme bis heute fortsetzen.

Die Reformbestrebungen variierten und variieren zwischen der Einführung eines Hebesatzsystems der Länder auf die Einkommens- und die Körperschaftssteuer[621] bis hin zu einer Wiedereinführung des Trennsystems[622]. Die Einbeziehung der Einkommens-, Körperschafts- und Umsatzsteuer in die Steuerkompetenzen der Länder in Form eines Hebesatzrechtes könnte in zweierlei Hinsicht nützlich sein. Sie verlagert den Rechtfertigungsdruck von einer gesamtstaatlichen Betrachtung der wirtschaftlichen Lage als rechtfertigendes Argument defizitärer Haushaltspolitik auf eine landesbezogene Ursachenerforschung, da die gesamtstaatliche Einbindung der Länder durch ein Mehr an Steuerautonomie auf der Einnahmenseite der Länderhaushalte von seiner bisherigen gesamtstaatlichen Präponderanz verliert.[623] Außerdem wächst der Druck zur Konsolidierung durch die unmittelbare Zuschreibung defizitärer Haushaltspolitik an die dem Haushaltsträger unterworfenen Staatsbürger. Der Druck zum sparsamen Umgang mit den Ressourcen wächst. Die Stärkung der Länder bei den Steuerkompetenzen führte unter dem Strich zu einer Entschärfung der

---

[618] *Korioth*, Der Finanzausgleich zwischen Bund und Ländern, S. 437.

[619] *Donges* u.a., in: Frankfurter Institut (Hrsg.), Die föderative Ordnung in Not, S. 37.

[620] Vgl. oben Kapitel 1: C) I.2.

[621] *Korioth*, Der Finanzausgleich zwischen Bund und Ländern, S. 436.

[622] Zum Ganzen vgl. *Korioth*, Der Finanzausgleich zwischen Bund und Ländern, S. 435; *Donges* u.a., in: Frankfurter Institut (Hrsg.), Die föderative Ordnung in Not, S. 35.

[623] Vgl. FAZ vom 05.03.2002, S. 3.

Auseinandersetzungen zwischen Bund und Ländern.[624]

Fraglich aber bleibt, ob nicht gute Gründe für die Beibehaltung des Verbundsystems angeführt und allenfalls Modifikationen vorgenommen werden können. Das Trennsystem hatte seinen historischen Ursprung in dem Bestreben der westalliierten Besatzungsmächte nach dem Ende des Zweiten Weltkrieges, einer Konzentration der institutionellen Macht vorzubeugen. Hinzukam, dass die Zentralgewalt des Bundes de facto nicht existent war und die staatsorganisatorische Ausgestaltung des Grundgesetzes in erster Linie durch die im Parlamentarischen Rat dominierenden Parteien diktiert wurde. Der Bund sollte nach der ursprünglichen Regelung die Erträge aus der Umsatzsteuer, die Länder die Erträge aus der Einkommens- und Körperschaftssteuer erhalten. Die Gründe für diese Trennung lagen allerdings weniger in Bedarfsgesichtspunkten, sondern waren rein systematischer Natur. Man erkannte bereits zu Beginn, dass Folge einer solch strikten Trennung der Einnahmen zwischen direkten und indirekten Steuern erhebliche Entwicklungsunterschiede sein könnten. Man gestand dem Bund daher als Ausgleich die Möglichkeit zu, Anteile an den direkten Steuererträgen der Länder zu erhalten, sollte er seine eigenen Aufgaben nicht ausreichend decken können oder wenn Zuschüsse an einzelne Länder nötig werden sollten, um eine einheitliche Entwicklung im Schulwesen, im Gesundheits- und Wohlfahrtswesen sicher zu stellen.[625] Die tatsächliche Entwicklung verkehrte jedoch das von Anfang angedachte Regel-Ausnahme-Verhältnis der getrennten Steuerkompetenzen. Die Inanspruchnahmeklausel wurde seit 1951 aktiviert und führte im Jahre 1955 zur endgültigen Abschaffung des Trennsystems.

Der historische Rückblick auf das Trennsystem zeigt, dass dieses keine nachhaltige Tradition aufweist. Ins Gewicht fallen aber Befürchtungen, wonach eine Trennung der Steuererträge zwischen Bund und Ländern das gesamtwirtschaftliche Fortkommen Deutschlands gefährden würde. Konkret steht zu befürchten, dass das Trennsystem weit über den föderalen Wettbewerb hinaus gehend die Problematik des Finanzausgleichs nur weiter verschärfen würde.

Der Einwand, der der Verfassungsreform 1969 noch zugrunde lag[626], konjunkturbegünstigende Lenkungseffekte durch Steuerpolitik im gesamtstaatlichen Rahmen durch Bündelung der Kompetenzen beim Bund größerer Effizienz zuzuführen, wird heute trotzdem zunehmend in Zweifel gezogen. Die Globalisierung der Wirtschaft führt da-

---

[624] *Henneke*, in: Konrad-Adenauer-Stiftung (Hrsg.), Föderalismusreform: Die deutsche Finanzordnung auf dem Prüfstand, S. 57.

[625] Vgl. Kapitel 1: C) I.1.

[626] *Henneke*, in: Konrad-Adenauer-Stiftung (Hrsg.), Föderalismusreform: Die deutsche Finanzordnung auf dem Prüfstand, S. 56.

zu, dass der Wettbewerb der Regionen nicht mehr auf den nationalstaatlichen Verbund begrenzt ist, sondern international stattfindet. Im Kontext einer globalisierten Weltwirtschaft wirkt eine strikte nationalstaatliche Einbindung behindernd. Auch innerhalb des europäischen Binnenmarktes lässt der Abbau von Handelsbarrieren den Wettbewerb der Regionen immer stärker in den Vordergrund treten. Im Zuge der Steuerharmonisierung verbunden mit Kompetenzübertragungen auf supranationale Instanzen wird sich diese Tendenz künftig eher verstärkt fortsetzen.

Eine Liberalisierung der Steuerkompetenzen muss die finanzschwachen Länder nicht zwingend benachteiligen. Der internationale Wettbewerb, in dem international ausgerichtete Wirtschaftsregion stehen, erfordert ein überdurchschnittliches Investitionsvolumen, das bei Regionen, ohne eine starke internationale Ausrichtung, nicht erforderlich ist. Schätzungen über zu erwartende Steuerunterschiede in einem liberalisierten Steuerverbund gehen von einer Größenordnung von lediglich fünf Prozent aus.[627] Unterschiede dieser Größenordnung vermögen den Wettbewerb zwischen den Ländern nicht signifikant zu verzerren.[628]

2. Kein vollständiger Systemwechsel

Darüber hinaus bietet sich neben der strikten Trennung der Steuerkompetenzen zwischen Bund und Ländern das modifizierte Beibehalten des bestehenden Verbundsystems an. Die Wettbewerbssituation zwischen den Föderalpartnern könnte schon durch die Einführung von Hebesätzen erheblich gefördert werden. Der Sachverständigenrat zur Begutachtung der gesamtwirtschaftlichen Entwicklung empfahl bereits 1990/91,[629] den Ländern entsprechende Rechte des Bundes nach Art. 105 Abs. 2, 106 Abs. 1 Nr. 6 GG zuzugestehen, wonach diese eine Ergänzungsabgabe auf die Einkommenssteuer erheben dürfen. Entsprechende Zuschlagsrechte der Länder könn-

---

[627] *Henneke*, in: Konrad-Adenauer-Stiftung (Hrsg.), Föderalismusreform: Die deutsche Finanzordnung auf dem Prüfstand, S. 39.

[628] Zudem wirkt das gegen diesen Vorschlag immer wieder vorgebrachte Argument, es drohten bei einem zu stark liberalisierten Wettbewerb zwischen den Ländern Wanderungsbewegungen zugunsten attraktiver Wohn- und Einkommensregionen konstruiert. Zum einen findet bereits gegenwärtig ein Wettbewerb primär auf der Ausgaben- und Leistungsseite der Länder statt, zum anderen ist angesichts des relativ hohen Wohlstandsniveaus die familiäre und kulturelle Verbundenheit der Menschen an heimatliche Regionen nicht zu unterschätzen, vgl. *Heilmann*, Vorschläge zur Neuordnung des Bund-Länder-Finanzausgleichs im vereinten Deutschland – eine kritische Bestandsaufnahme, in: Wegner (Hrsg.), Finanzausgleich im vereinten Deutschland, S. 82.

[629] So der Vorschlag in Sachverständigenrat zur Begutachtung der gesamtwirtschaftlichen Lage, Jahresgutachten 1990/91, S. 454, vgl. auch *Korioth*, Der Finanzausgleich zwischen Bund und Ländern, S. 440.

ten insoweit positive Effekte im föderalen Wettbewerb haben, ohne das bestehende große Verbundsystem maßgeblich zu verändern.

Gegen diesen Vorschlag wird jedoch eingewandt,[630] dass die Folgen wahrscheinlich zu Wünschen übrig ließen. Der Bund würde sich gegen die Veränderung der Umsatzsteueranteile nach Art. 106 Abs. 3 S. 4 Nr. 2 GG zu seinen Lasten solange zur Wehr setzten, bis letztlich alle Länder in die Situation kämen, von ihrem Heberecht Gebrauch machen zu müssen, was den Wettbewerb zwischen den Ländern vollständig kompensierte. Auch wenn die Beratungen zum Solidarpakt 1, die die Frage der Bedarfe der Länder und des Bundes zum Gegenstand hatten, die starke Kompromissabhängigkeit dieses Themenkomplexes deutlich zum Vorschein haben bringen lassen und zeigten, dass Ansichten über Prioritäten zwischen Bundes- und Länderaufgaben durchaus unterschiedlich aufgefasst werden,[631] wirken diese Befürchtung konstruiert. Die Umsatzsteuerverteilung nach Art. 106 Abs. 3 S. 3 GG erfolgt nach § 1 FAG, das als zustimmungsbedürftiges Bundesgesetz die Zustimmung der Länder im Bundesrat braucht. Durch die Einbeziehung eines möglichen Hebesatzes im Sinne des Art. 106 Abs. 1 Nr. 6 GG zugunsten der Länder ist zu erwarten, dass sich Mehrheiten der Länder ergeben, die infolge einer möglichen Weigerung des Bundes zur Anpassung seiner Umsatzsteueranteile ebenfalls zur Wahrnehmung ihrer Hebesatzmöglichkeiten genötigt würden. Da das FAG zustimmungsbedürftig ist, ist angesichts dieser Mehrheit der politische Druck auf den Bund nicht zu vernachlässigen. Die vom Bundesverfassungsgericht[632] bemängelte mehrjährige Finanzplanung und die fehlende Abstimmung der Bemessungsgrundsätze zwischen dem Bund und den Ländern war augenscheinlich eine Folge der verkümmerten Steuerautonomie der Länder, weil deren Gestaltungsmöglichkeiten bei der Finanzversorgung nicht auch die Einnahmenseite mit einbeziehen konnte. Von daher bliebe abzuwarten, ob die Einführung von zumindest begrenzten Steuerkompetenzen der Länder bei der Einkommens- und Körperschaftssteuer die Konfliktlage im Rahmen der Bedarfsquotendeckungsproblematik zwischen dem Bund und den Ländern nicht deutlich entschärfen und der befürchtete Konflikt zwischen dem Bund und den Ländern überhaupt auftreten würde.[633] Eine weitere

---

630 *Korioth*, Der Finanzausgleich zwischen Bund und Ländern, S. 441.

631 Vgl. *Henneke*, in: Konrad-Adenauer-Stiftung (Hrsg.), Föderalismusreform: Die deutsche Finanzordnung auf dem Prüfstand, S. 57; *Henneke*, Öffentliches Finanzwesen, S. 264.

632 BVerfGE 93, 121, 151.

633 Vgl. *Henneke*, in: Konrad-Adenauer-Stiftung (Hrsg.), Föderalismusreform: Die deutsche Finanzordnung auf dem Prüfstand, S. 57.

Verkomplizierung des Länderfinanzausgleichs muss insoweit nicht zwingend eintreten.[634]

Im Gegensatz dazu spricht vor allem aber die Stärkung demokratischer Grundsätze für eine Reform der Steuerkompetenzen. Da sich Fiskalpolitik der Länder bislang auf die Ausgaben- und Verschuldungspolitik beschränken muss,[635] führt eine Liberalisierung der Steuerkompetenzen zu einer Liberalisierung der Einnahmegestaltungspolitik, wodurch den Landesregierungen die Möglichkeit eingeräumt wird, den Wahlbürgern des Landes nicht nur einseitig das Angebot sozialer Leistungen darzubieten, sondern auch die finanziellen Konsequenzen gegenüberzustellen. Anders gesagt: Der Wahlbürger hat im Idealfalle echter Gestaltungsmöglichkeiten der Länder auf der Einnahmeseite die Möglichkeit, zwischen einer reduzierten Steuerquote und einem umfangreichen Sozialleistungskatalog zu wählen.[636]

Nach gegebener Verfassungslage sind derartige Modifikationen nicht zulässig. Hier wirkt sich die Abgeschlossenheit des Finanzverteilungssystems des Grundgesetzes aus, das eine Reform nur im Rahmen einer Verfassungsänderung zulässt. Die hierzu erforderlichen Zwei-Drittel-Mehrheiten sind aber vor allem dann fraglich, wenn man bedenkt, dass die Länderkompetenzen zu einer Reduzierung des Ausgleichsvolumens im Länderfinanzausgleich zu Lasten der finanzschwachen Länder beitragen sollen, die gegenüber den finanzstarken Ländern deutlich in der Überzahl sind.[637] Grundsätzlich lässt sich aber festhalten, dass die Stärkung der Steuerkompetenzen der Länder ein zeitgemäßer Ansatz ist. Das sich ändernde Staatsbild, weg vom Administrationsstaat hin zum Dienstleistungsträger seiner Bürger,[638] verlangt eine stärkere Ausrichtung der Staatstätigkeit an den Kriterien von Angebot und Nachfrage. Übertragen auf die Staatsebene bedeutet dies, dem Bürger mehr Einfluss darauf zu geben, welches Leis-

---

[634] So die weiteren Befürchtungen Koriotbs vgl. *Korioth*, Der Finanzausgleich zwischen Bund und Ländern, S. 441.

[635] Vgl. Anlage 3 unten C) zeigt die Entwicklung des Überschusses der Ausgaben gegenüber den Einnahmen und ist Beleg für die Verschuldungslastigkeit der Politik in den Ländern.

[636] *Henneke*, in: Konrad-Adenauer-Stiftung (Hrsg.), Föderalismusreform: Die deutsche Finanzordnung auf dem Prüfstand, S. 56.

[637] Von 1980 bis 1994 standen den fünf ausgleichsverpflichteten Ländern Baden-Württemberg, Bayern, Hansestadt Hamburg, Hessen und Nordrhein-Westfalen sechs ausgleichsberechtigte Länder gegenüber. Nach Einbeziehung der neuen Bundesländer ab 1995 bis 1999 standen den sechs ausgleichsverpflichteten Ländern Baden-Württemberg, Bayern, Hessen, Hansestadt Hamburg, Nordrhein-Westfalen und Schleswig-Holstein zehn ausgleichsberechtigte Länder gegenüber, vgl. Finanzbericht der Bundesrepublik Deutschland 2001, S. 159 f.

[638] Vgl. FAZ vom 20.08.2001, S. 22.

tungsspektrum ihm zur Verfügung gestellt werden soll und den Verzicht auf staatliche Dienstleistung durch ein Weniger an Abgaben zu honorieren.

E) Stärkung des Konnexitätsprinzips

Die finanzielle Schieflage der Länder gründet auch ursächlich in der Aufgabenfülle, ohne dass eine hinreichende Finanzmitteldecke dieser gegenübergestellt würde. Ein Großteil der Aufgaben, die die Länder aufgrund ihrer Ausführungszuständigkeit nach Art. 83 i.V.m. 30 GG zu erfüllen haben, ist dabei durch Gesetze des Bundes fremdveranlasst.

Art. 70 ff. GG und Art. 83 ff. GG weist dem Bund vorrangig Rechtsetzungskompetenzen zu, den Ländern vor allem die Ausführungszuständigkeit. Diese Form der Kompetenzdifferenzierung gewährleistet ein größt mögliches Maß an Rechtseinheitlichkeit und ermöglicht gleichzeitig eine dezentrale und bürgernahe Rechtsanwendung. Eine dezentralisierte Ausführungsverantwortlichkeit trägt aber auch Bestrebungen zu, Aufgabenverantwortung von einer Instanz zur nächsten abzuwälzen. Diese Tendenz lässt sich in der Bundesrepublik Deutschland seit Jahren beobachten[639] und wurde bereits bei der Finanzverfassungsreform von 1969 thematisiert.[640]

Diesen Mechanismus soll der Lastenverteilungsgrundsatz des Art. 104a Abs. 1 GG unterbinden. Mit seiner Einführung in das Grundgesetz im Jahre 1969 wurde der bis dato allenfalls immanent gültige Grundsatz ausdrücklich artikuliert, weil die finanzielle Eigenstaatlichkeit von Bund und Ländern aufgeweicht worden war.[641] Der Konnexitätsgrundsatz soll verhindern, dass Bund und Länder die Kosten für die Aufgabenerfüllung auf die jeweils andere staatliche Ebene abwälzen, indem nach Art. 104a Abs. 1 GG die Aufgaben- und Ausgabenverantwortung gesondert zu tragen ist und nach Absatz 2 die Kosten für die Bundesauftragsverwaltung (Art. 85 GG) dem Bund zufallen. Eine solche Lastentragungsregel ist unter mehreren verwaltungsökonomi-

---

639 Vgl. *Henneke*, in: Konrad-Adenauer-Stiftung (Hrsg.), Föderalismusreform: Die deutsche Finanzordnung auf dem Prüfstand, S. 54.

640 *Kirchhof, Ferdinand*, Empfehlen sich Maßnahmen, um in der Finanzverfassung, Aufgaben- und Ausgabenverantwortung von Bund, Ländern und Gemeinden stärker zusammenzuführen?, Deutscher Juristentag (Hrsg.), 1992, D22.

641 Im Zuge der finanziellen Verflechtungen entwickelte sich bis 1969 ein aufwendiges Dotationssystem, mit Hilfe dessen der Bund umfangreich in die Entscheidungshoheit der Länder eingreifen konnte, vgl. *Kirchhof, Ferdinand*, Empfehlen sich Maßnahmen, um in der Finanzverfassung, Aufgaben- und Ausgabenverantwortung von Bund, Ländern und Gemeinden stärker zusammenzuführen?, Deutscher Juristentag (Hrsg.), 1992, D22.

schen Gesichtspunkten zu befürworten.[642] Zum einen wird die Aufgabenwahrnehmung stärker an dem Gebot der effizienten Staatstätigkeit ausgerichtet, da die jeweils handelnde Stelle nicht nur die soziale Wohlfahrtspflege in ihre Überlegung mit einbeziehen darf, sondern auch die Kostenseite mit berücksichtigen muss. Zum anderen trägt diese Regelung dem Umstand Rechnung, dass die Stelle, die mit der unmittelbaren Ausführung der Aufgabe betraut ist, in aller Regel auch die Stelle ist, die am besten beurteilen kann, ob Einsparungspotential vorhanden ist und wie dieses genutzt werden kann. Dieser Aspekt schimmert vor allem in Art. 104a Abs. 2 GG durch. Die Kosten für die Bundesauftragsverwaltung hat hiernach der Bund zu tragen. Dies ist sachgerecht, weil die Länderbehörden den Weisungen der obersten Bundesbehörden unterstellt sind (Art. 85 Abs. 3 GG) und sich die Bundesaufsicht auch auf Fragen der Zweckmäßigkeit erstreckt (Art. 85 Abs. 4 GG), weshalb kein Ermessensspielraum der Landesbehörden bei der Aufgabenausführung zur Einflussnahme auf die Kostenintensivität besteht.[643]

Trotz dieser einleuchtenden Zwecksetzung enthält Art. 104a GG zumindest zwei Schwachstellen, die reformbedürftig erscheinen. Nach Art. 104a Abs. 3 GG können Geldleistungsgesetze bestimmen, dass sich der Bund ganz oder zum Teil an den Zweckkosten beteiligt, wobei diese Option nach Satz 2 in Verbindung mit Abs. 2 GG obligat wird, wenn der Bund nicht weniger als die Hälfte der Kosten trägt. Bei dieser Regelung handelt es sich trotz der Einschränkung in Satz 2 um eine bloße Kann-Bestimmung, wonach es dem Ermessen des Bundes zufällt, ob er sich an den Kosten für die Geldleistungsgesetze beteiligt.[644] Eine Novellierung zugunsten einer weniger unverbindlichen Entscheidungsgrundlage des Bundes ist insoweit empfehlenswert.

Ein weiterer Schwachpunkt ist, dass Art. 104a Abs. 3 GG ausdrücklich nur auf Geldleistungsgesetze anzuwenden ist, weshalb kostenintensive Sachleistungsgesetze überhaupt nicht von den Einschränkungen dieses Grundsatzes erfasst werden. Für eine derartige Differenzierung sind allerdings keine sachgerechten Gründe ersichtlich.[645] Eine Verfassungsreform in diesem Bereich ließe sich dagegen auch durch eine exten-

---

[642] *Kirchhof, Ferdinand*, Empfehlen sich Maßnahmen, um in der Finanzverfassung, Aufgaben- und Ausgabenverantwortung von Bund, Ländern und Gemeinden stärker zusammenzuführen?, Deutscher Juristentag (Hrsg.), 1992, D22 mit Verweis auf Trögergutachten.

[643] *Wieland*, DVBl 1992, S. 1185.

[644] Hierin sieht die Enquete-Kommission des Bayerischen Landtages in ihrem Bericht einen zentralen Reformbedarf, Bericht der Enquete-Kommission des Bayerischen Landtages, Reform des Föderalismus - Stärkung der Landesparlamente, S. 31.

[645] Vor allem kritisiert in Bezug auf Leistungen des Bundessozialhilfegesetzes, *Wieland*, DVBl 1992, S. 1185; *Maunz*, in: Maunz, Dürig u.a. (Hrsg.), Grundgesetz Kommentar V, Art. 104a, Rdnr. 40.

sive Auslegung des Art. 104a Abs. 3 GG vermeiden, wenn dem Schutzzweck dieses Verfassungsartikels ein allgemeingültiger Zustimmungsvorbehalt der Länder zu entnehmen wäre, der immer dann greifen würde, wenn den Ländern kein ausreichender Ermessensspielraum zugewiesen wird.[646] Entsprechende Versuche[647] konnten sich in der Vergangenheit allerdings nicht durchsetzen, unter anderem auch deshalb, weil eine extensive Interpretation des Art. 104a Abs. 3 GG an seiner Wortlautgrenze scheitern musste und daher kein Mehr an Rechtssicherheit gewonnen werden konnte.

Die Schwierigkeiten einer Verfassungsreform manifestieren sich in den qualifizierten Mehrheitserfordernissen des Art. 79 Abs. 2 GG. Einem vollständigen Systemwechsel zum Gesetzeskausalitätsprinzip stehen Bedenken gegenüber, dass ein umfassender Systemwechsel zunächst unabsehbare Folgen mit sich bringt, die das diffizile Finanzierungssystem der Finanzverfassung in Art. 106, 107 GG in Frage stellen muss. Diese Bedenken waren auch ausschlaggebend für den 61. Deutschen Juristentag, sich bei seinen Empfehlungen auf eine auf Art. 104a Abs. 3 GG begrenzte Reform zu beschränken.[648] Eine Beschränkung vermeidet zumindest einen vollständigen Systembruch, der nur im Zuge weiterer Reformen der finanzverfassungsrechtlichen Grundlagen spürbare Besserungen für den föderalen Fiskalstaat verspricht.

Zwingendes Ergebnis einer Verfassungsmodifikation im Rahmen des Art. 104a Abs. 3 GG müsste die Einführung von pauschalen Kostenerstattungsansprüchen der Länder gegenüber dem Bund sein, wobei eine Unterscheidung zwischen Sach- und Geldleistungsgesetzen mangels sachgerechter Gründe nicht mehr angebracht ist. Die Pauschalierung soll dabei mehrere Zwecke erfüllen. Zum einen schließt sie aus, dass die Kosten der Verwaltungstätigkeit im Einzelfall zur Diskussion gestellt werden. Das streitbare Verhältnis bei den Auseinandersetzungen über die Kostentragung zwischen Bund und Ländern wird dadurch nicht noch zusätzlich aufgeheizt. Zum anderen ließe sich ein Vergleich der Verwaltungstätigkeiten zwischen den Länder anstellen, was eine weitere Stärkung des Wettbewerbsföderalismus mit sich brächte.

Die verfassungsrechtliche Statuierung von Erstattungsansprüchen ließe zudem erhoffen, dass der Bund nicht wie bisher in extensiver Weise von seinem konkurrierenden Gesetzgebungsrecht nach Art. 72 GG Gebrauch macht und damit den Ländern mehr Handlungsspielraum bei der Wahrnehmung ihrer Aufgaben ließe.[649] Zudem würde

---

646 Vgl. *Henneke*, Öffentliches Finanzwesen, S. 71.

647 *Henneke*, Öffentliches Finanzwesen, S. 71.

648 Vgl. *Henneke*, Reform der Aufgaben- und Finanzbeziehungen von Bund, Ländern und Kommunen, S. 131.

649 So auch der Tenor der Reformvorschläge im Bericht der Enquete-Kommission des Bayerischen Landtages, Reform des Föderalismus - Stärkung der Landesparlamente, S. 30.

dies der Grundüberlegung des Konnexitätsprinzips gerecht, Einsparungspotential bei der Verwaltungsausführung zu mobilisieren. Im Gegensatz hierzu zeichnet sich die Tendenz in der modernen Gesetzestechnik ab, Regelungsinhalte immer stärker durch detailgenaue Gesetzestexte zu vermitteln, die ein umfassendes Ermessen der ausführenden Stelle nicht mehr zulassen. Es besteht daher die Gefahr, dass die Zuständigkeit der Landesbehörden auf eine, weitgehend unreflektierbare Gesetzesausführung reduziert wird. Die Länder sind daher schon grundsätzlich in ihrem Einfluss auf die Kostengestaltung durch eine maßvolle Administration eingeschränkt.

Eine umfassende Reform des Art. 104a GG zugunsten einer deutlichen Stärkung der Länder verspricht durch die Ausweitung der Gestaltungsspielräume der Länder in eigenen Angelegenheiten auch den Wettbewerb zwischen den Ländern zu fördern und damit auch den horizontalen Länderfinanzausgleich zu entlasten.

F) Entflechtung der vertikalen Finanzbeziehungen

Die Gemeinschaftsaufgaben nach Art. 91a und 91b GG umfassen die Zusammenarbeit von Bund und Ländern beim Aus- und Neubau von Hochschulen inklusive der Hochschulkliniken, bei der Verbesserung der regionalen Wirtschaftsstruktur sowie der Agrarstruktur und des Küstenschutzes. Bei der Rahmenplanung in der Planungskommission von Bund und Ländern werden die Länder durch ihre jeweiligen Fachminister vertreten. Bei ausgeglichener Stimmengewichtung zwischen Bund und Ländern setzt die Beschlussfassung des Gremiums eine Drei-Viertel-Mehrheit der Stimmen voraus.

Das Beteiligungsvolumen des Bundes im Jahre 1999 umfasste rund 7 Mrd. DM.[650] Die Aufteilung dieses Haushaltsetats ist in Art. 91a Abs. 4 GG vorgegeben. Für den Ausbau der Hochschulen und die Verbesserung der regionalen Wirtschaftsstruktur muss der Bundesanteil 50 Prozent der Ausgaben eines jeden Landes betragen, bei der Verbesserung der Agrarstruktur und des Küstenschutzes ist die hälftige Beteiligung sogar nur als Mindestanteil des Bundes festgeschrieben. Zu diesen Bundeszuweisungen im Rahmen des Art. 91a GG kamen 1999 weitere 6 Mrd. DM im Rahmen der Bund-Länder-Kommission für Bildungsplanung und Forschungsförderung nach Art. 91b GG hinzu.[651]

Schon diese kurze Darstellung offenbart zwei Schwachpunkte der gemeinschaftlichen Aufgabenfinanzierung nach Art. 91a und 91b GG. Zum einen ist der Anteil der Bun-

---

[650] *Huber*, in: Konrad-Adenauer-Stiftung (Hrsg.), Projekt Föderalismusreform: Die Mischfinanzierung im deutschen Föderalismus - ökonomische Probleme und Reformmöglichkeiten, S. 12.

[651] *Huber*, in: Konrad-Adenauer-Stiftung (Hrsg.), Projekt Föderalismusreform: Die Mischfinanzierung im deutschen Föderalismus - ökonomische Probleme und Reformmöglichkeiten, S. 12.

desmittel an den Gemeinschaftsaufgaben erheblich, wodurch sein politischer Einfluss auf die Investitionstätigkeit der Länder nicht unerheblich zum Tragen kommt. Zum anderen unterliegt die Beschlussfassung der Planungskommission einem Drei-Viertel-Quorum, weshalb einer Beschlussfassung des Gremiums hohe Hürden entgegenstehen und eine rasche, unbürokratische und sachgerechte Entscheidungsfindung nicht zu erwarten ist.

Die historischen Grundlagen der Verfassungsartikel über die Gemeinschaftsaufgaben finden sich in der Finanzverfassungsreform von 1969,[652] in der mit der Aufnahme der Art. 91a und 91b GG die bis dato geübte Fondswirtschaft[653] in geordnete Bahnen gelenkt werden sollte.[654] Die ungeregelte Einflussnahme des Bundes auf ländereigene Angelegenheit war unbefriedigend und sollte durch die verfassungsrechtliche Statuierung der Gemeinschaftsaufgaben eingeschränkt werden. Sachliche Grundlage bildet die auf Einheitlichkeit ausgerichtete Entwicklung der genannten Bereiche im gesamten Bundesgebiet und die Berücksichtigung sog. Spill-Over-Effekte.[655] Die enumerative Zuweisung der Gemeinschaftsaufgaben an ein stark reglementiertes Gremium von Bund und Ländern bedingt allerdings eine Konkurrenz der Länder um die Zuweisung der Gemeinschaftsmittel, weshalb Entscheidungen stets darauf ausgerichtet sein werden, den zur Verfügung gestellten Haushaltsbetrag auch auszuschöpfen. Es stellt sich daher die Frage, ob die Gemeinschaftsaufgaben überhaupt im Rahmen des nach Art. 91a und 91 b GG geregelten Verfahrens sachgerecht geplant und bedarfsgerecht finanziert werden können oder vielmehr Mitnahmeeffekte provozieren.

Das System der Gemeinschaftsaufgaben krankt dabei an einem bekannten Problem. Der Versuch, Spill-Over-Effekte auszugleichen, ist zumeist untauglich, weil Agglomeratsvor- und nachteile in der Regel nicht hinreichend bestimmbar sind. Ausgleichsbestrebungen unterliegen zudem stets dem Verdacht, dass erst der Versuch eines Ausgleichs Investitionsentscheidungen begründet.[656] Zwar führen Gemeinschaftsaufgaben nicht zu unmittelbaren Zahlungsverpflichtungen im Rahmen des horizontalen Länder-

---

[652] *Maunz*, in: Maunz, Dürig u.a. (Hrsg.), Grundgesetz Kommentar IV , Art. 91a, Rdnr. 1.

[653] *Henneke*, Öffentliches Finanzwesen, S. 75; *Maunz*, in: Maunz, Dürig u.a. (Hrsg.), Grundgesetz Kommentar V, Art. 109, Rdnr. 13.

[654] *Maunz*, in: Maunz, Dürig u.a. (Hrsg.), Grundgesetz Kommentar IV, Art. 91a, Rdnr. 2; *Schmidt-Bleibtreu-Klein*, Kommentar zum Grundgesetz, Art. 91a, Rdnr. 33; BTDr. V/2861, Tz. 78 ff.

[655] *Huber*, in: Konrad-Adenauer-Stiftung (Hrsg.), Projekt Föderalismusreform: Die Mischfinanzierung im deutschen Föderalismus - ökonomische Probleme und Reformmöglichkeiten, S. 13.

[656] Vgl. zu den Spill-Over-Effekten bei der Einwohnerveredelung oben Kapitel 3: C) .

finanzausgleichs.[657] Der Reformdruck ist daher weniger unmittelbar spürbar. Allerdings führt die mit Spill-Over-Effekten gerechtfertigte Verflechtung von politischen Zuständigkeiten im Hinblick auf die Autonomie der Länder und das Gebot der effizienten Verwaltung mittelfristig zu überaus nachteiligen Konsequenzen. Ausgaben im Sinne des Art. 91a Abs. 4 GG umfassen nur die Anfinanzierung einer Gemeinschaftsaufgabe, wohingegen der fortlaufende Folgebetrieb in die alleinige Zuständigkeit der Länder fällt und sie damit die Unterhaltungslasten ohne Bundesmittel zu tragen haben. Die Planungsentscheidung würdigt diesen Gesichtspunkt regelmäßig nicht ausreichend. Von Seiten des Bundes besteht hierzu keinerlei Veranlassung, da ihn lediglich die finanzielle Belastung der Anfangsinvestitionen betrifft, von Seiten der Länder werden vernünftige Einwände durch den politischen Druck der Zuweisung der Bundesmittel unterdrückt. Einer Stabilisierung der Haushaltslagen trägt dieses Verfahren daher nicht zu.

Ein Wandel dieser verfassungspolitischen Streitfrage[658] ist allerdings nicht in Sicht. Die Planungskommission ist ein Gremium begrenzter Öffentlichkeit. Die Beteiligung der Fachminister als Vertreter der Länder sichert ihre Interessen nicht ausreichend, da die hohen Hürden des Drei-Viertel-Quorums politische Kompromisse verlangen. Zudem eignet sich der in Art. 91a und 91b GG geführte Katalog nur bedingt, das Ziel einer einheitlichen Entwicklung sozialer, wirtschaftlicher und rechtlicher Standards im gesamten Bundesgebiet zu fördern, da Fokussierung auf nur wenige Bereiche individuelle Bedarfsgesichtspunkte außer Acht lässt. Zudem ist fraglich, ob die Agrarstruktur sowie der Küstenschutz noch zeitgemäße Gemeinschaftsaufgaben sind, da gerade diese beteiligungsintensiven Bereiche mangels hinreichenden Gemeinschaftsbezug kaum mehr unter den Tatbestand einer Gemeinschaftsaufgabe zu subsumieren sind.

Zusammenfassend lässt sich festhalten, dass der Lösungsansatz der Art. 91a GG und Art. 91b GG nicht geeignet ist, die vertikalen Politikverflechtungen effektiv einzuschränken. Die einheitliche Entwicklung sozialer, wirtschaftlicher und rechtlicher Standards ist eine Frage des Einzelfalles, eine antizipierte Beschränkung auf einen Aufgabenkatalog hingegen ist nicht sachgerecht. Auch kommt der Ausnahmecharakter der Fremdfinanzierung nach Art. 91a und Art. 91b GG nicht ausreichend zum Tragen, weil im Gegensatz zu Art. 104a Abs. 4 GG ein konkreter Sachbezug zur Aufgabenerfüllung fehlt.

---

[657] Anders die Einwohnerveredelung, die in § 9 FAG einen ausdrücklichen Niederschlag im Finanzausgleich gefunden hat und damit die Finanzkraft als Faktor zur Bestimmung des Finanzausgleichs unmittelbar beeinflusst, vgl. oben Kapitel 1: C) II.2.

[658] *Maunz*, in: Maunz, Dürig u.a. (Hrsg.), Grundgesetz Kommentar IV, Art. 91a, Rdnr. 3.

Im Rahmen einer großen Lösung[659] sollte daher der Ausnahmecharakter und die Wahrung der Haushaltsautonomie der Länder als Kriterium der Gemeinschaftsaufgabenfinanzierung ausdrücklich statuiert werden und eine Einflussnahme des Bundes auf die Investitionstätigkeit der Länder erheblich einschränken. Dementsprechend ist die Festsetzung des Bundesanteils der Mitfinanzierung von derzeit 50 Prozent zu reduzieren. Eine Reform dieses Planungsverfahrens schein auch deshalb geboten, weil das Drei-Viertel-Quorum bei der Stimmenverteilung zwischen Bund und Ländern eine Entscheidung gegen den Bund nicht zulässt.
Gleichwohl bleibt fraglich, ob auch diese Maßnahmen eine nachhaltige Verbesserung erwarten lassen. Da andererseits eine investitionsorientierte Mitfinanzierungsmöglichkeit in Art. 104a Abs. 4 GG existiert, die zudem den Ausnahmecharakter der Co-Finanzierung wesentlich deutlicher zum Ausdruck bringt als Art. 91a und 91b GG, ist eine ersatzlose Streichung der Gemeinschaftsaufgaben aus dem Grundgesetz zu befürworten.

G) Länderneugliederung

Zum Normenkontrollverfahren vor dem Bundesverfassungsgericht klang bei den klagenden Ländern an, dass die derzeitigen Probleme des Finanzwesens auch Resultat einer ungünstigen Ländergliederung seien.[660] Tatsächlich ist zu unterstellen, dass der Länderfinanzausgleich als Transfersystem zwischen leistungsstarken und leistungsschwachen Ländern überflüssig scheint, wenn der Zusammenschluss von Ländern deren Leistungsfähigkeit steigert und das Finanzkraftgefälle zwischen den Ländern von vornherein angleicht. Der Auftrag zum angemessenen Ausgleich der Finanzkraft der Länder hätte sich damit teilweise überholt.[661] In der Geschichte der Bundesrepublik Deutschland bislang einmalig war die Fusion der Länder (Süd-)Baden, Württemberg-Baden und Württemberg-Hohenzollern im April 1952. Die jüngsten Versuche Berlins und Brandenburgs scheiterten dagegen am Volksentscheid (Art. 29 Abs. 2 GG) vom 5. Mai 1996. Es stellt sich allerdings die Frage, ob sich ein solches Vorhaben, angesichts der finanziellen Rahmendaten der Länder, nicht als verfassungsrechtliches Fusionsgebot darstellt. Als mögliche Fusionskandidaten empfehlen sich neben Berlin und Brandenburg vor allem auch die Stadtstaaten und deren umschließendes Land sowie das Saarland und die Rheinland-Pfalz.[662] Ausgenommen der Hansestadt

---

[659] Reform unter Einbeziehung einer Änderung des Verfassungstextes.

[660] BVerfGE 101, 158, 199.

[661] Art. 107 Abs. 2 S. 1 GG.

[662] Eine „Fusions-Kandidatur" dieser Länder leitet sich allerdings nicht aus der Größe der Landesfläche oder der Einwohnerzahlen per se ab, sondern muss sich ausschließlich aus

Hamburg sind die genannten Länder und Stadtstaaten im Länderfinanzausgleich von Anfang an ausgleichsberechtigt gewesen. Das potentielle Einsparungsvolumen bei einer Fusion des Saarlandes mit der Rheinland-Pfalz ist beträchtlich, da allein das Saarland in den Jahren 1995 bis 1999 jährlich 153 Mio. DM an Bundesergänzungszuweisungen für die Kosten der politischen Führung erhalten hat, die Rheinland-Pfalz jährlich 219 Mio. DM. Bei einem Einwohnerbestand von 1.071.501 weist das Saarland im Gegensatz zu anderen Ländern bei der Relation zwischen den Kosten der politischen Führung und der Einwohnerzahl einen relativ geringen Repräsentationsgrad auf.

Die Neugliederung der Länder ist abgesehen von der Privilegierungsvorschrift des Art. 118a GG[663] für eine Fusion zwischen Berlin und Brandenburg in Art. 29 GG geregelt, der einen entsprechenden Volksentscheid vorsehen kann (Abs. 2), wenn durch die Neugliederung nach Größe und Leistungsfähigkeit der Länder sichergestellt wird, dass die Länder, die ihnen obliegenden Aufgaben erfüllen können. Seine historische Aufgabe bestand darin, die neu zu gründende Bundesrepublik Deutschland als föderalen Bundesstaat auszugestalten, um den Sicherheitsinteressen der Besatzungsmächte, aber auch dem demokratischen Willen der Bevölkerung Rechnung zu tragen. Mangels empirischer Erfahrung über die finanzielle Entwicklung hatte der Länderfinanzausgleich zunächst primär die Funktion, die finanzielle Überlebensfähigkeit der Länder zu sichern. Nachdem Art. 29 Abs. 1 GG im Jahre 1976 zu einer Kann-Bestimmung geändert wurde,[664] lässt sich allein aus der Durchführung eines Länderfinanzausgleichs, mit dem Auftrag zum angemessenen Ausgleich der Finanzkräfte und damit zur Existenzsicherung schlechthin, kein Argument mehr gegen eine Neugliederung

---

den sich hieraus ergebenden finanzwirtschaftlichen Folgen ergeben. So auch *Herzog*, BayVBl 1991, S. 516.

663 Art. 118a GG: „Die Neugliederung in dem die Länder Berlin und Brandenburg umfassenden Gebiet kann abweichend von den Vorschriften des Artikels 29 unter Beteiligung ihrer Wahlberechtigten durch Vereinbarung beider Länder erfolgen.". Im Rahmen der Beratungen auf Grundlage des Art. 5 des Einigungsvertrages wurde Art. 118a GG in das Grundgesetz aufgenommen. In Analogie zu Art. 118 GG, der zum Zusammenschluss der Länder (Süd-)Baden, Württemberg-Baden und Württemberg-Hohenzollern im April 1952 aufgenommen worden war. Ziel war in beiden Fällen neben dem Verfahren nach Art. 29 GG, das zur Fusion einen Volksentscheid vorsieht, ein Verfahren zu ermöglichen, das auf staatsvertraglicher Ebene die Fusion herbeiführen kann. Art. 118 und 118a GG dienen damit vor allem einer aus wirtschaftlichen Gesichtspunkten zu befürwortenden Länderneugliederung, in dem das Fusionsverfahren entkompliziert wird, vgl. *Laufer* u.a., Das föderative System der Bundesrepublik Deutschland, S. 255.

664 BGBl. I S. 2381.

der Länder entnehmen.[665] Andererseits ergibt sich aus dem gegenwärtigen Verhältnis zwischen Art. 29 GG und Art. 107 Abs. 2 GG auch kein Gebot zur Länderneugliederung. Dem Gesetzgeber steht es, zumindest bei isolierter Betrachtung beider Vorschriften, frei, die Leistungsangleichung durch eine Neugliederung der Länder in ungefähr gleich leistungsfähige Länder herzustellen oder durch ein Finanztransfersystem zu gewährleisten.[666] Jedenfalls leitet sich aus dem Verhältnis beider Vorschriften keine Tendenz weder zugunsten noch zulasten einer Neugliederung der Länder ab, da der Regelungsgehalt des Art. 29 GG und Art. 107 Abs. 2 GG völlig selbstständig von einander zu beurteilen ist.

Die Frage der verfassungsrechtlichen Bewertung einer Länderneugliederung ist allerdings grundsätzlicherer Natur. Die Existenz von Ländern ist eine Ausprägung eines föderalen Staatswesens, das sich in seiner bundesstaatlichen Struktur zu den föderalen Prinzipien bekennt. Der Bundesstaat bildet eine Einheit aus für sich eigenständigen Staaten, die ihre eigenen Traditionen haben. Diesem Grundsatz trägt Art. 29 Abs. 2 GG Rechnung, wenn er die Zusammenlegung von Ländern an die Entscheidung der Landeseinwohner bindet. Einschränkend ist zwar zur Kenntnis zu nehmen, dass es bei der Zusammenlegung von Ländern stets nur um die Fusion benachbarter Länder bzw. von Stadtstaaten mit den sie umschließenden Ländern geht. Hindernisse, die sich aus einer unterschiedlichen sozialstrukturellen Tradition der Fusionskandidaten ergeben könnten, sind insofern nicht überzubewerten.

Föderalpolitisch allerdings ist die Notwendigkeit einer sinnvollen Ländergliederung zwingend geboten. Die Länder sind entsprechend ihrer wirtschaftlichen und finanzpolitischen Leistungsfähigkeit unterschiedlich stark vom Bund abhängig. Die von der sozial-liberalen Bundesregierung im Jahre 1973 eingesetzte Ernst-Kommission[667] sprach sich in ihrem Abschlussgutachten dafür aus, die Neugliederung bei Ländern vorzunehmen, deren Bevölkerungsstärke weniger als 5 Mio. Einwohnern beträgt, weil unter wirtschaftlichen, fiskalischen, politischen und administrativen Gesichtspunkten erst ab dieser Einwohnerstärke effiziente Staatsverwaltung möglich sei. In Anbetracht des technischen Fortschritts scheint die Tendenz dieser Mindestmarke nach oben zu weisen. Durch die bundesstaatliche Solidarität zwischen den Länder und durch die finanzielle Verflechtung der Länderfinanzen über den Länderfinanzausgleich, entsteht eine Belastung auch der finanzstarken Länder, die die Abhängigkeit aller Länder vom

---

[665] *Maunz*, in: Maunz, Dürig u.a. (Hrsg.), Grundgesetz Kommentar V, Art. 107, Rdnr. 10.

[666] *Maunz*, in: Maunz, Dürig u.a. (Hrsg.), Grundgesetz Kommentar V, Art. 107, Rdnr. 10.

[667] *Laufer* u.a., Das föderative System der Bundesrepublik Deutschland, S. 254.

Zentralstaat fördert[668] und damit kontra-föderal ist. Hieraus ergibt sich ein gewisser Widerspruch. Die Ländergliederung als territorialer Ausdruck des föderalen Bundesstaates (Art. 20 GG) führt durch die Strukturschwäche einzelner Länder zu einer fortschreitenden Zentralisierung und begünstigt den „goldenen Zügel“ des Bundes.[669]
Die Entscheidung des Verfassungsgebers ist allerdings eindeutig. Art. 29 GG bindet eine Neugliederung an den Willen der Menschen, lässt in dieser existenziellen Frage keine Repräsentationsentscheidung zu und qualifiziert die Gliederung der Länder als essentiellen Bestandteil des Grundgesetzes. Der Grund mag darin liegen, dass der wirtschaftliche Gesichtspunkt nicht exklusive Entscheidungsgrundlage föderaler Grundentscheidungen sein kann. Allerdings wurde bereits darauf hingewiesen, dass kultur-historische Argumente nicht überstrapaziert werden dürfen.[670] Dementsprechend sind die Hürden einer sinnvollen Länderneugliederung wohl eher in einer Verfestigung politischer und administrativer Strukturen zu sehen.
Aus den finanziellen Nöten und den hieraus ergebenden Problemfragen des Länderfinanzausgleichs lässt sich von daher allenfalls ein Gebot zur Neugliederung der Länder im Sinne einer ultima ratio erkennen. Angesichts der bislang noch völlig ungenutzten Alternativen zur Reform des Finanzausgleichs, steht diese jedoch nicht zwingend zur Debatte. Gleichwohl ist die Fusion von Ländern sinnvoll und es liegt im Interesse der Finanzkraftangleichung, wenn auf dieses Ziel zumindest politisch hingewirkt wird.[671]

H) Maßstäbegesetz

Der zweite Senat des Bundesverfassungsgerichts hat mit der Entscheidung vom 11. November 1999[672] für Aufregung gesorgt, weil er die Forderung an den Gesetzgeber ausgesprochen hat, ein Maßstäbegesetz bis Ende 2002 zu verabschieden, auf dessen Grundlage der Finanzausgleich bis Ende 2004 neu zu regeln sei. Dieser judikative Auftrag hat bislang überwiegend kritische Stellungnahmen provoziert.[673]

---

668 *Laufer* u.a., Das föderative System der Bundesrepublik Deutschland, S. 251.

669 Georg von Waldenfels bei den Haushaltsplanberatungen 1991/1992, BayLT-PlPr. 12/8, 30.1.1991 spicht insofern von einer Gefahr für den „gesunden Föderalismus“; *Renzsch*, Der Streit um den Finanzausgleich, in: Wehling (Hrsg.), Die deutschen Länder, S. 356.

670 Anders *Herzog*, BayVBl 1991, S. 516.

671 So auch die fortgesetzten Bestrebungen, Berlin und Brandenburg in Zukunft zu fusionieren, vgl. FAZ vom 30.01.2000, BS 2.

672 BVerfGE 101, 158.

673 *Linck*, DÖV 2000, S. 325, *Christmann*, DÖV 2000, S. 315, *Pieroth*, NJW 2000, S. 1086, *Hanebeck*, KJ 2000, S. 262.

I. Verfassungsrechtlicher Ansatz

Die dogmatische Figur eines den Gesetzgeber selbst bindenden Gesetzes ist nicht neu und war in der Vergangenheit bereits mehrfach Gegenstand richterlicher[674] und staatsrechtswissenschaftlicher[675] Erörterungen.

Konkret stellt das Bundesverfassungsgericht darauf ab, dass Art. 106 und 107 GG noch keine unmittelbar vollziehbaren Maßstäbe enthielten,[676] da die ausfüllungsbedürftigen Begriffe in Art. 106 und 107 GG vom Gesetzgeber zunächst eine Wertung darüber verlangten, was unter den unbestimmten Verfassungsbegriffen zu verstehen sei. Wenn also die Verfassung den Gesetzgeber zu einem angemessenen Ausgleich beauftrage, dann enthielte dieser Auftrag eine doppelte Anweisung, nämlich zunächst die Maßstäbe und Ziele der Finanzverfassung näher zu bestimmen und in einem zweiten Schritt die sich hieraus ergebenden Folgerungen für das konkrete Finanzausgleichsrecht zu treffen.[677] Dass diese Schritte allerdings in zwei von einander unabhängigen Gesetzen zu erfolgen hätten, leitet das Bundesverfassungsgericht aus einer Folgeüberlegung ab. Der konkrete Auftrag für ein eigenständiges Maßstäbegesetz folge nicht aus einer einzelnen Verfassungsvorschrift, sondern leite sich aus dem Umstand ab, dass sich das konkrete Steuerverteilungs- und Ausgleichssystem des Grundgesetzes auf verschiedene, aufeinander aufbauende Rechtserkenntnisquellen stütze. So führt es aus, das Grundgesetz gebe in der Stetigkeit des Verfassungsrechts die allgemeinen Prinzipien für die gesetzliche Steuerzuteilung und den gesetzlichen Finanzausgleich vor; der Gesetzgeber leite daraus langfristige, im Rahmen kontinuierlicher Planung fortzuschreibende Zuteilungs- und Ausgleichsmaßstäbe ab; in Anwendung dieses den Gesetzgeber selbst bindenden maßstabgebenden Gesetzes (Maßstäbegesetz) entwickle das Finanzausgleichsgesetz sodann kurzfristige, auf periodische Überprüfung angelegte Zuteilungs- und Ausgleichsfolgen.[678]

II. Verfassungsrechtliche Bedenken

Das Maßstäbegesetz wirft verfassungsrechtliche Bedenken vor allem auf, weil es den Gesetzgeber bei seiner Finanzausgleichsgesetzgebung durch eine antizipierte Maßstabsfestlegung binden soll.

---

[674] VerfGH Rheinl.-Pfalz, DÖV 1969, S. 560; StGH Bad.-Württ., DÖV 1973, S. 163; *Linck*, DÖV 2000, S. 325 m.w. Nachw.

[675] *Breuer*, DVBl 1970, S. 101; *Linck*, DÖV 2000, S. 325.

[676] BVerfGE 101, 158, 215.

[677] BVerfGE 101, 158, 216.

[678] BVerfGE 101, 158, 216.

Der vom Bundesverfassungsgericht angenommene Auftrag zur Maßstabsgesetzgebung stößt zunächst auf den Widerspruch mit dem Wortlaut zu Art. 107 Abs. 2 S. 1 GG. Der Verfassungstext nimmt durch die Verwendung des Singulars eindeutig Bezug auf das auf Grundlage des Art. 107 Abs. 1 GG verabschiedete Finanzausgleichsgesetz, verlangt demnach nach strenger Lesart, die Maßstabsbildung und die Regelung des konkreten Finanzausgleichsrechts in einem einheitlichen Gesetzeswerk vorzunehmen. Dies widerspricht der Absicht des Bundesverfassungsgerichts, dem es gerade auf die formelle Trennung der Maßstabsentwicklung von der konkreten Finanzausgleichsregelung ankam.[679] Allerdings lässt sich zugunsten des Bundesverfassungsgerichts anführen, dass der dahingehend klare Wortlaut zumindest dann nicht alleiniger Maßstab sein kann, wenn dieser eine in sich widersprüchliche[680] Anweisung an den Normadressaten äußert. Diese lässt sich anhand der empirischen Erfahrungen mit dem Finanzausgleich zumindest vermuten. Dementsprechend begründet das Gericht ausführlich,[681] dass das Gesetz in seiner Allgemeinheit einen rational-planmäßigen, auf Dauerhaftigkeit angelegte Struktur ausweise und für eine unbestimmte Vielzahl von künftigen Fällen Maßstäbe setze, was aus diesem Grunde auch Distanz zum Betroffenen verlange. Der Finanzausgleich, der sich nach den jährlich verändernden Finanzerträgen und Finanzbedürfnissen der Länder bestimmt, ist hier grundsätzlich kontraproduktiv, woraus sich eine Verpflichtung zur zeitlichen Trennung beider Schritte ergeben muss. Hinzukommt, dass die Finanzverfassung in ihrer normativen Unbestimmtheit nicht soweit geht, dass der erstinterpretierende Gesetzgeber bis an die Grenzen der Willkür freien Gestaltungsspielraum hat. Legt man beide Gesichtspunkte zugrunde, dann ist das zwischen dem Grundgesetz und dem konkreten Finanzausgleichsgesetz stehenden Maßstäbegesetz eine sich zwingend ergebende Folgerung, weil sich nur auf diese Weise Dauerhaftigkeit und Planmäßigkeit herstellen lassen. Der singuläre Auftrag des Art. 107 Abs. 2 GG trifft insofern, wenn auch nicht in rechtlicher, wohl aber in faktischer Hinsicht, eine perplexe Anweisung an den Gesetzgeber.

Des weiteren richtet sich Kritik gegen die Entscheidung, weil sie eine Bedingung eines maßstabsgebenden Gesetzes unter anderem aus dem Wortlaut des Art. 107 Abs. 1

679 BVerfGE 101, 158, 217 ff.

680 Das Problem einer in sich widersprüchlichen Regelung betrifft die Rechtsfigur der Perplexität. Als vornehmliche Problematik des Vertragsrechts ist eine Analogie zu diesem Institut nicht zulässig. Wegen der Ähnlichkeit des Gleichordnungsverhältnisses der Länder im horizontalen Länderfinanzausgleich mit dem Vertragsverhältnis im Privatrecht sind Anleihen nicht grundsätzlich ausgeschlossen, zur Perplexität im bürgerlichen Recht vgl. *Medicus*, Bürgerliches Recht, S. 102.

681 BVerfGE 101, 158, 217 ff.

S. 4 HS. 2 GG sowie aus Art. 107 Abs. 2 S. 3 GG herausinterpretiert.[682] Die besagten Verfassungsartikel eröffnen lediglich die Option der Maßstabsfestlegung, schreiben diese aber nicht zwingend vor, so dass durch die Entscheidung eine Kann-Vorschrift in eine Muss-Vorschrift umgedeutet wird. Entsprechende Auslegungsmethoden sind dem Verwaltungsrecht nicht unbekannt, im Bereich des Verfassungsrechts allerdings sind sie unzulässig. Die Bezugnahme des Bundesverfassungsgerichts auf die gesamte Finanzverfassung hingegen erlaubt keine Überschreitung der begrenzten Reichweite der Einzelnormen und bedeutet eine unzulässige Hypostasierung der Verfassung.[683]
Darüber hinaus sieht das Grundgesetz lediglich in Art. 109 Abs. 3 GG eine Gesetzgebung vor, in der Grundsätze aufgestellt werden können, die für eine weitere Gesetzgebung verbindlich sind. Allerdings ist aufgrund der Normenhierarchie der Gesetzgeber nicht gehindert, dieses Grundsatzgesetz jederzeit wieder aufzuheben. Insofern stellt sich diese Möglichkeit der Gesetzgebung lediglich als Formgebot dar.[684] Im Gegensatz zu Art. 109 Abs. 3 GG sieht Art. 107 Abs. 2 GG ein solches formgebietendes Maßstäbegesetz nicht vor. Die Rechtzeitigkeitsklausel des Maßstäbegesetzes, wonach die Maßstäbe zeitlich soweit vor der einfachgesetzlichen Umsetzung erlassen worden sein müssen, dass die Maßstabsbildung unbefangen von deren konkreten Auswirkungen erfolgen kann, ist demgegenüber eine Qualifizierung gegenüber der Grundsatzgesetzgebung in Art. 109 Abs. 3 GG, weshalb eine Übertragung auf den Finanzausgleich nach Art. 107 Abs. 2 GG, der einen vergleichbaren Anhaltspunkt nicht enthält, wegen Spezialität nicht in Betracht kommt.
Darüber hinaus lässt sich die beabsichtigte Dauerhaftigkeit und Langfristigkeit schon aus demokratischen Überlegungen heraus nicht nachvollziehen. Eine einmalige Entscheidungen des Bundestages kann keine endgültige Bindung für spätere Entscheidungen eines neugewählten Bundestages herleiten. Eine dauerhafte Bindung des Gesetzgebers lässt sich nur aus der Normenhierarchie heraus ableiten, auf die sich das Maßstäbegesetz nicht zu berufen vermag.
Dieser Vorwurf greift die systematische Konstruktion der Lösung des Bundesverfassungsgerichts an, weil sie die Normenhierarchie der Rechtsordnung missachtet. Die Normenhierarchie von Verfassung und Bundesgesetzen weist dem Grundgesetz einen

---

[682] *Pieroth*, NJW 2000, S. 1086.

[683] *Pieroth*, NJW 2000, S. 1087.

[684] Zumindest ist allgemein anerkannt, dass die Bindungswirkung eines auf Grundlage des Art. 109 Abs. 3 GG verabschiedeten Grundsätzegesetzes keine unbeschränkte Bindungswirkung im Sinne eines Vorrangs der Verfassung für den Gesetzgeber herstellen kann. Pieroth spricht insofern von einem Rechtsformgebot, vgl. *Pieroth*, NJW 2000, S. 1087; ähnlich *Helbig*, KJ 2000, S. 438 m. w. N.

qualifizierten Geltungsanspruch zu, aus dem sich der Geltungsvorrang des Grundgesetzes gegenüber einfachem Bundesrecht ergibt. Das Verhältnis zwischen den Gesetzen innerhalb der Bundeslegislatur hingegen wird durch das Rechtsstaatsprinzip bestimmt, aus dem sich der Grundsatz „lex posterior derogat legi priori" ableitet. Von daher fragt sich, wie der Bundesgesetzgeber bei seiner Finanzausgleichsgesetzgebung gehindert sein soll, sich in Widerspruch zum Maßstäbegesetz zu setzen, wenn ohnehin die spätere Finanzausgleichsgesetzgebung maßgeblich ist und im Zweifel Vorrang vor dem früheren Maßstäbegesetz genießt. Dieser Widerspruch lässt sich an sich nur auflösen, wenn man dem Maßstäbegesetz einen normativen Vorrang vor dem einfachen Bundesgesetz einräumt und es am Geltungsvorrang des Grundgesetzes teilhaben lässt.

III. Lösungsansatz

Die dargestellten Bedenken im Zusammenhang mit dem Maßstäbegesetz lassen sich allerdings nicht unwidersprochen aufrecht erhalten. Die aufgeworfene Diskussion, ob ein Gesetz ohne Verfassungsrang den Gesetzgeber binden kann, wird auch bei völkerrechtlichen Verträgen geführt.[685] Die Bindungswirkung des früheren Gesetzes lässt sich damit begründen, dass ein späteres Gesetz einen Wortbruch eines Gesetzgebers darstellt, der, wenn er nicht demokratisch legitimiert ist, mit der umfassenden Bindung des Gesetzgebers an die Rechtsordnung nicht zu vereinbaren ist und daher gegen das Rechtsstaatsprinzip des Art. 20 Abs. 3 GG verstößt.[686] In Einklang mit dem Grundsatz lex posterior derogat legi priori lässt sich diese Auffassung bringen, da sich in diesem Falle die Bindungswirkung des späteren Gesetzgebers nicht aus dem früheren Gesetz ableitet, sondern aus dem Rechtsstaatsprinzip. Das Gesetz ist quasi Fenster zur Verfassung und spiegelt deren Geltungsvorrang wieder. Die Bindungswirkung des früheren Gesetzes ist dementsprechend weniger rechtlicher als faktischer Natur und produziert aufgrund dessen keinen Systembruch.

Fraglich ist, ob im Falle des Maßstäbegesetzes entsprechend argumentiert werden kann. Das Bundesverfassungsgericht nimmt insoweit diese Gedanken auf, als es den Auftrag zum Maßstäbegesetzes aus der gesamten Finanzverfassung ableiten will und nicht mit dem Maßstäbegesetz als solchem argumentiert, sondern auf die im Grundgesetz und der Finanzverfassung verankerten Prinzipien abstellt.

Selbstbindende Hoheitsakte sind aus dem verwaltungsrechtlichen Bereich bekannt, in denen die Selbstbindung der Verwaltung unter Bezugnahme auf das Rechtsstaatsprinzip aus dem Gleichheitsgrundsatz abgeleitet wird.[687] Kritik regt sich allerdings an der

---

685 *Vogel*, JZ 1997, S. 161; *Hanebeck*, KJ 2000, S. 268.

686 *Vogel*, JZ 1997, S. 161, 165 ff.

687 *Maurer*, Allgemeines Verwaltungsrecht, S. 290.

mangelnden Vergleichbarkeit der Gefahrenlage im innerstaatlichen Bereich, weshalb aus dem Gleichheitssatz des Art. 3 Abs. 1 GG kein Argument für die Bindungswirkung der Maßstabsgesetzgebung des Bundes gefunden werden kann.[688] Dieser Standpunkt entspricht der ständigen Rechtssprechung des Bundesverfassungsgerichts, wonach subjektiv-öffentliche Abwehrpositionen im innerstaatlichen Bereich nicht anerkannt werden, weil es zwischen den öffentlich-rechtlichen Gebietskörperschaften an einer typischen Gefahrenlage fehle und ihnen deshalb die Grundrechtsfähigkeit grundsätzlich abgesprochen werden müsse[689]. Allerdings ist der Gleichheitssatz zu einem allgemeingültigen, das gesamte Staatswesen erfassendes Willkürverbot erstarkt.[690] Das Bundesverfassungsgericht hat zudem statuiert, dass das bündische Prinzip des Einstehens füreinander mit der Entwicklung der Lebensverhältnisse im Bundesgebiet korreliere,[691] was eine angemessene föderale Gleichheit zwischen den Ländern zur Grundlage der bundesstaatlichen Zusammengehörigkeit macht. Dem Gleichheitsprinzip des Art. 3 Abs. 1 GG in Form eines allgemeinen Staatszieles, kommt daher auch im föderalen Verbund eine zentrale Bedeutung zu. Zudem hat das Bundesverfassungsgericht gerade für Art. 107 Abs. 2 S. 1 GG einen Gestaltungsspielraum des Gesetzgebers bis hin zu einer Willkürgrenze ausdrücklich abgelehnt[692] und damit eine Bindung an das aus Art. 3 Abs. 1 GG folgende Willkürverbot begründet.

Augenscheinliche Bedenken sind allerdings anzumelden, wenn das Bundesverfassungsgericht davon ausgeht, dass die Finanzverfassung keine unmittelbare Maßstäbe enthalte.[693] Es führt aus, die Finanzverfassung enthalte keine unmittelbar vollziehbaren Maßstäbe, sondern verpflichte den Gesetzgeber, das verfassungsrechtlich nur in unbestimmten Begriffen festgelegte Steuerverteilungs- und Ausgleichssystem entsprechend den vorgefundenen finanzwirtschaftlichen Verhältnissen und finanzwissen-

[688] Linck lehnt diesen Ansatz ab, da in diesem Kontext nur das Bürger-Staats-Verhältnis angesprochen werden kann, vgl. *Linck*, DÖV 2000, S. 326.

[689] *Isensee*, Idee und Gestalt des Föderalismus im Grundgesetz, in: Isensee, Kirchhof (Hrsg.), HStR IV, § 98, S. 589; Das Bundesverfassungsgericht lehnt zudem ab, ein Schutzbedürfnis herzuleiten, wenn im Einzelfall eine Sachmaterie berührt ist, die sich dem klassischen Gleichordnungsverhältnis des Staates entzieht, da den öffentlich-rechtlichen Gebietskörperschaften Fiskusprivilegien zustehen, die sie, wenn auch nicht verfassungsrechtlich verbürgt, gegenüber der Situation der Privatpersonen abheben, BVerfGE 61, 82, 106.

[690] *Hanebeck*, KJ 2000, S. 269; vgl. oben Kapitel 2: B) III.1; BVerfGE 35, 263, 271; *Isensee*, Idee und Gestalt des Föderalismus im Grundgesetz, in: Isensee, Kirchhof (Hrsg.), HStR IV, § 98, S. 589.

[691] BVerfGE 72, 330, 386.

[692] BVerfGE 72, 330, 388.

[693] BVerfGE 101, 158, 215.

schaftlichen Erkenntnissen durch anwendbare, allgemeine, ihn selbst bindende Maßstäbe gesetzlich zu konkretisieren und zu ergänzen. Das Bundesverfassungsgericht scheint sich damit mit seinem ursprünglichen Ansatz in Widerspruch zu setzen, wenn es seiner Forderung nach einem eigenem Maßstäbegesetz mit Bindungswirkung für den Finanzausgleichsgesetzgeber die Prinzipien der Finanzverfassung zugrundelegen will. Bindungswirkung lässt sich nach den bisherigen Darlegungen nur dann erzielen, wenn das Maßstäbegesetz selbst keine Maßstäbe deklariert, sondern die des Grundgesetzes zum Ausdruck bringt. In Form von einfachem Bundesrecht kann der Gesetzgeber keine sich selbst bindende Regelung verabschieden.

Bei genauerer Betrachtung sind solcherlei Befürchtungen allerdings unbegründet. Das Bundesverfassungsgericht verdeutlicht das zugrundeliegende Problem, dass die Maßstäbe in der Finanzverfassung bereits existent, sie aber nur so unzureichend zu erkennen sind, dass sie gesondert, unbeeinflusst durch die tagespolitischen Einflüsse identifiziert werden müssen. Vollzieht man diesen Schritt wie bisher erst im Rahmen der einfachgesetzlichen Umsetzung des Finanzausgleichs und ohne diese hinreichend transparent zu machen, so droht die Gefahr, dass die Maßstäbe aufgrund der Komplexität des Verteilungsverfahrens nur sehr unzureichend zum Ausdruck kommen und damit die Gefahr des Widerspruchs besteht.[694] Gesetzeszweck ist daher nicht, Zuweisungs- und Ausgleichsmaßstäbe zu schaffen, sondern die verbindlichen Grundsätze der Verfassung rechtlich zu fixieren.

IV. Stellungnahme

Verfassungsprinzipien haben lediglich Optimierungscharakter, beanspruchen allerdings gesteigerte Geltung, der ihnen Fortgeltung sichert, auch wenn im Einzelfall der jeweilige Grundsatz gegenüber anderen berechtigten Interessen zurückstehen muss.[695] Wenn es im Maßstäbegesetz lediglich um die Kenntlichmachung und Fixierung verfassungsrechtlicher Maßstäbe und Prinzipien geht, dann ist ein Widerspruch zwischen der Finanzausgleichsgesetzgebung und dem Maßstäbegesetz nur eine Frage der Rechtfertigung und Begründung einer Abweichung. Dementsprechend steigert das Maßstäbegesetz ähnlich wie in der verwaltungsrechtlichen Praxis der frühere Verwaltungsakt das Rechtfertigungsbedürfnis einer abweichenden Regelung. Die Bedenken gegen das Maßstäbegesetz sind daher im Ergebnis weniger rechtsdogmatischer, vielmehr pragmatischer Natur.

---

[694] So auch *Hanebeck*, KJ 2000, S. 271.

[695] *Hanebeck*, KJ 2000, S. 270; vgl. auch oben Kapitel 2: A) II

Das Bundesverfassungsgericht hat in seinen Auftrag die Hoffnung gesetzt, die konkrete Finanzausgleichsgesetzgebung gegen tagespolitische und interessenorientierte Störfeuer unempfindlicher zu machen, die die Distanz zu den im Grundgesetz verankerten Maßstäben und Grundsätzen vergrößern.[696] Die Redlichkeit dieser Absichten ist nicht zu widerlegen, allerdings ist zu bezweifeln, ob das Maßstäbegesetz dieser Tendenz in der Finanzpolitik Einhalt gebieten kann. Es steht zu befürchten, dass die Politik Wege finden wird, diese Hoffnung zu enttäuschen und eine vollends unabhängige Maßstabsfixierung nicht betreiben wird.[697] Die Politik ist lediglich gezwungen, die Kompromisssuche auf einen früheren Zeitraum vorzuverlegen.[698] Das Maßstäbegesetz[699] zeigt dementsprechend auch keinen erfolgsversprechenden Ansatz. Es beschränkt sich auf die gemeinhin längst bekannten Allgemeinsätze zu den Grundsätzen des Finanzausgleichsrechts, ohne diese zu entwickeln. Hätte der Gesetzgeber den Auftrag des Bundesverfassungsgerichts ernst genommen, so hätte zunächst eine vorläufige Festsetzung der Maßstäbe erfolgen müssen, um anschließend eine kritische Bestandsaufnahme des geltenden Finanzausgleichsrechts vornehmen zu können, die bezogen auf Einzelregelungen des geltenden Finanzausgleichsrechts Widersprüche zu den Maßstäben hätte feststellen müssen, um die Erkenntnisse hieraus dann in die endgültige Fassung des Maßstäbegesetzes mit einarbeiten zu können. Das Maßstäbegesetz hätte dann einen echten Maßstab für die Finanzausgleichsgesetzgebung setzen können, welcher Art die Ausgleichsregelungen sein dürfen und welcher nicht. Die weitreichende Allgemeingültigkeit, die das Bundesverfassungsgericht für das Maßstäbegesetz eingefordert hat, beruht bislang nur auf der Banalität einer weitestgehend ertragsarmen Wiederholung allgemeingültiger Sätze und nicht aus einer kritischen

[696] Zur Begründung des Maßstäbegesetzes führt es aus: „Dem Verfassungsauftrag zur langfristigen gesetzlichen Maßstabsbildung und deren gegenwartsnaher Anwendung in den konkreten Finanzfolgen liegt eine Zeitenfolge zugrunde, die eine rein interessenbestimmte Verständigung über Geldsummen ausschließt oder zumindest erschwert." Es leitet aus diesem Umstand die Notwendigkeit ab, „dass die Maßstäbe der Steuerzuteilung und des Finanzausgleichs bereits gebildet sind, bevor deren spätere Wirkungen konkret bekannt werden", BVerfGE 101, 158, 217.

[697] Vgl. FAZ vom 06.07.2001, S. 15: „Da das Gesetz den Vorgaben des Bundesverfassungsgerichts entsprechend nur die abstrakten Grundlagen des Finanzausgleichs enthalten darf, die Länder jedoch trotzdem Sicherheit über ihre daraus resultierenden Zahlungsströme haben wollen, hat der Bundestag zugleich einen Antrag mitbeschlossen", der das Zahlengerüst des Finanzausgleichs und des Solidarpaktes Ost enthält. Die Orientierung an Zahlen steht im Widerspruch zu der in das Maßstabsgesetz gelegten Absichten.

[698] Vgl. *Seiffert*, MdB für die CDU in FAZ vom 06.07.2001, S. 15, wonach die Zustimmung zum Maßstäbegesetz keine kompromissfreie Entscheidung war.

[699] BGBl I 2001, S. 2302.

Auseinandersetzung des Gesetzgebers selbst mit den Fehlern des gegenwärtigen Finanzausgleichsrechts. Dies wollte das Bundesverfassungsgericht erreichen, als es trotz seines richterlichen Auftrags an den Gesetzgeber die Gestaltungsfreiheit des Gesetzgebers in den Vordergrund stellte.[700] Von der verabschiedeten Fassung des Maßstäbegesetzes sind insofern nur wenige Impulse zu erwarten.

Zugute gehalten werden kann dem Maßstäbegesetz zumindest, dass es Ausflüchte erschwert und zumindest grundsätzlich einer Transparenz zuträgt, sodass das Finanzausgleichsrecht demokratischer wird, wenn die öffentliche Diskussion nicht durch die Komplexität der konkreten Finanzausgleichsregelungen abgeschreckt wird, sondern sich an einer Grundsatzdebatte beteiligen kann. Die Beteiligten des Gesetzgebungsprozesses haben ihre Interessen in allgemeine Aussagen einzukleiden und sollen sich nicht mehr an konkreten Finanzdaten orientieren können.[701] Ob sie das allerdings tun, ist eher zu bezweifeln. Das Bundesverfassungsgericht konnte in seiner Entscheidung nicht noch weiter gehen, als es mit dem Auftrag zum Maßstäbegesetz gegangen ist. Auf Grundlage der unbestimmten Formulierungen des Art. 107 Abs. 2 GG ist eine noch weitergehende Bindung des Gesetzgebers durch die Verfassungsgerichtsbarkeit nicht möglich, ohne die Gewaltenteilung ernsthaft in Frage zu stellen.

Die Diskussion um den Finanzausgleich wird damit wieder auf den Boden der Realität zurückgeführt, dass der Gesetzgeber nach wie vor seiner Verantwortung gegenüber einer zukunftsgerechten Finanzausgleichsgesetzgebung nicht entbunden worden ist.

---

[700] BVerfGE 101, 158, 214 ff.

[701] *Hanebeck*, KJ 2000, S. 271.

Schlussbetrachtung und Ausblick

Maßnahmen zur Verbesserung der gesamtstaatlichen Finanzlage können sich nicht auf den horizontalen Länderfinanzausgleich beschränken, sondern sind nur dann sinnvoll, wenn sie im Rahmen einer grundlegenden Föderalismusdebatte diskutiert werden, die die Frage nach einer Neubewertung der Länderkompetenzen unter dem Gesichtspunkt eines gesunden Föderalismus mit einbezieht. Die politische Entwicklung, der technische und sozialstaatlichen Fortschritt,[702] nicht zuletzt auch der europäische Einigungsprozess, haben den Föderalismus in Deutschland deutlich geschwächt.[703] Hauptursache hierbei ist der umfangreiche Kompetenzkatalog des Art. 74 GG.

Das Grundgesetzes lässt in Form der Zuständigkeitsvermutung des Art. 70 Abs. 1 GG zugunsten der Länder einen strukturellen Vorrang vor dem Bund erkennen. Die Entwicklung seit 1949 hat demgegenüber zu einer überaus weitreichenden Inflation dieses Vorrangs geführt. Eine Reihe von Verfassungsergänzungen im Rahmen des Art. 74 GG haben zunächst die Grundlage für die Ausweitung der Regelungszuständigkeiten des Bundesgesetzgebers bedingt.[704] In Zusammenhang hiermit ist die bis in die Gegenwart noch hineinreichende Rechtssprechung des Bundesverfassungsgerichts zu sehen, in der es die bis 1994 existente Bedürfnisklausel des Art. 72 Abs. 2 GG für weitgehend injustiziabel erklärt hatte, weil sich nach Auffassung des Gerichts hierin ein Ermessensspielraum des Bundesgesetzgebers darstelle, den dieser im Rahmen seines pflichtgemäßen Ermessens ausfüllen dürfe.[705] Die fortschreitende Unitarisierung und der Abbau kompetitiver Elemente des Föderalismus wurde auch durch die Politik der Länder selbst betrieben, die in einer Vielzahl von Abkommen, Staatsverträgen, Fachministerkonferenzen und gemeinsamen Einrichtungen[706] ihre Gesetzgebung und

---

702 Vgl. hierzu die Entwicklung der Ausgaben im sozialstaatlichen Bereich Anlage 4.

703 Herzog spricht von einer „gerechten Drittelung" zwischen EG, dem Bund und den Ländern nur auf den ersten Blick. Eine weitere Schwächung der Länder ist zu befürchten, da die bislang noch den Ländern verbliebenen Gestaltungsmöglichkeiten nunmehr durch supranationale Vorgaben eingeschränkt werden können, da auf dieser Ebene ausschließlich der Binnenmarkt Beurteilungsmaßstab ist, Aspekte der Landesentwicklung hingegen zurücktreten werden, vgl. *Herzog*, BayVBl 1991, S. 514; *Rudolf*, Kooperation im Bundesstaat, in: Isensee, Kirchhof (Hrsg.), HStR IV, § 105, S. 1130.

704 Art. 74 Nr. 19a GG (BGBl. I 1969, S. 363), Art. 74a GG (BGBl. I 1971, S. 206), Art. 74 Nr. 24 GG (BGBl. I 1972, S. 593), Art. 74 Nr. 4a GG (BGBl. I 1972, S. 1305), Art. 74 Nr. 11a GG bereits 1959 und Art. 74 Nr. 11a GG im Jahre 1965 geändert.

705 BVerfGE 26, 338, 382 f.; 78, 249, 270; *Herzog*, BayVBl 1991, S. 515; *Sommermann*, Jura 1994, S. 393.

706 Unbestätigte Schätzungen gehen von einer Zahl von 1000 solcher Institutionen aus.

Verwaltungsausführung weitgehend vereinheitlicht haben. Ein dynamischer Wettbewerb zwischen den Ländern ist auf dieser Ebene daher kaum zu realisieren.
Der Bund hat von seiner Gesetzgebungszuständigkeit im Rahmen der konkurrierenden Gesetzgebung sehr extensiv Gebrauch gemacht und damit den Ländern die Möglichkeit zur eigenverantwortlichen Gesetzgebung weitgehend genommen. Die Länderzuständigkeit bei der Verwaltungsausführung kann dies angesichts der Situation um das Konnexitätsprinzip nicht kompensieren.[707] Dabei steht diese Entwicklung im Widerspruch mit dem Subsidiaritätsprinzip. Mit der Forderung nach Stärkung des Subsidiaritätsprinzips kommt der Grundgedanke der Bürgernähe zum Ausdruck, durch Sachnähe die Identifikation mit dem Staat zu fördern und die Teilhabe der Bürger an den staatlichen Entscheidungen zu gewährleisten. Eine Verlagerung von Zuständigkeiten steht von daher stets unter einem gesteigerten Rechtsfertigungsinteresse und kann nur zugunsten zwingender Belange erfolgen.[708]
Das übergeordnete Ziel von Reformen muss daher die Förderung des föderalen Wettbewerbs sein. Dies stellt eine Entschärfung vieler Probleme in Aussicht. Dem kompetitivem Föderalismus liegt die Annahme zugrunde, dass mit der Stärkung der Länderkompetenzen der Gestaltungsspielraum für die Länderautonomie wächst. Kann der Bund weniger stark in Belange der Länder hineinwirken, richten diese Ihre eigenverantwortlich zu treffenden Entscheidungen stärker an Gesichtspunkten von Effizienz und Wirtschaftlichkeit aus, was eine strengere Anbindung an die Haushaltslage bedeutet. Zudem unterbindet dies den Wettbewerb zwischen den Ländern um die Zuweisung von Bundesmitteln, verkleinert den Kreis von Entscheidungsträgen und beschleunigt Entscheidungsverfahren. Die Gefahr, dass Länder unter dem Einfluss der Verhandlungen mit dem Bund, um die Vergabe von Bundesmitteln zur Finanzierung gemeinschaftlich finanzierter Projekte, zu viele Eigenmittel langfristig binden, ließe sich danach begrenzen[709] und würde die Spannungen im horizontalen Länderfinanzausgleich verringern.
Eine grundlegende Rückführung von Länderkompetenzen wird gegenwärtig vielfach diskutiert, ist derzeit allerdings in signifikantem Maße noch nicht in Sicht, wenngleich das Problembewusstsein geschärft scheint[710] und Ansätze für eine Verbesserung des

---

[707] Vgl. oben Kapitel 3: E) .

[708] Liberales Institut der Friedrich-Naumann-Stiftung (Hrsg.), Vorschläge einer Experten-Kommission unter Vorsitz von Dr. Otto Graf Lambsdorff.

[709] Vgl. oben Kapitel 3: F)

[710] Die reichhaltige Literatur belegt dies, nur auszugsweise sei hier genannt: Politik durchschaubar machen - Selbstverantwortung übernehmen - Länder stärken, Diskussionsbeitrag der CDU-Rheinland-Pfalz für eine Reform des Bundesstaates in Deutschland, Liberales

Schutzes der Länder gegen den schleichenden Entzug weiterer Kompetenzen etabliert werden konnte. Die Neufassung des Art. 72 Abs. 2 GG mit Wirkung vom 15.11.1994[711] sowie die neueste Entwicklung der bundesverfassungsgerichtlichen Rechtsprechung hierzu geben zumindest Anlass zu Optimismus.[712]

Der horizontale Finanzausgleich bleibt von Fehlentwicklungen des deutschen Föderalismus nicht unbeeindruckt. Trotz aller Eigenstaatlichkeit der Gliedstaaten im föderalen Verbund rechtfertigt sich ein Finanztransfer in Form des horizontalen Länderfinanzausgleichs aus deren Zugehörigkeit zu einer nationalstaatlichen Gemeinschaft. Die Zuweisung und Umverteilung finanzieller Mittel an Bund und Länder erfolgt nicht ausschließlich auf Grundlage theoretischer Verteilungsformeln, sondern das System der Mittelverteilung nimmt auf die tatsächlichen Verhältnisse Rücksicht und garantiert auf diese Weise den Ländern Eigenverantwortlichkeit bei der Bewältigung ihrer Aufgaben und schafft die finanziellen Grundlagen des Sozialstaates. Es wäre unrealistisch anzunehmen, eine autonome Gestaltung der ländereigenen Aufgabenerfüllung ließe sich auch dann noch erfüllen, wenn der Abstand der finanziellen Kräfte eines Landes zum Bundesdurchschnitt übermäßig anwachsen würde. Die Gleichwertigkeit der Lebensverhältnisse gebietet es, ein gleichmäßiges Angebot öffentlicher Leistungen bereitzustellen. Dieser Auftrag ist notfalls unter Vernachlässigung der Autonomie anderer sicherzustellen, weshalb die finanzielle Grundausstattung auch sol-

---

Institut der Friedrich-Naumann-Stiftung (Hrsg.), Vorschläge einer Experten-Kommission unter Vorsitz von Dr. Otto Graf Lambsdorff, *Rudolf*, Kooperation im Bundesstaat, in: Isensee, Kirchhof (Hrsg.), HStR IV, § 105, S. 1130; *Koch*, in: Konrad-Adenauer-Stiftung (Hrsg.), Reform des Föderalismus.

[711] Vgl. hierzu oben Kapitel 2: B) III.2.a).

[712] BVerfG, 2 BvF 1/01 vom 24.10.2002, Das Bundesverfassungsgericht hatte sich seit der Neufassung des Art. 72 Abs. 2 GG erstmals eingehend mit dieser Vorschrift auseinander zusetzen. Es ist dabei in der Entscheidung zum Altenpflegegesetz von seiner bisherigen Linie weitgehend abgewichen und hat die Anforderungen an die Wahrnehmung der konkurrierenden Gesetzgebung durch den Bund in Hinblick auf die Erforderlichkeitsklausel nach Art. 72 Abs. 2 GG deutlich erhöht. Die Notwendigkeit zur bundeseinheitlichen Gesetzgebung auf Grundlage einheitlicher Lebensstandards sieht es nunmehr erst gegeben, wenn sich die „Lebensverhältnisse in den Ländern der Bundesrepublik in erheblicher, das bundesstaatliche Sozialgefüge in beeinträchtigender Weise auseinander entwickelt haben oder sich eine derartige Entwicklung konkret abzeichnet". Für das Argument der Wirtschaftseinheit, dass vor allem im Rahmen der Forderung nach einer Liberalisierung der Steuerkompetenzen entgegengebracht wird (vgl. hier zu weiter oben Kapitel 3: D) II) , ist zu verdeutlichen, dass das Bundesverfassungsgericht die Wirtschaftseinheit erst gefährdet sieht, wenn die „Funktionsfähigkeit des Wirtschaftsraumes der Bundesrepublik" in Frage gestellt ist.

cher Länder zu gewährleisten ist, die an den Bundesdurchschnitt nicht heranreichen können.[713]

In Hinblick auf die Sicherung der gesamtstaatlichen Einheit ist die Finanzverteilung nach der primären Steuerverteilung nach Art. 107 Abs. 1 GG nur unvollständig. Sie unterstellt den Gebietskörperschaften einen standardisierten Einheitsbedarf je Einwohner und knüpft daher auch nur an eine begrenzte Zahl von Kriterien an.[714] Viele faktische Gründe für Unterschiede in der Finanzkraft der Länder sind bis dahin nur soweit berücksichtigt worden, soweit die Faktoren des Länderfinanzausgleichs in der Lage sind, diese wiederzuspiegeln.[715] Der Bundesgesetzgeber hat daher Gelegenheit im Rahmen des Finanzausgleichs nach Art. 107 Abs. 2 S. 1 GG relativ offen einen weiteren Schritt zur Angleichung der Finanzmittel zu tätigen, um die Chancengleichheit der Länder im föderalen Wettbewerb zu gewährleisten.

Bedeutung gewinnt der horizontale Finanzausgleich aber auch dadurch, dass er das Instrumentarium dafür bereitstellt, über den Ausgleich struktureller Chancenunterschiede hinaus auch eine föderalpolitische Grundsatzentscheidung zu bedingen und eine Angleichung zu betreiben, die in fiskalischer Hinsicht die bundesstaatliche Gemeinschaft weitestgehend unitarisiert. Das Bekenntnis in Art. 20 Abs. 1 GG zum Föderalismus schließt dies nicht aus. Kooperative Tendenzen sind mit dem Modell des Bundesstaates in gleicher Weise zu vereinbaren, ebenso wie eine Föderalgemeinschaft, deren Miteinander durch ein vom Wettbewerb dynamisiertes Klima geprägt ist. Lediglich die absolute Nivellierung der Finanzkräfte ist nach dem Wortlaut des Art. 107 Abs. 2 S. 1 GG ausgeschlossen.[716]

Damit erweist sich Art. 107 Abs. 2 GG als ein Ort, an dem eine Vielzahl von Begründungsansätzen eine scheinbare Rechtfertigung finden bzw. nur schwer widerlegt werden können. Die relative Offenheit der Gesetzestechnik lässt eine „harte" Argumentation anhand des Gesetzestextes nicht zu. Allerdings ist zu berücksichtigen, dass der Finanzausgleich nach Art. 107 Abs. 2 GG durch die dem Bundesstaatsprinzip innewohnende Spannungslage geprägt ist, bei der es gilt, die richtige Mitte zwischen Selbstständigkeit, Eigenverantwortlichkeit, Individualität und Solidarität zu finden.[717]

---

713 *Stern*, Das Staatsrecht der Bundesrepublik Deutschland II, S. 1168; *Wendt*, Finanzhoheit und Finanzausgleich, in: Isensee, Kirchhof (Hrsg.), HStR IV, § 104, S. 1069.

714 Zahl der Betriebe, Einwohnerzahl, etc.

715 Die Zahl der Einwohner lässt in gewissem Maße Rückschlüsse auf die Fläche eines Landes zu, ignoriert andererseits aber die Einwohnerdichte.

716 Vgl. oben Kapitel 2: B) I.1.

717 *Wendt*, Finanzhoheit und Finanzausgleich, in: Isensee, Kirchhof (Hrsg.), HStR IV, § 104, S. 1075.

Aus dieser Gemengenlage sind für eine Reform des horizontalen Finanzausgleichs allerdings zwei Gesichtspunkte besonders herauszustellen. Zum einen kann der Ausgleich zwischen den Ländern nicht den deutschen Föderalismus heilen. Soweit er Fehlentwicklungen im Verhältnis zwischen Bund und Länder wiederspiegelt, ist eine Reform deshalb vor allem im Bereich der allgemeinen Kompetenzabgrenzung zwischen Bund und Ländern angezeigt. Zum anderen ist der horizontale Finanzausgleich streng an seine Funktion als Spitzenausgleich gebunden. Soweit er selbst Einfluss auf die Eigenständigkeit der Länder nimmt und durch eine umfassende Abschöpfung finanzieller Mittel die Autonomie der Länder gefährdet, schafft er föderal-strukturelle Fakten und beeinflusst das Verhältnis zwischen Bund und Ländern aktiv. Anhand Art. 107 Abs. 2 GG eine Neubewertung der bundesstaatlichen Ordnung zu etablieren, überstrapaziert seine Bedeutung allerdings maßlos und steht im Widerspruch mit dem Charakter der Finanzverfassung als Folgeverfassung zur allgemeinen Staatsorganisation des Grundgesetzes. Nicht umsonst weist das Bundesverfassungsgericht ausdrücklich darauf hin, dass das an die bundesstaatliche Ordnung angelehnte Verteilungssystem der vorangehenden Stufen des Finanzausgleichs nicht durch den horizontalen Ausgleich umgekehrt werden dürfe.[718] Er stelle diesbezüglich lediglich eine Ergänzung dar, die dem System des Art. 106 und 107 Abs. 1 GG subsidiär gegenübergestellt ist.[719] Eine ergänzende und interpretierende Konkretisierung der Finanzausgleichsnormen gestattet sich von daher nur insoweit, als sie anhand der in der Gesamtverfassung zum Ausdruck kommenden Grundsätze erfolgt.[720] Dies ist bei der gegenwärtigen Regelung des Finanzausgleichsrechts nicht anzunehmen und auch die Neufassung des Finanzausgleichsgesetzes ab 2005 muss sich an diesen Maßstäben erst noch beweisen.

Die Umverteilung der finanziellen Mittel zwischen den Ländern ist nach den verfassungsrechtlichen Direktiven eine subsidiäre Angelegenheit. Angesichts der bestehenden Größenordnungen des horizontalen Umverteilungsvolumens von über 16 Mrd. DM im Jahre 2001[721] ist ihre nachgeordnete Stellung allerdings in Frage gestellt. Der Finanzausgleich nach Art. 107 Abs. 2 GG hat die Funktion, die finanziellen Lücken zwischen den Ländern zu verringern. Die föderale Einbindung aller Gliedstaaten in

---

[718] BVerfGE 72, 330, 387.

[719] BVerfGE 72, 330, 386 f.; *Wendt*, Finanzhoheit und Finanzausgleich, in: Isensee, Kirchhof (Hrsg.), HStR IV, § 104, S. 1069.

[720] *Wendt*, Finanzhoheit und Finanzausgleich, in: Isensee, Kirchhof (Hrsg.), HStR IV, § 104, S. 1070 versteht Art. 107 Abs. 2 GG als Instrument des bündischen Prinzips; gleichzeitig sieht er hierin aber auch die Grenzen.

[721] Anlage 2.

die gesamtstaatliche Einheit verpflichtet sie nach dem bündischen Prinzip, für die Existenz der gesamtstaatlichen Gemeinschaft einzustehen, was die finanzielle Überlebensfähigkeit aller föderalen Gliedstaaten voraussetzt. Die formalen Verfassungsdirektiven des Verhältnismäßigkeitsgrundsatzes sowie des Gleichheitsgrundsatzes verlangen, die im Finanzausgleich aufeinander treffenden Belange rechtsstaatlich geordnet in Ausgleich zu bringen,[722] wobei das Länderfinanzausgleichsverhältnis im wesentlichen durch die Belange der Eigenstaatlichkeit, der Haushaltsautonomie der Länder und durch die Zusammengehörigkeit zu einer Bundesstaatsgemeinschaft geprägt ist. Die Untersuchung der finanzverfassungsrechtlichen Spezifizierungen dieser Belange hat jedoch gezeigt, dass die Eigenstaatlichkeit der Länder im Vordergrund steht, was sich nicht nur durch die garantierte Zuweisung der bundesdurchschnittlichen Finanzkraft der Länder an die finanzschwachen Länder nach dem FAG ausdrückt, sondern in gleicher Weise die Autonomie der finanzstarken Länder durch eine Begrenzung der Ausgleichspflichten zum Ausdruck bringen muss. Auf Ausgleich drängende Prinzipien sind finanzverfassungsrechtlich kaum spezifiziert, weshalb Ausgleichspflichten, die weit über eine existenzielle Finanzhilfe hinausgehen, nach dem Untersuchungsergebnis nicht zu rechtfertigen sind.

[722] Vgl. oben Kapitel 2: A) II.1, Kapitel 2: B) III.1.b).

Anlagen

A) Anlage 1: Einnahmen und Ausgaben der Länder

Quelle: Statistisches Bundesamt[723], Angaben in EUR je Einwohner

Lfd	Jahr		D	BW	BY	Brb	HE	MVP	NiS	NRW
1	1980	Einnahmen	2.369	2.531	2.310		2.397		2.252	2.155
2		Ausgaben	2.606	2.775	2.414		2.594		2.471	2.485
3	1985	Einnahmen	2.894	3.015	2.850		3.003		2.732	2.598
4		Ausgaben	3.033	3.055	2.859		3.007		2.837	2.855
5	1990	Einnahmen	3.482	3.603	3.422		3.675		3.251	3.249
6		Ausgaben	3.676	3.714	3.547		3.936		3.456	3.443
7	1995	Einnahmen	4.185	4.103	4.319	4.455	4.266	4.572	3.773	3.958
8		Ausgaben	4.563	4.364	4.436	5.080	4.598	5.236	4.172	4.253
9	1997[724]	Einnahmen	4.236	4.161	4.230	4.622	4.354	4.823	3.803	3.915
10		Ausgaben	4.516	4.263	4.440	5.227	4.607	5.344	4.025	4.234
11	1997[725]	Einnahmen	3.833	3.698	3.719	4.253	4.009	4.410	3.422	3.644
12		Ausgaben	4.103	3.792	3.908	4.867	4.251	4.916	3.647	3.964
13	1998	Einnahmen	3.962	3.963	3.945	4.359	4.202	4.538	3.560	3.835
14		Ausgaben	4.111	3.886	3.939	4.970	4.261	4.937	3.663	3.987
15	1999	Einnahmen	4.068	4.029	4.153	4.447	4.437	4.603	3.598	3.916
16		Ausgaben	4.143	3.904	3.971	4.879	4.426	4.918	3.719	4.042
17	2000	Einnahmen	4.073	4.050	4.169	4.394	4.572	4.465	3.671	3.955
18		Ausgaben	4.176	4.036	4.082	4.577	4.537	4.799	3.776	4.058
19	2001	Einnahmen	3.905	3.923	4.018	4.365	4.453	4.472	3.422	4.576
20		Ausgaben	4.279	4.250	4.146	4.640	4.633	4.840	2.956	4.162

[723] Statistisches Bundesamt, Statistisches Jahrbuch 2002, S. 492 f.

[724] Bis 1997 einschließlich Krankenhäuser mit kaufmännischem Rechnungswesen.

[725] Ab 1997 ohne Krankenhäuser mit kaufmännischem Rechnungswesen.

Quelle: Statistisches Bundesamt[726]

Lfd	Jahr		RPf.	SL	S	SA	SH	Th	B	Br	HH
1	1980	Einnahmen	2.208	2.123			2.267		4.636	2.915	3.171
2		Ausgaben	2.407	2.465			2.437		4.865	3.658	3.388
3	1985	Einnahmen	2.638	2.642			2.654		6.049	3.634	4.102
4		Ausgaben	2.779	3.272			2.837		6.116	4.255	4.325
5	1990	Einnahmen	3.078	3.272			3.376		6.162	4.704	4.665
6		Ausgaben	3.270	3.653			3.601		6.518	5.280	5.009
7	1995	Einnahmen	3.542	4.366	4.672	4.504	4.074	4.464	5.574	6.631	5.445
8		Ausgaben	3.836	4.287	5.058	5.221	4.420	5.008	7.214	6.583	5.915
9	1997	Einnahmen	3.587	4.487	4.804	4.680	4.028	4.624	6.491	6.873	5.695
10		Ausgaben	3.911	4.306	5.010	5.402	4.254	5.063	6.900	6.755	6.196
11	1997	Einnahmen	3.337	4.119	4.323	4.193	3.598	4.169	5.908	6.184	5.021
12		Ausgaben	3.661	3.926	4.551	4.886	3.841	4.597	6.278	6.102	5.530
13	1998	Einnahmen	3.417	4.101	4.334	4.294	3.655	4.278	5.494	6.408	5.129
14		Ausgaben	3.680	3.943	4.374	4.785	3.832	4.655	6.252	6.215	5.504
15	1999	Einnahmen	3.570	4.025	4.369	4.394	3.809	4.341	5.749	6.778	5.193
16		Ausgaben	3.570	3.971	4.358	4.744	3.876	4.711	6.279	6.350	5.576
17	2000	Einnahmen	3.640	4.033	4.423	4.387	3.736	4.355	5.422	6.012	5.284
18		Ausgaben	3.811	4.031	4.469	4.711	3.857	4.637	6.236	6.539	5.685
19	2001	Einnahmen	3.486	3.919	4.291	4.304	3.725	4.317	5.124	5.878	4.735
20		Ausgaben	3.873	4.014	4.337	4.755	3.874	4.640	6.671	6.341	5.565

[726] Statistisches Bundesamt, Statistisches Jahrbuch 2002, S. 492 f.

B) Anlage 2: Länderfinanzausgleich und Bundesergänzungszuweisungen

Quelle: Statistisches Bundesamt[727], Angaben in Mill. EUR

Lfd	Jahr		BW	BY	BrB	HE	MVP	NiS	NRW	RPf
1	1980	LFA	-769	206		-152		386	-39	126
2		BEZ	0	152				258	0	144
3	1985	LFA	-738	14		-371		423	47	191
4		BEZ	0	174		0		286	0	165
5	1990	LFA	-1.264	-18		-739		985	-32	251
6		BEZ	0	0		0		664	2	287
7	1995	LFA	-1.433	-1.295	442	-1.101	394	231	-1.763	117
8		BEZ	0	0	1.336	0	1.011	606	0	518
9	1997	LFA	-1.289	-1.463	529	-1.657	438	283	-1.598	118
10		BEZ	0	0	1.340	0	1.012	658	0	497
11	1997	LFA	-1.232	-1.586	504	-1.610	431	344	-1.564	151
12		BEZ	0	0	1.339	0	1.010	723	0	524
13	1998	LFA	-1.776	-1.483	532	-1.756	448	402	-1.582	220
14		BEZ	0	0	1.353	0	1.018	785	0	604
15	1999	LFA	-1.752	-1.630	586	-2.426	471	530	-1.318	194
16		BEZ	0	0	1.367	0	1.026	951	0	541
17	2000	LFA	-1.957	-1.884	644	-2.734	500	568	-1.141	392
18		BEZ	0	0	1.375	0	1.030	970	0	658
19	2001	LFA	-2.132	-2.298	500	-2.622	436	954	-269	231
20		BEZ	0	0	1.358	0	1.017	899	0	550

727 Statistisches Bundesamt, Statistisches Jahrbuch 2002, S. 492 f.

Quelle: Statistisches Bundesamt[728]

Lfd	Jahr		SL	S	SA	SH	Th	B	Br	HH	Volumen
1	1980	LFA	147			165			91	-160	1.120
2		BEZ	40			104			0	0	700
3	1985	LFA	184			288			170	-208	1.317
4		BEZ	81			129			0	0	839
5	1990	LFA	187			308			327	-4	2.057
6		BEZ	187			262			131	0	1.539
7	1995	LFA	92	907	574	-72	521	2.159	287	-60	5.724
8		BEZ	1.039	2.299	1.470	200	1.345	1.907	1.088	0	12.827
9	1997	LFA	120	1.005	635	8	576	2.217	325	-246	6.253
10		BEZ	1.036	2.303	1.471	200	1.347	1.912	1.083	0	12.869
11	1997	LFA	104	981	601	-3	574	2.266	179	-140	6.135
12		BEZ	1.031	2.297	1.468	177	1.344	1.906	1.084	0	12.915
13	1998	LFA	117	1.017	616	0	593	2.499	466	-313	6.912
14		BEZ	1.032	2.317	1.479	165	1.354	1.924	1.086	0	13.131
15	1999	LFA	150	1.099	665	89	623	2.718	340	-340	7.466
16		BEZ	828	2.336	1.489	287	1.365	1.943	1.080	0	13.229
17	2000	LFA	167	1.182	711	185	670	2.812	442	-556	8.273
18		BEZ	750	2.345	1.493	406	1.370	1.955	987	0	13.357
19	2001	LFA	146	1.036	595	59	575	2.654	402	-266	7.588
20		BEZ	662	2.313	1.473	219	1.352	1.925	870	0	12.658

728 Statistisches Bundesamt, Statistisches Jahrbuch 2002, S. 492 f.

C) Anlage 3: Überschuss der Ausgaben über die Einnahmen[729]

Angaben in Mill. EUR

Jahr	BW	BY	Brb	HE	MVP	NiS	NRW
1980	244	104		197		219	330
1985	40	9		4		105	257
1990	111	125		261		205	194
1995	261	117	625	332	664	399	295
1997	102	210	605	253	521	222	319
1997	94	189	614	242	506	225	320
1998	-77	-6	611	59	399	103	152
1999	-125	-182	432	-11	315	121	126
2000	-14	-87	183	-35	334	105	103
2001	327	128	275	180	368	-466	-414

Jahr	RPf	SL	S	SA	SH	Th	B	Br	HH
1980	199	342			170		229	743	217
1985	141	630			183		67	621	223
1990	192	381			225		356	576	344
1995	294	-79	386	717	346	544	1.640	-48	470
1997	324	-181	206	722	226	439	409	-118	501
1997	324	-193	228	693	243	428	370	-82	509
1998	263	-158	40	491	177	377	758	-193	375
1999	0	-54	-11	350	67	370	530	-428	383
2000	171	-2	46	324	121	282	814	527	401
2001	387	95	46	451	149	323	1.547	463	830

[729] Daten basieren auf Datenangaben in Anlage 2.

D) Anlage 4: Entwicklung einiger sozialstaatlicher Ausgaben

Quelle: Statistisches Bundesamt[730], Angaben in Mill. EUR

	insgesamt	Darunter:				
		Schulen, Hochschulen, übriges	Wissenschaft, Forschung außerhalb der Hochschulen	Kultur	Soziale Einrichtungen	Gesundheit, Sport und Erholung
1950	14.388	1.010	55	162	3.699	518
1955	26.196	2.145	114	304	7.012	982
1960	33.006	2.842	254	377	7.902	1.299
1970	100.382	12.671	1.441	1.091	20.633	5.219
1975	269.574	27.691	2.989	1.550	127.174	11.225
1976	286.269	28.328	3.060	1.664	136.924	12.054
1978	325.669	31.680	3.910	2.014	152.806	13.469
1980	379.188	37.748	4.963	2.601	173.537	16.801
1982	423.596	40.120	5.835	2.832	199.224	17.989
1984	448.307	40.144	5.899	3.061	211.152	18.943
1986	481.489	43.225	6.432	3.659	226.758	20.870
1988	522.083	45.840	6.125	4.090	250.916	22.082
1989	538.518	47.475	6.148	4.345	256.938	23.490
1990	585.228	50.494	6.448	4.613	275.521	25.124
1991	721.855	56.047	7.660	5.692	351.863	27.956
1992	827.636	74.302	8.453	7.240	402.848	36.949
1993	866.052	79.776	8.785	7.362	429.813	38.435
1994	909.381	81.377	8.499	7.416	453.281	39.130
1995	950.523	84.932	8.616	7.632	480.352	40.920
1996	962.546	86.536	8.958	7.755	492.041	40.569
1997	961.220	87.200	8.605	7.454	492.454	39.592
1997[731]	921.798	78.916	8.605	7.454	486.922	13.989
1998[732]	932.704	79.275	8.769	7.599	495.222	14.088
1999[733]	951.294	80.579	8.805	7.917	505.783	13.956

[730] Statistisches Bundesamt, Statistisches Jahrbuch 2002, S. 491.

[731] Ab 1997 ohne Krankenhäuser und Hochschulkliniken mit kaufmännischem Rechnungswesen sowie ohne Zusatzversorgungskassen der Sozialversicherung.

[732] Ab 1997 ohne Krankenhäuser und Hochschulkliniken mit kaufmännischem Rechnungswesen sowie ohne Zusatzversorgungskassen der Sozialversicherung.

[733] Ab 1997 ohne Krankenhäuser und Hochschulkliniken mit kaufmännischem Rechnungswesen sowie ohne Zusatzversorgungskassen der Sozialversicherung.

Literaturverzeichnis

Alexy, Robert Theorie der juristischen Argumentation, Frankfurt am Main 1978

Arndt, Hans-Wolfgang Finanzausgleich und Verfassungsrecht, Gutachten zum Normenkontrollantrag Bayerns und Baden-Württembergs, Mannheim 1997

Bachof, Otto Anmerkungen zu BVerwG, Urteil v. 16.12.1971 – I C 31.68 (OVG Münster), in: JZ 1972, S. 208

Bayerisches Staatsministerium der Finanzen (Hrsg.) Der neue Finanzausgleich ab 2005 - Daten und Fakten, Informationen zur Finanzpolitik

Benda, Ernst; Maihofer, Werner; Vogel, Hans-Jochen Handbuch des Verfassungsrechts der Bundesrepublik Deutschland, Berlin 1983

Blankennagel, Alexander Tradition und Verfassung: Neue Verfassung und alte Geschichte in der Rechtsprechung des Bundesverfassungsgerichts, Baden-Baden 1987

Blumenwitz, Dieter Föderalismus und Rückverlagerung von Kompetenzen, in: Meier-Walser, Hirscher (Hrsg.), Krise und Reform des Föderalismus, München 1999

Böckenförde, Enst-Wolfgang Grundrechtstheorie und Grundrechtsinterpretation, in: NJW 1978, S. 1529

Methoden der Verfassungsinterpretation – Bestandsaufnahme und Kritik, in: NJW 1976, S. 2089

Breuer, Rüdiger Selbstbindung des Gesetzgebers durch Programm- und Plangesetze, in: DVBl. 1970, S. 101

Bryce, James Flexible an rigid constitutions, in: Studies in History und Jurisprudence Vol. 1, Oxford 1901

Bucher, Peter Der Verfassungskonvent auf Herrenchiemsee, in: Deutscher Bundestag, Bundesarchiv (Hrsg.), Der Parlamentarische Rat Band 2, 1981

Bull, Hans-Peter Finanzausgleich im Wettbewerbsstaat, in: DÖV 1999, S. 269

Bundesministerium der Finanzen (Hrsg.) Finanzbericht 2001, Bornheim 2000

Gutachten erstattet vom Wissenschaftlichen Beirat beim Bundesministerium der Finanzen: Einnahmeverteilung zwischen Bund und Ländern, Probleme und Lösungsmöglichkeiten, Heft 56, Bonn 1996

Gutachten erstattet vom Wissenschaftlichen Beirat beim Bundesministerium der Finanzen: Länderfinanzausgleich in der Bundesrepublik Deutschland, Heft 47, Bonn 1992

Christmann, Thomas Vom Finanzausgleich zum Maßstäbegesetz, in: DÖV 2000, S. 315

Degenhart, Christoph Staatsrecht I Staatsorganisationsrecht, Heidelberg 2002

Dolzer Das parlamentarische Regierungssystem und der Bundesrat – Entwicklungsstand und Reformbedarf, in: Veröffentlichungen der Vereinigung der Deutschen Staatsrechtslehrer (58) 1998, Berlin 1999

Donges, Jürgen u.a. (Kronberger Kreis) Die föderative Ordnung in Not, Zur Reform des Finanzausgleichs, Bad Homburg 2000

Dürig, Günter Grundgesetz Kommentar Band 1, Maunz, Dürig (Hrsg.), München

Grundgesetz Kommentar Band 2, Maunz, Dürig (Hrsg.), München

Eckertz, Rainer Der gesamtdeutsche Finanzausgleich im System des geltenden Verfassungsrechts, in: DÖV 1993, S. 281

Ehmke, Horst Prinzipien der Verfassungsinterpretation, in: Veröffentlichungen der Vereinigung der Deutschen Staatsrechtslehrer (20) 1961, Berlin 1963

Enquete-Kommission des Bayerischen Landtags Reform des Föderalismus – Stärkung der Landesparlamente, Bayersicher Landtag, München 2002

Feldkamp, Michael Interfraktionelle Besprechungen, in: Deutscher Bundestag, Bundesarchiv (Hrsg.), Der Parlamentarische Rat 1948-1949 Band 11, München 1997

Fischer-Menshausen, Herbert Das Finanzverfassungsgesetz, in: DÖV 1956, S. 161

Grundgesetz Kommentar Band 3, von Münch (Hrsg.), München 1983

Unbestimmte Rechtsbegriffe der bundesstaatlichen Finanzverfassung, in: Dreißig (Hrsg.), Probleme des Finanzausgleichs I, Berlin 1978

Forsthoff, Ernst Die Umbildung des Verfassungsgesetzes, in: Dreier, Schwegmann (Hrsg.), Probleme der Verfassungsinterpretation, Baden-Baden 1976

Friauf, Karl Heinrich Das Verhältnis von Bund und Ländern im Bereich der Finanzverfassung, in: Kewenig (Hrsg.), Deutsch-Amerikanisches Verfassungssymposium 1976, Veröffentlichungen des Instituts für Internationales Rechts an der Universität Kiel, 78, Berlin 1978

Der bundesstaatliche Finanzausgleich, in: JA 1984, S. 618

Öffentlicher Haushalt und Wirtschaft, in: Veröffentlichungen der Vereinigung der Deutschen Staatsrechtslehrer (27) 1968, S. 6, Berlin 1969

Grawert, Rolf Die Kommunen im Länderfinanzausgleich, in: Schriften zum Öffentlichen Recht 566, Berlin 1989

Häberle, Peter Die offene Gesellschaft der Verfassungsinterpreten, in: JZ 1975, S. 300

Häde, Ulrich Finanzausgleich, Tübingen 1996

Hannebeck, Alexander Zurückhaltung und Maßstäbegesetz, in: KJ (Kritische Justiz) 2000, S. 262

Haverkate, Görg Verfassungslehre Verfassung als Gegenseitigkeitsordnung, München 1992

Heilmann, Martin Vorschläge zur Neuordnung des Bund-Länder-Finanzausgleichs im vereinten Deutschland – eine kritische Bestandsaufnahme, in: Wegner (Hrsg.), Finanzausgleich im vereinten Deutschland, Marburg 1992

Helbig, Petra Maßstäbe als Grundsätze, in: KJ (Kritische Justiz) 2000, S. 433

Henneke, Hans-Günter Der Finanzbedarf kommunaler Gebietskörperschaften - Spielräume und Grenzen des Gesetzgebers bei der Bildung von Ansätzen und der Bestimmung von Bedarfsindikatoren -, in: NdsVBl. 1994, S. 56

Maßstäbegesetz kann Finanzverfassungsreform nicht ersetzen, in: Konrad-Adenauer-Stiftung (Hrsg.), Föderalismusreform: die deutsche Finanzordnung auf dem Prüfstand, Sankt Augustin 2002

Öffentliches Finanzwesen Finanzverfassung Eine systematische Darstellung, Heidelberg 2000

Reform der Aufgaben- und Finanzbeziehungen von Bund, Ländern und Kommunen, Heidelberger Forum, 108, Heidelberg 1999

Herzog, Roman Allgemeine Staatslehre, Frankfurt am Main 1971

Grundgesetz Kommentar Band 2, Maunz, Dürig (Hrsg.), München

Mängel des deutschen Föderalismus, in: BayVBl 1991, S. 513

Hesse, Konrad Grundzüge des Verfassungsrechts der Bundesrepublik Deutschland, Heidelberg 1993

Hettlage, Karl Die Finanzverfassung im Rahmen der Staatsverfassung, in: Veröffentlichungen der Vereinigung der Deutschen Staatsrechtslehrer (14) 1955, Berlin 1956

Hidien, Jürgen Der bundesstaatliche Finanzausgleich in Deutschland, Baden-Baden 1998

Hirschberg, Lothar Der Grundsatz der Verhältnismäßigkeit, in: Göttinger rechtswissenschaftliche Studien 106, Göttingen 1981

Hollmann, Michael Entwürfe zum Grundgesetz, in: Deutscher Bundestag, Bundesarchiv (Hrsg.), Der Parlamentarische Rat 1948-1949 Band 7, Boppard am Rhein 1995

Höpker-Aschoff, Hermann Das Finanz- und Steuersystem des Bonner Grundgesetzes, in: Smend, u.a. (Hrsg.), Archiv des Öffentlichen Rechts (AÖR) 75, Tübingen 1949

Die Wirtschaftsverwaltung in Frankfurt und das deutsche Finanzwesen, Bielefeld 1948

Huber, Bernd Die Mischfinanzierung im deutschen Föderalismus – ökonomische Probleme und Reformmöglichkeiten, in: Konrad-Adenauer-Stiftung (Hrsg.), Projekt Föderalismusreform 48/2001, Sankt Augustin

Föderaler Wettbewerb: Möglichkeiten und Grenzen, in: Thiess, Büttner (Hrsg.), Finanzverfassung und Föderalismus in Deutschland und Europa, Baden-Baden 2000

Redebeitrag, Die Reform des Finanzausgleich- Föderale, ökonomische und verfassungsrechtliche Aspekte, Expertengespräch am 27.04.1998 im Haus der Wirtschaft in Stuttgart, Finanzministerium Baden-Württemberg

Huber, Ernst Rudolf Quellen zum Staatsrecht der Neuzeit, Band 2, Tübingen 1951

Isensee, Josef Idee und Gestalt des Föderalismus im Grundgesetz, in: Isensee, Kirchhof (Hrsg.), Handbuch des Staatsrechts IV, § 98, Heidelberg 1999

Jakob, Wolfgang Umsatzsteuer, München 1998

Jarass Hans D.; Pieroth Bodo (Hrsg.) Grundgesetz für die Bundesrepublik Deutschland, München 1995

Kimminich, Otto Der Bundesstaat, in: Isensee, Kirchhof (Hrsg.), Handbuch des Staatsrechts I, § 26, Heidelberg 1987

Kirchhof, Ferdinand Empfehlen sich Maßnahmen, um in der Finanzverfassung Aufgaben und Ausgabenverantwortung von Bund, Ländern und Gemeinden stärker zusammenzuführen?, in: Deutscher Juristentag (Hrsg.), Verhandlungen des 61. Deutschen Juristentages Karlsruhe 1996 Band 1, München 1996

Grundsätze der Finanzverfassung des vereinten Deutschlands, in: Veröffentlichungen der Vereinigung der Deutschen Staatsrechtslehrer (52) 1992, Berlin 1993

Kirchhof, Paul	Der Verfassungsauftrag zum Länderfinanzausgleich als Ergänzung fehlender und Garant vorhandener Finanzautonomie – Zur Vereinbarkeit des Finanzausgleichsgesetzes mit Art. 107 Abs. 2 GG, Köln 1982
	Die Bestimmtheit und Offenheit der Rechtssprache, Vortrag gehalten vor der Juristischen Gesellschaft zu Berlin am 29. April 1987, in: Schriftenreihe der Juristischen Gesellschaft e.V. Berlin 107, Berlin 1987
	Mittel staatlichen Handelns, in: Isensee, Kirchhof (Hrsg.), Handbuch des Staatsrechts III, § 59, Heidelberg 1996
	Staatliche Einnahmen, in: Isensee, Kirchhof (Hrsg.), Handbuch des Staatsrechts IV, § 88, Heidelberg 1999
Koch, Hans-Joachim	Über Grenzen von Verfassungs- und Gesetzesbindung, in: Seminar: Die juristische Methode im Staatsrecht, Frankfurt am Main 1977
Koch, Hans-Joachim; Rüßmann, Helmut	Juristische Begründungslehre, München 1982
Koch, Roland	Grundzüge eines modernen Föderalismus, in: Konrad-Adenauer-Stiftung (Hrsg.), Reform des Föderalismus 20/2001, Sankt Augustin 2001
Kommission für die Finanzreform	Gutachten über die Finanzreform in der Bundesrepublik Deutschland, Stuttgart 1966
Korioth, Stefan	Der Finanzausgleich zwischen Bund und Ländern, Tübingen 1997
Kriele, Martin	Theorie der Rechtsgewinnung, Schriften zum Öffentlichen Recht 41, Berlin 1976

Kröning, Volker — Reform des bundesstaatlichen Finanzausgleichs, in: ZRP 1997, S. 442

Laufer, Heinz; Münch, Ursula — Das föderative System der Bundesrepublik Deutschland, Bayerische Landeszentrale für politische Bildung (Hrsg.), München 1997

Lerche, Peter — Das Bundesverfassungsgericht und die Verfassungsdirektiven, in: Ehmke, Bachof, Mallmann (Hrsg.), Archiv des Öffentlichen Rechts (AÖR) 90, Tübingen 1965

Liberales Institut der Friedrich-Naumann-Stiftung (Hrsg.) — Für eine neue Aufgabenverteilung zwischen Bund, Ländern und Gemeinden: Subsidiarität ohne Wenn und Aber!, Vorschläge einer Experten-Kommission unter Vorsitz von Dr. Otto Graf Lambsdorff, Potsdam

Linck, Joachim — Das „Maßstäbegesetz" zur Finanzverfassung – ein dogmatischer und politischer Irrweg, in: DÖV 2000, S. 325

Lintner, Markus — Entwicklung und Bedeutung der Finanzverteilung in Deutschland, in: Blumenwitz, Wehner (Hrsg.), Rechte der Staaten, Volksgruppen und Individuen, München 2002

Maunz, Theodor — Grundgesetz Kommentar Band 4, Maunz, Dürig (Hrsg.), München

Grundgesetz Kommentar Band 5, Maunz, Dürig (Hrsg.), München

Verfassungsinhalt und Verfassungswirklichkeit, in: BayVBl. 1969, S. 3

Maurer, Hartmut — Allgemeines Verwaltungsrecht, München 2002

Medicus, Dieter — Bürgerliches Recht, München 2002

Meyer, Albert Der bundesstaatliche Finanzausgleich vor dem Bundesverfassungsgericht, in: BayVBl. 1986, S. 321

Morsey, Rudolf Verfassungsschöpfung unter Besatzungsherrschaft - Die Entstehung des Grundgesetzes im Parlamentarischen Rat -, in: DÖV 1989, S. 471

Ossenbühl, Fritz Aktuelle Probleme der Gewaltenteilung, in: DÖV 1980, S. 545

Verfassungsrechtliche Grundfragen des Länderfinanzausgleichs gem. Art. 107 Abs. 2 GG, Baden-Baden 1984

Zur Justiziabilität der Finanzverfassung, in: Börner (Hrsg.), Einigkeit und Recht und Freiheit – Festschrift für Karl Carstens Band 2, Köln 1984

Pagenkopf, Hans Der Finanzausgleich im Bundesstaat – Theorie und Praxis, Berlin 1981

Pieroth, Bodo Amerikanischer Verfassungsexport nach Deutschland, in: NJW 1989, S. 1333

Die Mißachtung gesetzter Maßstäbe durch das Maßstäbegesetz, in: NJW 2000, S. 1086

Popitz, Johannes Der Finanzausgleich, in: Handbuch der Finanzwissenschaft, Tübingen 1927

Prokisch, Rainer Die Justiziabilität der Finanzverfassung, Studien und Materialien zur Verfassungsgerichtsbarkeit 56, Baden-Baden 1993

Remmert, Barbara Verfassungs- und verwaltungsrechtsgeschichtliche Grundlagen des Übermaßverbotes, Münsterer Beiträge zum Öffentlichen Recht 6, Heidelberg 1995

Rengeling, Hans-Werner Gesetzgebungszuständigkeit, in: Isensee, Kirchhof (Hrsg.), Handbuch des Staatsrechts IV, § 100, Heidelberg 1999

Renzsch, Wolfgang Der Streit um den Finanzausgleich, in: Wehling (Hrsg.), Die deutschen Länder, Opladen 2002

Finanzverfassung und Finanzausgleich - Die Auseinandersetzung um ihre politische Gestaltung in der Bundesrepublik Deutschland zwischen Währungsreform und deutscher Vereinigung (1948 bis 1990), Bonn 1991

Reform der Finanzverfassung zwischen ökonomischer Effizienz, bundesstaatlicher Funktionalität und politischer Legitimität, in: Thiess, Büttner (Hrsg.), Finanzverfassung und Föderalismus in Deutschland und Europa, Baden-Baden 2000

Reuter, Konrad Der Bundesrat als Parlament der Länderregierungen, in: Schneider, Zeh (Hrsg.), Parlamentsrecht und Parlamentspraxis, § 56, Berlin 1989

Rudolf, Walter Kooperation im Bundesstaat, in: Isensee, Kirchhof (Hrsg.), Handbuch des Staatsrechts IV, § 105, Heidelberg 1999

Sachverständigenrat zur Begutachtung der gesamtwirtschaftlichen Entwicklung Auf dem Wege zur wirtschaftlichen Einheit Deutschlands, Jahresgutachten 1990/1991

Savingny, Friedrich Karl v. System des heutigen Römischen Rechts, 1840

Scheuner, Ulrich Pressefreiheit, in: Veröffentlichungen der Vereinigung der Deutschen Staatsrechtslehrer (22) 1963, Berlin 1965

Schiedermair, Hartmut Der Härteausgleich im Gesetz über den Finanzausgleich zwischen Bund und Ländern, in: Studien zum öffentlichen Recht und zur Verwaltungslehre, 36, München 1985

Schlaich, Klaus Das Bundesverfassungsgericht, Stellung, Verfahren, Entscheidungen, München 1997

Schmidt-Bleibtreu, Bruno; Klein, Franz (Hrsg.) Kommentar zum Grundgesetz, Frankfurt am Main 1980

Schmidt-Jortzig Edzard Herausforderungen für den Föderalismus in Deutschland - Plädoyer für einen neuen Wettbewerbsföderalismus, in: DÖV 1998, S. 746

Schneider, Hans Gesetzgebung, Heidelberg 1991

Schneider, Hans-Peter Neuorientierung der Aufgaben- und Lastenverteilung im "sozialen Bundesstaat", in: Staatswissenschaften und Staatspraxis 4, Baden-Baden 1993

Schroth, Ulrich Philosophische und juristische Hermeneutik, in: Kaufmann, Hassemer (Hrsg.), Einführung in die Rechtsphilosophie und Rechtstheorie der Gegenwart, Heidelberg 1994

Smend, Rudolf Verfassung und Verfassungsrecht, in: Staatsrechtliche Abhandlungen und andere Aufsätze, Berlin 1994

Sommermann, Karl-Peter Die Stärkung der Gesetzgebungskompetenzen der Länder durch die Grundgesetzreform von 1994, in: Jura 1994, S. 393

Schönherr, Detlef Der föderative Finanzausgleich in den Vereinigten Staaten von Amerika, Kanada und der Bundesrepublik Deutschland, 1984

Stadler, Kurt Föderalismus und Finanzausgleich, Solothurn 1999

Statistisches Bundesamt (Hrsg.) Statistisches Jahrbuch 2002 für die Bundesrepublik Deutschland, Wiesbaden 2002

Stelzer, Manfred Freiheit und Institution, Rechtstheorie Beiheft 6, 1984

Stern, Klaus Das Staatsrecht der Bundesrepublik Deutschland Band 1, München 1977

Das Staatsrecht der Bundesrepublik Deutschland Band 2, München 1980

Tiedtke, Klaus Einkommens- und Bilanzsteuerrecht, Berlin 1995

Vocke, Martin Verfassungsinterpretation und Normbegründung – Grundlegung zu einer prozeduralen Theorie der Verfassungsgerichtsbarkeit, in: Blumenwitz (Hrsg.), Schriften zum Staats- und Völkerrecht, Berlin 1995

Vogel, Klaus Finanzverfassung und politisches Ermessen, in: Juristischen Studiengesellschaft Karlsruhe 108, Karlsruhe 1972

Grundzüge des Finanzrechts des Grundgesetzes, in: Isensee, Kirchhof (Hrsg.), Handbuch des Staatsrechts IV, § 87, Heidelberg 1999

Kommentar zum Bonner Grundgesetz, Dolzer, Vogel (Hrsg.)

Normenkontrollantrag vom 20.7.1998 der Bayerischen Staatsregierung

Wortbruch im Verfassungsrecht, in: JZ 1997, S. 161

Voss, Friedrich Der Verfassungsauftrag Finanzausgleich nach Art. 107 Abs. 2 GG, in: BayVBl. 1986, S. 326

Wacke, Gerhard Das Finanzwesen der Bundesrepublik Deutschland, Tübingen 1950

Wellmer, Albrecht Freiheitsmodelle in der modernen Welt, in: Endspiele: Die unversöhnliche Moderne, Frankfurt am Main 1999

Wendt, Rudolf Finanzhoheit und Finanzausgleich, in: Isensee, Kirchhof (Hrsg.), Handbuch des Staatsrechts IV, § 104, Heidelberg 1999

Wessels, Johannes; Beulke, Werner Strafrecht Allgemeiner Teil, Heidelberg 1998

Wieland, Joachim Das Konzept des Maßstäbegesetzes zum Finanzausgleich, in: DVBl. 2000, S. 1310

Die verfassungsrechtliche Rahmenordnung des Finanzausgleichs, in: Jura 1988, S. 410

Einen und Teilen, Grundsätze der Finanzverfassung des vereinten Deutschlands, in: DVBl. 1992, S. 1181

Witt, Peter-Christian „Patriotische Gabe" und „Brotwucher". Finanzverfassung und politisches System im Deutschen Kaiserreich 1871-1914, in: Schulz (Hrsg.), Mit dem Zehnten fing es an. Eine Kulturgeschichte der Steuer, München 1986

Ziekow, Jan Einheit in Freiheit - 50 Jahre Grundgesetz für die Bundesrepublik Deutschland, in: JUS 1999, S. 417

AUGSBURGER SCHRIFTEN ZUM STAATS- UND VÖLKERRECHT

Herausgegeben von Professor Dr. Dieter Blumenwitz

Band 1 Fritz-Harald Wenig: Rechtsprobleme des innerdeutschen Handels.

Band 2 Wilfried Niedermeier: Der Beitritt der Bundesrepublik Deutschland zum Statut des Internationalen Gerichtshofes unter besonderer Berücksichtigung der obligatorischen Gerichtsbarkeit.

Band 3 Johann G. Gleich: Die Anerkennung der DDR durch die Bundesrepublik.

Band 4 Matthias Weigand: Der Vertrag über die gegenseitigen Beziehungen zwischen der Bundesrepublik Deutschland und der Tschechoslowakischen Sozialistischen Republik vom 11. Dezember 1973 - Eine völkerrechtliche Analyse.

Band 5 Werner Trützschler von Falkenstein: Die sich ändernde Bedeutung der Feindstaatenartikel (Artikel 53 und 107 der Satzung der Vereinten Nationen) für Deutschland.

Band 6 Reiner Schenk: Die Viermächteverantwortung für Deutschland als Ganzes, insbesondere deren Entwicklung seit 1969.

Band 7 Wolfgang Wagner: Die Verwirklichung der Menschenrechte im Pakt der Vereinten Nationen über bürgerliche und politische Rechte vom 16. Dezember 1966, im Grundvertrag und den ihn begleitenden Nebeninstrumenten.

Band 8 Ulrich Wacker: Der Konflikt verschiedener Rechtssysteme vor, während und nach der Kolonialzeit in Kenia.

Band 9 Wolfgang Enders: Der mexikanische Bundesstaat. Die politische und sozioökonomische Problematik eines föderalen Verfassungssystems in einem Land der "Dritten Welt".

Band 10 Heiner Hasford: Die Jurisdiktion der Europäischen Gemeinschaften. Zur extraterritorialen Wirkung des Gemeinschaftsrechts.

SCHRIFTEN ZUM STAATS- UND VÖLKERRECHT

Band 11 Wolf Dieter Remmele: Die Selbstdarstellung der Bundesrepublik Deutschland im Ausland durch den Rundfunk als Problem des Staats- und Völkerrechts.

Band 12 Elisabeth Lichtenstern: Die Gesetzgebung im Spannungsverhältnis zwischen Bund und Ländern.

Band 13 Peter Gassner: Kollektivmacht und Individualschutz im amerikanischen Arbeitsrecht.

Band 14 Helga Walter: Das Selbstverständnis des modernen Algeriens. Die historisch-nationalen und islamischen Elemente.

Band 15 Dieter Schütz: Der internationale ordre public. Der Ausschluß völkerrechtswidrigen fremden Rechts im Internationalen Privatrecht der Bundesrepublik Deutschland.

Band 16 Klaus-Peter Kißler: Die Zulässigkeit von Wirtschaftssanktionen der Europäischen Gemeinschaft gegenüber Drittstaaten.

Band 17 Rainhardt Freiherr von Leoprechting: Die neue Rohrwaffen-Artillerie-Munition im Lichte des I. Genfer Zusatzprotokolles vom 12. Dezember 1977. Zur Frage der Völkerrechtskonformität der Verteidigung der Bundesrepublik Deutschland mit modernen konventionellen Artilleriesystemen.

Band 18 Roland Steinmeyer: Die Schiffsgläubigerrechte im südafrikanischen nationalen und internationalen Privatrecht. Eine rechtsvergleichende Darstellung unter Einbeziehung des englischen und deutschen internationalen Privatrechts und unter besonderer Berücksichtigung des ordre public.

Band 19 Martin C. Ney: Der Einsatz von Atomwaffen im Lichte des Völkerrechts. Summary: The Use of Nuclear Weapons and International Law.

Band 20 Teodoro Ribera Neumann: Das chilenische Verfassungsgericht und das deutsche Bundesverfassungsgericht - Ein Rechtsvergleich -. 1985.

Band 21 Theodora Antoniou: Europäische Integration und griechische Verfassung. 1985.

Band 22 Georg Teyssen: Deutschlandtheorien auf der Grundlage der Ostvertragspolitik. 1987.

Band 23 Karin Klüpfel: Selbstbestimmung durch Assoziation. Die Assoziation als Verwirklichung des Selbstbestimmungsrechts der Völker - dargestellt am Beispiel von Puerto Rico. 1987.

Band 24 Friedrich Dehner: Die Stellung Berlins im Bundesrat. 1987.

Band 25 Thilo Morhard: Die Rechtsnatur der Übereinkommen der Internationalen Arbeitsorganisation. Zugleich ein Beitrag zur Lehre vom "soft law". 1988.

Band 26 Ralf Jahn: Ansiedlung von Einzelhandelsgroßprojekten (§ 11 Abs. 3 BauNVO 1977). Zur Frage der Bestimmtheit grundrechtsbeschränkender Eingriffsnormen. 1988.

Band 27 Wolfgang Götzer: Der völkerrechtliche Status der Donau zwischen Regensburg und Kelheim. Eine völkerrechtliche Untersuchung des Donauabschnittes Regensburg - Kelheim unter Einbeziehung der gesamten deutschen Donau. 1988.

Band 28 Michael Hakenberg: Die Iran-Sanktionen der USA während der Teheraner Geiselaffäre aus völkerrechtlicher Sicht. 1988.

Band 29 Renate Oxenknecht: Der Schutz ethnischer, religiöser und sprachlicher Minderheiten in Art. 27 des Internationalen Paktes über bürgerliche und politische Rechte vom 16. Dezember 1966. 1988.

Band 30 Raphael Quarshie Avornyo: Deutschland und Togo. (1847-1987). 1988.

Band 31 Friedrich Frhr. Waitz von Eschen: Die völkerrechtliche Kompetenz der Vier Mächte zur Gestaltung der Rechtslage Deutschlands nach dem Abschluß der Ostvertragspolitik. 1988.

Band 32 Gisela Süß: Die Zulassung von Zahnärzten aus dem EG-Bereich zur deutschen Kassenarztpraxis. Ein Beitrag zu Standort und Bedeutung der Grundrechte im Europäischen Gemeinschaftsrecht. 1988.

Band 33 Meggy Steffens: Die deutsche Ostpolitik im Spiegel publizistischer Stellungnahmen in den USA 1969-1973. 1988.

Band 34 Norbert Karl Riedel: Der Einsatz deutscher Streitkräfte im Ausland - verfassungs- und völkerrechtliche Schranken -. 1989.

Band 35 Heidi Dünisch: Der Mundatwald - Zur Bereinigung letzter Kriegsfolgenprobleme zwischen Deutschland und Frankreich.1989.

Band 36 Sabine Niedermeyer-Krauß: Kommunalwahlrecht für Ausländer und Erleichterung der Einbürgerung. Integrationsmöglichkeiten für Ausländer aus verfassungs- und europarechtlicher Sicht. 1989.

Band 37 Dirk-Hermann Voß: Regionen und Regionalismus im Recht der Mitgliedstaaten der Europäischen Gemeinschaft: Strukturelemente einer Europäischen Verfassungsordnung. 1989.

Band 38 Tilo Klinner: Satellitenfernerkundung im Völkerrecht. Inwieweit existiert ein völkerrechtlicher Datenschutz? 1989.

Band 39 Barbara Schmidt: Die Erweiterung der seewärtigen Hoheitsrechte der Bundesrepublik Deutschland und der DDR unter besonderer Berücksichtigung deutschlandrechtlicher Probleme. 1989.

Band 40 Hans-Joachim Brauns: Wiedervereinigung und europäische Integration. 1990.

Band 41 Gilbert-Hanno Gornig: Der Hitler-Stalin-Pakt. Eine völkerrechtliche Studie. 1990.

Band 42 Gudrun Lehnberger: Kommunale Entwicklungshilfe. Eine Aufgabe der Gemeinden? - Bestandsaufnahme und rechtliche Würdigung unter besonderer Berücksichtigung der bayerischen Verwaltungspraxis. 1990.

Band 43 Heike Kaup: Der Schwangerschaftsabbruch aus verfassungsrechtlicher Sicht. Eine rechtsvergleichende Untersuchung anhand des deutschen und des amerikanischen Rechts. 1991.

Band 44 Bernadette Steinmeyer: Verfassungsrechtliche Ansätze zur Neuordnung der multirassischen Gesellschaft Südafrikas unter Berücksichtigung des Vorschlages des Verhandlungsforums der "KwaZulu/Natal Indaba". 1991.

Band 45 Burkhard Schöbener: Die amerikanische Besatzungspolitik und das Völkerrecht. 1991.

Band 46 Christian Raap: Die Souveränität der Bundesrepublik Deutschland unter besonderer Berücksichtigung des militärischen Bereichs und der deutschen Einheit. 1992.

Band 47 Andrea Wagner: Der argentinisch-chilenische Konflikt um den Beagle-Kanal. Ein Beitrag zu den Methoden friedlicher Streiterledigung. 1992.

Band 48 Ralf Wittkowski: Die Staatensukzession in völkerrechtliche Verträge unter besonderer Berücksichtigung der Herstellung der staatlichen Einheit Deutschlands. 1992.

Band 49 Michael Piazolo: Das Recht auf Abtreibung als Teilaspekt des Right of Privacy. 1992.

Band 50 Silke Wenk: Das konfiszierte deutsche Privatvermögen in Polen und der Tschechoslowakei. Die Rechtslage nach Abschluß des deutsch-polnischen und deutsch-tschechoslowakischen Nachbarschaftsvertrages. 1993.

Band 51 Antje Kießwetter: Die Verfassungsentwicklung in Namibia. 1993.

Band 52 Angelika Kleffner-Riedel: Regionalausschuß und Subsidiaritätsprinzip. Die Stellung der deutschen Bundesländer nach dem Vertrag über die Europäische Union. 1993.

Band 53 Jerzy Kranz: Entre l'influence et l'intervention. Certains aspects juridiques de l'assistance financière multilatérale. 1994.

Band 54 Knut Kettwig: Rechtsgrundlagen dezentraler grenzüberschreitender Zusammenarbeit im deutsch-polnischen und deutsch-tschechischen Grenzraum. 1994.

Band 55 Ulrich Seidenberger: Die diplomatischen und konsularischen Immunitäten und Privilegien. Ein Beitrag zur Diskussion über die Reformbedürftigkeit des Diplomaten- und Konsularrechts aus staats- und völkerrechtlicher Sicht. 1994.

Band 56 Christian Schede: Bundesrat und Europäische Union. Die Beteiligung des Bundesrates nach dem neuen Artikel 23 des Grundgesetzes. 1994.

Band 57 Florian Prugger: Die Nachfolge in das Vermögen der ehemaligen DDR. Ein Beitrag zu Art. 21 ff Einigungsvertrag unter besonderer Berücksichtigung der Firma F.C. Gerlach des Bereichs Kommerzielle Koordinierung. 1994.

Band 58 Mark Zimmer: Einsätze der Bundeswehr im Rahmen kollektiver Sicherheit. Staats- und völkerrechtliche Grundlagen unter Berücksichtigung des BVerfG-Urteils vom 12.07.1994. 1995.

Band 59 Gerd von Laffert: Die völkerrechtliche Lage des geteilten Zypern und Fragen seiner staatlichen Reorganisation. 1995.

Band 60 Wolfram Schneeweiß: Die rechtliche Stellung der Indianerstämme innerhalb der Vereinigten Staaten von Amerika. Ein Modell für den Schutz der *indigenous peoples*. 1995.

Band 61 Marianne Janik: Möglichkeiten und Grenzen einer gemeinsamen Exportkontrolle für sensitive Waren und Dienstleistungen im Lichte des europäischen Gemeinschaftsrechts. 1995.

Band 62 Michael Brems: Die politische Integration ethnischer Minderheiten aus staats- und völkerrechtlicher Sicht. 1995.

Band 63 Martin Vocke: Verfassungsinterpretation und Normbegründung - Grundlegung zu einer prozeduralen Theorie der Verfassungsgerichtsbarkeit. 1995.

Band 64 Stefan von der Beck: Die Konfiskationen in der Sowjetischen Besatzungszone von 1945 bis 1949. Ein Beitrag zu Geschichte und Rechtsproblemen der Enteignung auf besatzungsrechtlicher und besatzungshoheitlicher Grundlage. 1996.

Band 65 Stephanie Baer: Der Zerfall Jugoslawiens im Lichte des Völkerrechts. 1995.

Band 66 Christine Sauerwald: Die Unionsbürgerschaft und das Staatsangehörigkeitsrecht in den Mitgliedstaaten der Europäischen Union. 1996.

Band 67 Silke Buchner: Die Rechtswidrigkeit der Taten von "Mauerschützen" im Lichte von Art. 103 II GG unter besonderer Berücksichtigung des Völkerrechts. Ein Beitrag zum Problem der Verfolgung von staatlich legitimiertem Unrecht nach Beseitigung des Unrechtssystems. 1996.

Band 68 Bernd Weiß: Einführung und Umsetzung der Europäischen Charta der kommunalen Selbstverwaltung in Deutschland, insbesondere in Bayern und Nordrhein-Westfalen. 1996.

Band 69 Gesine Katharina Neumann: Boliviens Recht auf freien Zugang zum Pazifik. Zur völkerrechtlichen Problematik des Zugangs der Binnenstaaten zum Meer. 1997.

Band 70 Elvira Pfrang: Das Verhältnis zwischen Europäischem Gemeinschaftsrecht und deutschem Recht nach der Maastricht-Entscheidung des Bundesverfassungsgerichts. Eine Studie zu den Konflikten beider Rechtsordnungen auf dem Gebiet des Grundrechtsschutzes und der Kompetenzen. 1997.

Band 71 Dieter Blumenwitz / Burkhard Schöbener: Stabilitätspakt für Europa. Die Sicherstellung mitgliedstaatlicher Haushaltsdisziplin im Europa- und Völkerrecht. 1997.

Band 72 Matthias Weinberg: Schutz der deutschen Minderheit in Polen nach den Weltkriegen. Ein Vergleich unter Berücksichtigung der aktuellen Rechtslage. 1997.

Band 73 Reinhard Müller: Der "2+4-Vertrag und das Selbstbestimmungsrecht der Völker. 1997.

Band 74 Stefan Strobl: Das Nichtverbreitungsregime für Kernwaffen nach 1995 und der freie Zugang zu nuklearen Technologien und Materialien. 1997.

Band 75 Christine Weber: Das Gegenzeichnungsrecht unter besonderer Berücksichtigung der Verfassung des Fürstentums Liechtenstein. 1997.

Band 76 Stephan Semrau: Die Gemeinsame Außen- und Sicherheitspolitik der Europäischen Union. 1998.

Band 77 Marcus Schultz: Die Auslandsentsendung von Bundeswehr und Bundesgrenzschutz zum Zwecke der Friedenswahrung und Verteidigung. Völker- und verfassungsrechtliche Analyse unter besonderer Berücksichtigung der Entscheidung des Bundesverfassungsgerichtes zum Einsatz deutscher Streitkräfte vom 12. Juli 1994. 1998.

Band 78 Benedikt P. Kuttenkeuler: Die Verankerung des Subsidiaritätsprinzips im Grundgesetz. Ein Beitrag zur Bedeutung des Subsidiaritätsprinzips für die Kompetenzabgrenzung im Bundesstaat. 1998.

Band 79 Winfried Bausback: Verfassungsrechtliche Grenzen des Wahlrechts zum Deutschen Bundestag. 1998.

Band 80 Elvira Pfrang: Towards Liberalisation of the European Electricity Markets. The Directive concerning Common Rules for an Internal Market in Electricity in the Frame of the Competition and Internal Market Rules of the EC-Treaty. 1999.

Band 81 Alexander Wolf: Prozessuale Probleme des »Maastricht"-Urteils des Bundesverfassungsgerichts. 1999.

Band 82 Jürgen Bartl: Die humanitäre Intervention durch den Sicherheitsrat der Vereinten Nationen im "Failed State". Das Beispiel Somalia. 1999.

Band 83 Thomas Gnielinski: Die Reform des deutschen Staatsangehörigkeitsrechts. Eine Analyse und Bewertung der vorliegenden Gesetzesvorhaben. 1999.

Band 84 Margarita González: Der völkerrechtliche Status des Panamakanals nach Ablauf der Übergangszeit im Jahr 1999. 2000.

Band 85 Petra Johnen: Die Verfassungsentwicklung Südafrikas unter besonderer Berücksichtigung der verfassunggebenden Gewalt des Volkes. 2001.

Band 86 Markus Allstadt: Die offene Völkerrechtslage im deutsch-tschechischen Verhältnis und ihre Bedeutung für die Osterweiterung der Europäischen Union. Zugleich Überlegungen zu den Auswirkungen zwingenden Völkerrechts in der Vertriebenenfrage. 2000.

Band 87 Gerrit Aschmann: Europol aus Sicht der deutschen Länder. 2000.

Band 88 Mark Weber: Der Berlin-Status im intertemporalrechtlichen Konflikt. Dargestellt am Beispiel von Grundstücksenteignungen im Ostteil Groß-Berlins. 2001.

Band 89 Heidi Hellwig: Die Staatsangehörigkeit als Anknüpfung im deutschen IPR. Unter besonderer Berücksichtigung des Gesetzes zur Reform des Staatsangehörigkeitsrechts. 2001.

Band 90 Aline Bruer-Schäfer: Der Internationale Strafgerichtshof. Die Internationale Strafgerichtsbarkeit im Spannungsfeld von Recht und Politik. 2001.

Band 91 Andreas Rosenfeld: Die Verfassungsentwicklung von Mosambik. Ein Beitrag zur rechtsstaatlichen Transformation im südlichen Afrika. 2001.

Band 92 Markus Pallek: Der Minderheitenschutz im deutschen Verfassungsrecht. Eine analytische Untersuchung des Begriffs sowie der bundes- und landesverfassungsrechtlichen Stellung der ethnischen, nationalen, sprachlichen, kulturellen und religiösen Minderheiten in der Bundesrepublik Deutschland vor dem Hintergrund der völker- und europarechtlichen Rahmenbedingungen. 2001.

Band 93 Ansgar Firsching: Die Samen, ihre Rechtsstellung in Schweden und ihre Rechtsstellung im Lichte der Indigenous Peoples weltweit. 2002.

Band 94 Jörg Dunker: Regionale Integration im System des liberalisierten Welthandels. EG und NAFTA im Vergleich. 2002.

Band 95 Katharina Wodarz: Gewaltverbot, Menschenrechtsschutz und Selbstbestimmungsrecht im Kosovo-Konflikt. 2002.

Band 96 Grit Hokema: Immunität von Staatsoberhäuptern. 2002.

Band 97 Tido Oliver Hokema: Mehrfache Staatsangehörigkeit. Eine Betrachtung aus völkerrechtlicher und verfassungsrechtlicher Sicht. Unter Berücksichtigung des Staatsangehörigkeitsreformgesetzes vom 15. Juli 1999. 2002.

Band 98 Janet Kerstin Butler: Die Beteiligung von Privatpersonen am WTO-Streitbeilegungsverfahren. Bestandsaufnahme und Entwicklungsperspektiven. 2002

Band 99 Tobias H. Irmscher: Die Behandlung privater Beschwerden über systematische und grobe Menschenrechtsverletzungen in der UN-Menschenrechtskommission. Das 1503-Verfahren nach seiner Reform. 2002.

Band 100 Markus Voltz: Menschenrechte und ordre public im Internationalen Privatrecht. 2002.

Band 101 Sabine Schorer: Das Konsensprinzip in der internationalen Gerichtsbarkeit. 2003.

Band 102 Anja Weisgerber: Das Beweiserhebungsverfahren parlamentarischer Untersuchungsausschüsse des Deutschen Bundestages. 2003.

Band 103 Stephan Anstötz: Perspektiven zur staatlichen Neuordnung Zyperns. 2003.

Band 104 Eva Stumpf: Kulturgüterschutz im internationalen Recht unter besonderer Berücksichtigung der deutsch-russischen Beziehungen. 2003.

Band 105 Christian Malzahn: GATT-widrige *Treble Damages*-Klagen auf der Grundlage des US Antidumping Act 1916. Eine Untersuchung der Rechtsstellung beklagter deutscher Unternehmen im US-amerikanischen und deutschen Recht. 2003.

Band 106 Susanne Giannios: Ein Wasserregime im Nahen Osten. Rechtliche und politische Grundlagen und Perspektiven der internationalen Wasserverteilung im Jordanbecken. 2004.

Band 107 Jan Hübner: Das Verbrechen des Völkermordes im internationalen und nationalen Recht. 2004.

Band 108 Benjamin Krenberger: Deutschland im Spannungsfeld zwischen Europäischer Menschenrechtskonvention und nachzubefolgendem Besatzungsrecht. Reichweite der Verpflichtungen des souveränen Deutschlands nach der Liechtenstein-Entscheidung des Europäischen Gerichtshofes für Menschenrechte. 2004.

Band 109 Matthias Werner Schneider: Kommunaler Einfluß in Europa. Die Einflußnahme der Kommunen beim Europarat als Modell für die Europäische Union. KGRE, AdR und EKC als Säulen eines europäischen Kommunalschutzes. 2004.

Band 110 Bettina Gerber: Die Asylrechtsharmonisierung in der Europäischen Union. Unter besonderer Berücksichtigung der Richtlinie zur Festlegung von Mindestnormen für die Aufnahme von Asylbewerbern in den Mitgliedstaaten. 2004.

Band 111 Markus Lintner: Die verfassungsrechtlichen Grenzen des horizontalen Länderfinanzausgleichs nach Art. 107 Abs. 2 GG. 2004.

www.peterlang.de

FSC
www.fsc.org
MIX
Papier | Fördert gute Waldnutzung
FSC® C083411

Kolibri 360 GmbH
Ferdinand-Jühlke-Straße 7
99095 Erfurt, Deutschland
produktsicherheit@kolibri360.de

Druck:
CPI Druckdienstleistungen GmbH
im Auftrag der
Kolibri 360 GmbH
Ferdinand-Jühlke-Str. 7
99095 Erfurt